数学建模素养的课程转化研究

汪飞飞 著

中国科学技术大学出版社

内 容 简 介

数学建模是数学学科的六种核心素养之一，也是高中数学教学的重要内容。本书提出了"数学建模素养是如何课程转化的"研究问题，并从预期课程、实施课程和获得课程三个方面开展了数学建模素养的课程转化研究，将学生数学建模素养的发展问题置于课程转化过程中，不仅充实了从结果取向审视"培养什么人"的目标问题，还丰富了从过程取向探寻"怎样培养人"的实现问题。

本书可供高中数学教师教学参考，也适合对数学建模感兴趣的学生阅读。

图书在版编目(CIP)数据

数学建模素养的课程转化研究 / 汪飞飞著. -- 合肥 : 中国科学技术大学出版社，2025.8. -- ISBN 978-7-312-06232-2

Ⅰ. G633.602

中国国家版本馆 CIP 数据核字第 2025T7E868 号

数学建模素养的课程转化研究

SHUXUE JIANMO SUYANG DE KECHENG ZHUANHUA YANJIU

出版 中国科学技术大学出版社
安徽省合肥市金寨路 96 号，230026
http://press. ustc. edu. cn
https://zgkxjsdxcbs. tmall. com

印刷 合肥华苑印刷包装有限公司

发行 中国科学技术大学出版社

开本 710 mm×1000 mm 1/16

印张 14.75

字数 306 千

版次 2025 年 8 月第 1 版

印次 2025 年 8 月第 1 次印刷

定价 58.00 元

前　　言

将数学建模素养确立为课程目标，已然成为我国普通高中数学课程改革中具有开创性的实践探索。根植于数学建模的学科地位及其研究持续性的历史判断，全球教育对发展学生数学建模素养的时代呼唤，以及我国中学数学建模教育研究与实践的现实考量，本书提出了“数学建模素养是如何课程转化的”这一核心研究问题，旨在系统探寻数学建模素养在课程中的落实。将学生数学建模素养的发展问题置于课程转化过程中，不仅充实了从结果取向审视“培养什么人”的目标问题，还丰富了从过程取向探寻“怎样培养人”的实现问题。因此，进行数学建模素养的课程转化研究具有重要的理论价值与实践意义。

本书选取学术界颇具代表性的课程转化层级理论，作为分析框架的建构基础。课程转化层级理论启示我们，可以从纵向关联与横向扩展的整合视角对数学建模素养的课程转化进行实然考察。基于此，本书分别对数学建模素养在预期课程、实施课程和获得课程中的转化进行了可操作性的研究设计。

按照课程的层级属性，本书从三个方面展开数学建模素养的课程转化研究。

首先，通过内容分析法，考察数学建模素养在预期课程中的转化。以新中国成立以来，不同历史时期颁布、实施的课程文件为起点，考察数学建模素养内涵的社会生成问题。研究发现：课程文件中数学建模素养的内涵经由现实性数学建模思想的滥觞，到情境性数学建模能力的发轫，再到教育性数学建模素养概念的提出的渐进演变。受社会发展、学科本质和育人目标等多重因素的影响，数学建模素养内涵的渐进演变主要作用于课程目标、课程内容、课程实施和课程评价的变化，从而实现了由数学建模思想到数学建模素养的目标转向，构建了从应用数学知识解决实际问题到发展数学建模素养的内容体系，形成了多种评价方式助推数学建模教育全面深化的实践向度。此外，选取北师大版、苏教版和沪教版的教科书为研究对象，从"外显—内隐"双重视角考察数学建模素养在教科书中的转化。外显方面，三个新版教科书提供的数学建模活动呈现共性特征：均体现与其他主题内容的融合性、专门独立编排的系统性、问题设计的开放性及组织形式的个性化倾向；但较少关注"检验"环节，较少蕴含情感因素等。同时，不同版本教科书中的数学建模活动在转化方式及情境类型、情境真实性、问题表述方式、建模过程等维度上不尽相同，各具特色。内隐方面，三个新版教科书"函数"主题中的数学建模问题设计颇为相似：问题数量相对较少，聚焦"情境理解—数学化—问题求解—解读数学结果"的链式过程，重视"记忆与再现"和"联系与变式"的能力水平培养，且多关注与单一学科的融合；从必修内容到选择性必修内容，数学建模问题在路径、速率、广度三个维度上的设计并未发生实质性的变化。

其次，综合运用问卷调查法、半结构化访谈法和叙事研究法，从"意识—行为"双重视角考察数学建模素养在实施课程中的转化。具体来看，主要围绕教师对数学建模的认识与态度，教师对《高中新课标》中数学建模内容的准备度，以及教师对新版教科书中数学建模内容的使用实践等问题展开了现状调查。研究发现：教师对数学建模的认识与态度在均值上由高至低依次为"真实性与相关性""建构性""动机与兴趣""理解性"；不同性别、教龄、学历、培训情况的教师在四个维度上具有不同程度的差异。教师对《高中新课标》中数学建模内容的准备度在均值上由高到低依次是“认知准备”“情意准备”“行为准备”，特别是“认知准备”中的“评价观”表现最弱；认知、情意、行为三个准备度之间具有统计学意义上的显著性差异；不同性别、教龄、学历、培训情况的教师在认知准备、情意准备、行为准备上也具有不同程度的差异。另外，从社会文化角度揭示了教师使用新版教科书提供的数学建模内容尚处于自发性的状态。据此，通过个案研究法解释“忠实”和“调试”两种取向的教师使用教科书中数学建模内容的能动性差异。

最后，通过观察法、开放式访谈法，以“诱人的优惠券”数学建模活动为例，考察数学建模素养在获得课程中的转化。具体来看，主要从社会文化视角深度描摹学生在数学建模活动中的集体论证过程，系统勾画学生在数学建模活动中的会话互动图景，并细致分析学生在数学建模活动中的典型行为变化。研究发现：数学建模活动是一个集体论证的过程。学生在数学建模活动中的集体论证过程体现了“观念”“理解”“争论”等单一会话类别，与“观念与维持”“争论与观念”“观念与争论”“同意与观念”等连续会话类别的积极互动特征。不同会话类别的滞后会话均指向“观念”的生成，由此推动学生之间共同完成数学建模任务并取得数学建模成果，尤其是对情境理解、问题提出、模型建立等过程具有重要的促进作用。此外，通过个案研究法镜像扫描“令人惊喜者”“保持者”“令人失望者”三种类型的学生在数学建模活动中的行为变化。“令人惊喜者”在数学建模活动中能够更好地增强数学学习自信心，涵养理性精神，提高数学表达能力；而“令人失望者”的出现主要是因为惯于解决封闭性、确定性的数学问题，在数学建模活动中缺乏对现实情境的理解、现实问题的表述、数学模型的检验等能力。

基于对数学建模素养在预期课程、实施课程和获得课程中的转化研究结果的分析，最终得出四点研究结论，分别是：① 课程文件中的数学建模素养内涵是一个渐进演变的过程;② 教科书以“独立编排数学建模活动”与“融入设计数学建模问题”的显隐互鉴方式实现了数学建模素养的多样化转化;③ 教师在数学建模素养的教学转化中存在能动性缺失问题;④ 通过集体论证的会话互动方式,能够促进学生数学建模素养的生成。最后,还讨论了本研究与以往相关研究的联系,并对本研究的创新性和局限性进行了总结与反思。展望未来,在基于标准的课程行动背景下,数学建模素养的课程转化研究将得到越来越多研究者的关注,研究内容将不断深化,研究方法将趋于整合,研究视角也将更加多元开放,其学术价值与实践前景令人期待。

目　录

前言 …………………………………………………………………… (i)

第一章　绪论 ………………………………………………………… (1)

第一节　问题的提出 ………………………………………………… (1)

第二节　研究目的与研究意义 ……………………………………… (17)

第三节　核心概念界定 ……………………………………………… (19)

第四节　研究内容与研究思路 ……………………………………… (27)

第二章　文献综述 …………………………………………………… (31)

第一节　数学建模研究述评 ………………………………………… (31)

第二节　课程转化研究述评 ………………………………………… (59)

第三章　研究设计 …………………………………………………… (72)

第一节　理论基础与分析框架的构建 ……………………………… (72)

第二节　数学建模素养在预期课程中的转化研究设计 …………… (76)

第三节　数学建模素养在实施课程中的转化研究设计 …………… (100)

第四节　数学建模素养在获得课程中的转化研究设计 …………… (113)

第四章　数学建模素养在预期课程中的转化研究结果分析 ……… (121)

第一节　数学建模素养内涵的社会生成研究 ……………………… (121)

第二节　外显视角下教科书中的数学建模主题内容编排研究 …… (133)

第三节　内隐视角下教科书“函数”主题中的数学建模问题设计研究 …… (149)

第五章　数学建模素养在实施课程中的转化研究结果分析 ……… (163)

第一节　教师对数学建模的认识与态度 …………………………… (163)

第二节　教师对《高中新课标》中数学建模内容的准备度 ………… (170)

第三节　教师对新版教科书中数学建模内容的使用情况 ………… (178)

第六章 数学建模素养在获得课程中的转化研究结果分析……………………（188）
第一节 学生数学建模活动中的集体论证过程分析……………………（188）
第二节 学生数学建模活动中集体论证的会话互动分析……………………（195）
第三节 学生数学建模活动中的行为变化分析……………………（200）

第七章 研究结论与展望……………………（206）
第一节 研究结论……………………（206）
第二节 研究反思……………………（210）
第三节 研究展望……………………（215）

附录……………………（220）
附录一 教师对数学建模的认识与态度的调查问卷……………………（220）
附录二 教师对《高中新课标》中数学建模内容的准备度调查问卷………（222）
附录三 教师对新版教科书提供的数学建模内容的使用叙事框架………（225）
附录四 对教师的半结构化访谈提纲……………………（226）

后记……………………（227）

第一章 绪 论

一切问题都可以转化为数学问题。

——法国哲学家、数学家、科学家 勒内·笛卡儿

第一节 问题的提出

“数学建模素养的课程转化研究”这个选题，实际上涵盖了两个问题：问题一，为什么要研究数学建模素养？问题二，为什么要对数学建模素养的课程转化进行实然考察？

第一个问题尚是好回答的，至少可以从历史和时代两个维度分析数学建模素养的研究价值和可能性。

一、历史维度：数学建模的重要地位及其研究的持续性

首先，作为整合的数学观，数学建模是对数学本质的重新阐释。从学科本质及其研究对象来看，任一学科的发展并不是永恒不变、绝对静止的，而是随着不同时代的社会认识与范式转换发生历史动态性的演变。作为学校教育的重要学科，数学也是如此。回顾历史，关于“什么是数学”的问题，数学家和哲学家曾从不同的角度提出了若干见解。归纳看来，有从数学与科学的关系角度，认为“数学是一种研究思想事物的抽象的科学”；也有从数学研究对象的角度，认为“数学是对结构的分析”“数学是模式的科学”；还有从数学与艺术的角度，认为“数学是创造性的艺术”；等等。[①] 具体地，论及数学的研究对象，恩格斯对数学的解说“数学是研究数量关系和空间形式的一门科学”[②]当属经典，然而这一认识已被数学知识的快速增长和应用数学的光明前景所超越。最为典型的例子是，苏联数学家亚历山大洛夫

---

① 郑毓信.新数学教育哲学[M].上海：华东师范大学出版社，2015：5-10.

② 代钦.恩格斯关于数学的界定及其史的考察[J].自然辩证法通讯，2022(9)：73-78.

(A. D. Aleksandrov)认为,数学的研究对象不仅仅局限于传统的如代数和几何等现实世界中的客体,还包括逻辑上可能存在的形式和关系。[①] 20世纪后半叶以来,西方数学哲学领域更为盛行两种代表性观点:一种是数学是关于模式的科学;另一种是数学是关于形式结构的科学。怀特海(Whitehead)、雷斯尼克(Resnik)、斯蒂恩(Steen)、阿尔伯特(Albert)、麦克莱恩(Maclane)等数学家和哲学家都曾对此发表过相关言论。里格尔(Rieger)甚至认为,模式和结构所表示的意思相近,二者可以相互转换。[②] 21世纪初,我国也有学者就数学本质的认识论问题发表看法,如林夏水[③]与黄光荣[④]就"数学是关于模式的科学"问题进行了商榷。由此可见,对数学本质的多样性认识,更多地反映了个体的数学观。数学观是数学本质的重要表现形式。这就启示我们,不能仅仅停留于复述抑或转引不同数学家和哲学家关于数学本质的诸多论述,而应站在系统论的哲学高度对这些论述进行深入的概括分析。

其实,数学的历史动态性发展过程反映了数学的辩证性质。数学的模式论抑或数学的形式结构论均存在一定的局限性。数学模式论更多地彰显了模式思想内涵中存有还原论、对应论和简单符号论的缩影,数学形式结构论又难以表达数学世界与现实世界的内在关系和反映数学应用的价值。在此基础上,黄秦安从整合论角度提出了数学的"形式—建构—模型"观点。[⑤] 这一整合数学观是将数学的形式抽象性、社会建构性和广泛应用性三维特征加以统整与提炼而提出的。与数学的模式论和形式结构论相比,数学的"形式—建构—模型"整合观既包含了数学的模式论和结构形式化的特征,又体现了数学知识建构中蕴含着社会文化的属性,还反映了数学世界与现实世界的内在联系。可以看出,"形式—建构—模型"整合数学观是对数学本质的重新阐释,也是对数学研究对象范围的延拓与扩充。一定程度上,可以将"形式—建构—模型"整合数学观简称为"数学建模"。因为"数学建模"直观形象地反映了数学的形式化、建构性和模型化的特征,也进一步丰富、深化了已有关于数学本质及其研究对象的认识。

其次,国际数学素养测评强调数学建模的重要性。当前,国际范围内盛行多种数学素养测评体系,既有全球性、大规模、影响深远的国际学生学习质量比较研究体系,如国际学生测评项目(PISA)、国际数学和科学教育成就趋势(TIMSS);又有区域性、代表性、特色化的教育质量监测体系,如美国的国家教育进步评估(NAEP)、英国的中学数学教育评价(KASSEL测试)和日本的全国学力和学习状

① 林夏水.数学哲学[M].北京:商务印书馆,2003:3.

② Rieger A. Patterns in the philosophy of mathematics[J]. The Philosophical Quarterly, 2003(1): 247-255.

③ 林夏水.数学本质·认识论·数学观:简评"对数学本质的认识"[J].数学教育学报,2002,11(3):26-29.

④ 黄光荣.对数学本质的认识[J].数学教育学报,2002,11(2):21-23.

⑤ 黄秦安.作为形式—建构—模型的数学:关于数学研究对象的一个新阐释[J].自然辩证法研究,2013,29(1):122-128.

况调查(数学)。虽然这些测评体系在其形成背景和考查方式上具有较大差异,但是仔细推敲会发现这些测评体系也存有很多相同之处,如考查学生运用数学知识解决实际问题的能力是每个测评体系的核心要义,聚焦学生数学素养发展是每个测评体系设计的基本特征。① 毫不夸张地说,数学素养测评即数学建模素养的测评,因为"数学素养与数学建模之间具有紧密的联系"。② 以 PISA 为例,探查 PISA 数学素养测评框架历史变迁中的"不变"特征及其与数学建模之间的关系。

2003 年、2012 年和 2021 年是 PISA 三次大型的数学素养测评年份,其框架的设计思路历经 3 次调整与完善。与此同时,有诸多学者对 PISA 数学素养测评进行著书立说。概括起来,PISA 数学素养测评框架在更新过程中反映出的最大特征是其与数学建模的紧密联系,具体表现为:第一,对数学素养内涵的表述愈加凸显数学建模的意蕴。PISA 2021 中的数学素养是指:个体在真实世界的不同情境中进行数学推理,并表达、应用和阐释数学以解决问题的能力。③ 可见,数学素养的内涵与数学建模的要义"对现实问题进行数学抽象,用数学语言表达问题、用数学方法构建模型解决现实问题"④,在价值取向上具有相似性,均指向学生在现实世界中运用知识解决实际问题的能力。第二,对真实情境的关注与数学建模有着紧密的联系。历次 PISA 数学素养测评的总基调都是关注现实世界的真实情境。⑤ PISA 2021 首次提及情境的真实性以及将"解决现实问题"作为根本目标,旨在强调数学素养是在现实情境中生成的,脱离了现实情境,学生的数学素养将难以发展。因为知识是情境性的,学生对数学的理解置身于不同的现实情境之中。数学建模过程中的问题也是基于现实世界而提出的,在真实情境中解决现实问题是二者的共同追求。第三,对数学过程的考查与数学建模思想相契合。历次 PISA 数学素养测评框架都聚焦融入数学建模思想的直观化过程,这一过程包含了表达、应用、阐释与评估⑥;而且,PISA 2021 数学素养测评框架还强调了"数学内容领域"与"数学建模过程"的紧密联系。这就意味着"素养作为运用知识、技能解决实际问题的能力,其蕴含的知识论意义在于知识作为问题解决的工具、交往协作的媒介以及自我实现的资源"⑦。

再次,数学建模研究是国际数学教育研究的持续关注点。如果要把握某个研究领域的热点及其发展趋势,一般可以通过该领域召开的代表性学术会议进行研判。国际数学教育大会(ICME)是全球数学教育领域规模最大、水平最高、影响力最广的学术会议,其研究主题的设置最能反映国际数学教育研究的发展动向。随

---

① 孔企平. 国际数学学习测评:聚焦数学素养的发展[J]. 全球教育展望,2011,40(11):78-82.
② 斯泰西,特纳. 数学素养的测评:走进 PISA 测试[M]. 曹一鸣,等译. 北京:教育科学出版社,2017:75.
③ 曹一鸣,朱忠明. 变与不变:PISA 2000—2021 数学测评框架的沿革[J]. 数学教育学报,2019,28(4):1-5.
④ 中华人民共和国教育部. 普通高中数学课程标准(2017 年版)[M]. 北京:人民教育出版社,2018:5.
⑤ 董连春,吴立宝,王立东. PISA 2021 数学素养测评框架评介[J]. 数学教育学报,2019,28(4):6-11.
⑥ 朱忠明. PISA 2021 数学测评框架关键特征的审视及启示[J]. 课程·教材·教法,2020,40(4):138-143.
⑦ 张良. 核心素养的生成:以知识观重建为路径[J]. 教育研究,2019,40(9):65-70.

着数学在知识社会的广泛应用，数学建模在过去三十余年里逐渐成为国际数学教育研究的热点话题之一。1976 年，在德国卡尔斯鲁厄召开的 ICME-3 会议上，波利亚克(Pollak)作了题为 *The Interaction between Mathematics and Other School Subjects*(《数学与其他学科的相互作用》)①的报告，将“数学建模与应用”话题正式带到了学术研究的前沿。在此之前，已有学者对“数学建模与应用”与课堂教学的整合问题进行了探讨。② 自 ICME-5 开始，“数学建模与应用”被独立地列为 ICME 专题研究组之一，此后，该研究主题得到全球数学教育研究者持续不断的关注与讨论。③ 特别地，2000 年，在日本东京召开的 ICME-9 会议上，王尚志和叶其孝作了题为《中国的中学数学建模》的常规报告，介绍了北京市开展的数学应用知识竞赛(一定程度上可以说是数学建模的雏形)的经验和体会，引起了与会者的广泛关注。2021 年，在我国上海举办的 ICME-14 会议上，越来越多的研究者开始从跨学科视角探讨数学建模教育的理论和实践问题。④ 立足学生数学建模素养的培育成为国际数学教育研究的新领域与风向标。⑤ 另外，国际数学建模教学与应用会议(ICTMA)是国际数学建模教育研究领域的专业学术会议。自 1983 年召开 ICTMA-1 以来，至今已连续举办了 20 届年会，其目的在于多视角、多元化地讨论各学段与数学建模教与学有关的方法与案例。历届 ICTMA 收录的会议论文也集结成册得以出版。随着数学建模教育研究的深入，国际范围内也生产了大量的研究成果，如国际权威学术期刊 *ZDM-Mathematics Education*(《国际数学教育评论》)曾于 2006 年和 2018 年两次三期专刊发表了数学建模理论研究与实践探索方面的文章。回顾历史，数学建模备受全球关注，促使了数学建模研究成为国内外数学教育研究领域持续不断的热议话题。

二、时代维度：数学建模素养成为全球教育的共同呼唤

数学建模的学科地位及其研究的连续性，催生了数学建模素养成为全球教育的共同寻绎。数学建模素养是每个人都需要的最基本的数学素养⑥，是对未来社

① Pollak H O. The interaction between mathematics and other school subjects[C]// Rising G R. New trends in Mathematics Teaching: Ⅳ. Paris: UNESCO, 1979: 232-248.

② Freudenthal H. Why to teach mathematics so as to be useful[J]. Education Studies in Mathematics, 1968, 1(1): 3-8.

③ 陈昊，王建磐. 21 世纪国际数学教育在关注什么：基于 ICME 中 TSG 主题的分析[J]. 数学教育学报，2020，29(2)：41-48.

④ 黄健，徐斌艳. 国际视野下数学建模教与学研究的发展趋势：基于第 14 届国际数学教育大会的分析[J]. 数学教育学报，2023，32(1)：93-98.

⑤ 徐斌艳，李沐慧，王思凯. 数学教育的中国经验与国际发展：基于第 14 届国际数学教育大会的分析与展望[J]. 全球教育展望，2022，51(1)：116-128.

⑥ 斯泰西，特纳. 数学素养的测评：走进 PISA 测试[M]. 曹一鸣，等译. 北京：教育科学出版社，2017：64-65.

会发展需要“培养什么样的人”的学科思考，体现了全球化的时代特征。如果说前文从历时角度归纳了数学建模的重要性，是一种历史分析的价值取向，那么接下来，将从共时角度梳理数学建模素养在各个国家或地区的数学课程标准中被关注的程度，就是一种横向比较的价值取向。从横向比较的视角回答核心素养、数学建模素养何以成为全球教育的共同呼唤，以及核心素养与数学建模素养之间的内在关系是一个绕不开的基本问题。

首先，宏观层面，发展学生素养是全球教育的共同目标。近10年来，在经济合作与发展组织、欧洲联盟、联合国教育、科学和文化组织的影响下，以核心素养为导向的教育改革成为各国或地区共同关注的时代主题。教育政策的制定、教育实践的变革、教育研究话语体系的建构都围绕着核心素养展开。崔允漷[①]曾撰文指出：当你谈到有关教育的问题时，如果不提及素养，大概就算是out或太low了。这足以说明素养的时代意义。全球范围内为何高度关注核心素养？对这一问题的深思，有助于理清核心素养提出的价值逻辑。概而言之，核心素养的提出主要基于两个方面的考虑：一是核心素养提出的社会性倾向。核心素养的提出实质上是“教育质量的升级运动，是国际教育竞争的集中反映”[②]，是适应知识经济、全球化、信息化时代公民生活、职业世界和个人自我实现的必然选择[③]。素养作为21世纪学生发展的时代表达，其意义在于将以往立足于记忆知识、掌握知识的教育观念，转向如今立足于真实情境中运用知识解决现实问题能力培养的教育观念。核心素养提出的社会性倾向与数学建模素养的情境依赖性具有高度相似性，二者均体现出教育哲学的本体性回归，即由现代教育的知识本位的教育哲学观回归到基于人本位的教育本体论。[④] 从学科育人的角度来看，可以说数学建模素养是全球教育对于核心素养呼唤的学科作为。二是核心素养理解的整合性取向。虽然不同国家或地区或国际组织建构的核心素养体系不尽相同，但是深究这些核心素养体系，其内容具有共识性，目的具有趋同性，构成要素具有相似性。有研究将国际范围内的核心素养体系归纳为四种类型：成功生活取向的思维核心型、终身学习取向的知识核心型、个人发展取向的价值型和综合性取向的教育系统型。[⑤] 核心素养体系的形式多样性和内容统一性，需要用整合性视角来理解核心素养[⑥]，而不能将核心素养理解为包含一系列构成要素的罗列。因为核心素养既不是能力，也不是品格或观念，

① 崔允漷．素养：一个让人欢喜让人忧的概念[J]．华东师范大学学报(教育科学版)，2016(1)：3-5.

② 褚宏启．核心素养的国际视野与中国立场：21世纪中国的国民素质提升与教育目标转型[J]．教育研究，2016.37(11)：8-18.

③ 张华．论核心素养的内涵[J]．全球教育展望，2016，45(4)：10-24.

④ 杨志成．核心素养的本质追问与实践探析[J]．教育研究，2017，38(7)：14-20.

⑤ 左璜．基础教育课程改革的国际趋势：走向核心素养为本[J]．课程·教材·教法，2016(2)：39-46.

⑥ 李松林，贺慧．整合性：核心素养的知识特性与生成路径[J]．教育科学研究，2020(6)：13-17.

而是诸多方面整合在一起的综合性表现，这是理解核心素养的关键所在。① 在六大数学学科核心素养中，数学建模素养对数学抽象、逻辑推理、直观想象、数学运算等素养的依赖程度最大。② 这也说明了数学建模素养是一种以知识为基础、现实情境为中介、活动参与为表现形式的综合性素养。从整合性视角来理解核心素养或数学建模素养是本研究的基本要求。

当前，我国建立了两套并行的核心素养体系：一个是学生核心素养体系，另一个是学科核心素养体系。两套核心素养体系在时间序列上是相继产生的。在我国教育理论界，关于学生核心素养与学科核心素养之间有何关系，核心素养是全面素养还是关键素养，如何理解核心素养的"核心"等问题的探究方兴未艾。石鸥③认为，核心素养是跨学科素养，任何核心素养都不是一门单独的学科可以完成的，学科可以生成某些核心素养，但不等于核心素养，核心素养不能说成是学科核心素养。叶波④通过理论分析和历史梳理的方法，比较了将核心素养理解为全面素养或关键素养的异同，认为我国提出的核心素养应当被理解为"关键素养"，从而体现核心素养的"核心"之处。与此观点类似的是，傅维利⑤撰文指出，在语言表达上应该用"关键素养"取代"核心素养"，等等。其实，我国现行并存的两套核心素养体系既相互独立又相互依赖。所谓独立，是指两套核心素养体系的研制主体不同，自然具有相互独立的象征意义。所谓依赖，是指至少在两个方面可以体现两套核心素养体系的依存关系。一是从构成要素来看，不存在两套核心素养体系对应关系的绝对空无现象⑥，如学生核心素养中的勇于探索、问题解决、技术运用等要点，与数学学科核心素养中的数学建模素养内涵较为相近；二是从目标定位来看，学生核心素养是培养完整的人，学科核心素养是学科育人的个性化表达，二者的目标指向一致，都是指向人的全面发展。为了防止核心素养被泛化的危险⑦，不妨将数学素养作为学生核心素养之一。作为当今社会每个人必备的基本素养，数学素养为个体

① 杨向东.关于核心素养若干概念和命题的辨析[J].华东师范大学学报(教育科学版)，2020，38(10)：48-59.

② 张淑梅，何雅涵，保继光.高中数学核心素养的统计分析[J].课程·教材·教法，2017(10)：50-55.

③ 石鸥.核心素养的课程与教学价值[J].华东师范大学学报(教育科学版)，2016(1)：9-11.

④ 叶波.是"全面素养"还是"关键素养"：基于课程改革方法论的核心素养概念追问[J].课程·教材·教法，2017(9)：24-28.

⑤ 傅维利.论核心素养的认识误区与关键素养体系的中国化构建[J].高等教育研究，2020(8)：13-21.

⑥ 史威.从国际经验切入看我国两套核心素养体系的关系[J].教育学报，2019，15(5)：53-61.

⑦ 李泽林曾撰文指出核心素养被泛化的表征：一是将学生发展核心素养作为不同的学科知识来切割；二是将核心素养作为学生发展的评价工具来测评；三是将学生发展核心素养作为人才培养的要素来肢解。具体见：李泽林.防止核心素养被泛化的危险：兼论贯彻落实《中国学生发展核心素养》的学科化倾向[J].陕西师范大学学报(哲学社会科学版)，2017(5)：158-163.

应对激烈的竞争环境、终身学习、不断自我反思和再造奠定了数学基础。① 如果说数学素养是学生核心素养的一个基本要素，那么数学建模素养就是面向未来社会发展学生数学素养中的关键素养。数学是一种模式，数学教学中尤为重要的不仅是作为结果的数学模式学习，还是让学生经历、体验、参与数学模式的建构过程。数学教学是在学科知识与学生认知双重逻辑的基础上加以理性重构的，做到知识之间、方法之间的关联，以体现数学建模过程及其背后的方法论基础。②

其次，微观层面，不同国家或地区都将发展学生数学建模素养作为课程要求。毋庸置疑的是，学生核心素养的实现需要通过解构的方式渗透到不同学科的课程体系中，因为课程是育人目标的重要载体，任何新的教育理念总要落实到课程上，进而影响到学生。对于数学教育而言，数学建模素养是最能体现核心素养价值追求的学科作为。发展学生数学建模素养成为国际数学教育教学的重要目标。一项关于国际视野下数学建模教育研究的统计分析显示，美国和德国的学者在发文数量上具有明显的优势③，可以看出，美国和德国在数学建模研究与实践领域具有卓越表现。现以美国和德国为考察对象，提取数学建模素养在这两个国家最新颁布的高中数学课程标准中被关注的程度。2010 年 6 月，美国首部《州共同核心数学标准》④颁布，该标准不仅将数学建模作为八项数学实践标准之一而提出，还在数学内容标准中明确指出：数学建模不是一些孤立内容的集合，而要与标准中的其他内容紧密相连，在高中标准中出现的具体建模标准都用星号标记。⑤ 可以看出，无论是数学实践标准的原则规定，还是数学内容标准的具体要求，数学建模都诠释了数学既是一种技术也是一种文化的理念。2012 年 10 月，德国《高中数学教育标

---

① 斯泰西，特纳. 数学素养的测评：走进 PISA 测试[M]. 曹一鸣，等译. 北京：教育科学出版社，2017：译者序.

② 唐恒钧，张维忠. 数学问题链教学的理论与实践[M]. 上海：华东师范大学出版社，2020：46.

③ 胡泌彤，董焕河. 二十一世纪以来数学建模教育研究的方向与发展：基于数学教育领域八大国际期刊的文献调查[J]. 数学建模及其应用，2021(2)：88-96.

④ 美国《州共同核心数学标准》的数学实践标准将数学建模描述为“数学素养较高的学生能够将已有的数学知识用于解决来自日常生活、社会和工作场所的问题……高年级学生可能会用几何知识解决一个设计问题，或用函数知识描述某个关注的量与另一个量的关系。数学素养较高的学生更倾向于通过假设和近似计算简化问题情境，并在之后作必要修正。他们能辨识出实际情境中的关键量，并用示意图、双向表格、图像、流程图和公式来反映这些量的关系。他们能用数学知识分析数量关系，得出结论。按照常规步骤，他们会结合问题情境阐释得到的数学模型，反思模型是否合理，如果未能合理地描述问题本身，那么会对模型作进一步改进”。

⑤ 全美州长协会和首席州立学校官员理事会. 美国州际核心数学课程标准：历史、内容和实施[M]. 蔡金法，孙伟，江春莲，等译. 北京：人民教育出版社，2016：94.

准》颁布，该标准不仅将数学建模列为六大数学能力之一并相应地给出清晰的描述[①]，还于正文部分详细划分了数学建模能力的三个不同水平的表现[②]。此外，与美国《州共同核心数学标准》相类似的是，德国《高中数学教育标准》还强调学生数学建模能力的发展与五个数学核心思想、四个内容领域之间是密不可分的[③]。同样如此，我国《普通高中数学课程标准》(2017 年版，2020 年修订，以下简称《高中新课标》)对数学建模的课程定位有了新的认识，不仅在课程目标上将数学建模视作数学学科核心素养之一，在课程内容上将数学建模与函数、几何与代数、概率与统计并列为必修课程和选择性必修课程的主线，还在课程评价上将数学建模素养划分为三个水平，并用四个维度加以区分。相较以往，此次普通高中数学课程标准修订逐渐将数学建模思想的工具性运用转向数学建模素养的价值性追求，这种认识是在传统中延续、在改革中发展的现实表现。

三、现实维度：对中学数学建模教育研究与实践的考量

前文主要回答了本研究的核心，即为什么研究数学建模素养。对于第二个问题——为什么要对数学建模素养的课程转化进行实然考察，不妨从现实逻辑中找寻答案，即审视当下我国中学数学建模在理论研究和实践探索中面临着哪些突出问题，其可为本研究确立逻辑起点。

(一) 数学建模理论研究存在的问题

总的看来，我国中学数学建模理论研究主要存在对数学建模概念的模糊性认识、数学建模研究的单向度取向、数学建模教学策略的低效性转化等三个方面的问题。

一是对数学建模概念的模糊性认识。清晰认识数学建模的内涵，是数学建模研究与实践的基础。目前看来，“数学建模”虽然被广泛使用，但是学术界对其概念的认识尚处模糊状态。这种模糊性不仅仅发生于数学研究领域，还出现于数学教育研究领域，二者对数学建模的认识有其不同指向。在数学研究领域，一般将“数

① 德国《高中数学教育标准》将数学建模描述为：它包括真实情境与数学概念、数学结论、数学方法之间的相互转换，相应的能力有构造适切的数学模型，以及理解或评价所建构的模型。数学建模的步骤包括，将真实情境结构化和简约化以找到现实模型，将现实模型翻译为数学问题，建构数学模型解决数学问题并结合真实情境解释数学结果，从真实情境的一致性和适切性角度检验结果。它包括标准模型的提出和解决，或者复杂建模问题。

② 德国《高中数学教育标准》将数学建模能力评价划分为：水平 1，会应用熟知的模型，会把真实情境直接化为某个数学模型，会把数学结果直接运用在某个给定的真实情境上；水平 2，会进行有一定限制条件的多步骤建模，会解释这类模型给出的结论，会将数学模型迁移到变化的情境中；水平 3，会为复杂的真实情境进行数学建模，需要确定变量和条件，会检验、比较和评价真实情境下的数学模型。

③ 徐斌艳．德国高中数学教育标准的特点及启示[J]．课程·教材·教法，2015(5)：122-127.

学建模”理解为形式化、数量化的“思想材料”。按照唯物主义认识论的观点，思想材料只能来源于现实世界，但并非完完全全地复制现实世界，而是一个被简化或结构化的过程，这种思想材料的获取过程实际上就是对现实世界研究对象的建模。① 在数学教育研究领域，对数学建模的定义尚未达成共识，不同研究者在论及数学建模问题时常常具有不同的数学建模观。② 从历史发生学的认识视角来看，对数学建模的认识有四种代表性观点。第一种观点是将数学建模视作一种思想方法。这种认识由来已久，我国《九章算术》中“盈不足”“勾股”“方程”等，就提供了盈不足术、直角三角形、线性方程组作为数学模型解决各种实际问题的方法。第二种观点是将数学建模视作一种竞赛活动。这种认识主要受到数学建模竞赛在大学、中小学盛行的影响，甚至在日常生活中当有人论及数学建模时，往往狭隘地认为数学建模就是数学竞赛。第三种观点是将数学建模视作一种学习内容。21 世纪初，我国大多数中学开发的研究性学习、课题学习等校本课程，以及小学设置的综合实践课程，其主要内容本质上都是数学建模。③ 第四种观点是将数学建模视作一种课程要求。这种认识从我国最近颁布的《高中新课标》最能体现。《高中新课标》将数学建模作为学科核心素养之一和内容主线之一而提出。

对数学建模概念的模糊性认识不独存于我国，欧美发达国家亦是如此。最为明显的是，高等教育研究领域与基础教育研究领域所论及的术语相同或相近，如数学建模、建模循环抑或数学模型，但它们所蕴含的实际意义不尽相同。早在 20 世纪 80 年代，凯泽-麦博（Kaiser-Messmer）就归纳了数学建模的两种代表性观点，一种是实用主义的建模观，另一种是科学人文主义的建模观。实用主义视角下的数学建模主要关注功利性或现实性的目标，即培养学习者运用数学知识解决实际问题的能力；科学人文视角下的数学建模是将数学看作教育中科学人文的理想，注重培养学习者建构数学和现实之间关系的能力。④ 在此基础上，凯撒（Kaiser）和斯里拉曼（Sriraman）认为，实用主义和科学人文主义视角下的数学建模观已经演变成愈加综合的观点，但是这些观点之间的差异也更加明显，还形成了一些新的观点，从而归纳、细化了一种用来描述不同数学建模观的框架，主要有六种研究视角，分别是真实性建模、情境性建模、教育性建模、社会批判性建模、理论性建模和元认知建模。⑤ 后来，有学者根据目标、建模实例的类型、认识论基础和与原有数学建模

① 李明振. 数学建模认知研究[M]. 南京：江苏教育出版社，2013：22.

② Frejd P. Modes of modelling assessment: a literature review[J]. Educational Studies in Mathematics, 2013, 84(3): 413-438.

③ 王尚志. 数学建模在中国各学段的发展历程及展望[J]. 数学教育学报，2017，26(6)：8.

④ 蔡金法. 数学教育研究手册：第二册[M]. 北京：人民教育出版社，2020：58.

⑤ Kaiser G, Sriraman B. A global survey of international perspectives on modeling in mathematics education[J]. ZDM-The International Journal on Mathematics Education, 2006, 38(3): 302-310.

观的关系等维度，对凯撒和斯里拉曼的六种数学建模研究视角进行了改进与分类。[①] 诸如此类的观点还有很多，乐士(Lesh)等人认为，数学建模教学的主要挑战之一是建模活动的“概念模糊性”[②]，即便那些长期从事数学建模研究的学者，对于数学建模的过程以及如何将数学建模概念化也没有达成共识[③]。可见，数学建模是一个多义性、动态性和发展性的概念。

二是我国中学数学建模教育研究的单向度取向。所谓单向度取向，是指在我国学术话语体系内，以中学数学建模研究成果为对象，这些既有成果在研究视角、研究内容和研究方法上表现出狭隘化、失衡化和单一化的特征，从而影响数学建模研究的深度、广度和新颖度。

就数学建模研究视角而言，我国中学数学建模研究主要局限于从教学论视角探究数学建模的教学和学生数学建模素养的培养问题。从课程论视角分析数学建模素养发展的历史进程、数学建模素养在教科书中的体现，以及从认识论视角探讨教师对数学建模的认识和对《高中新课标》中数学建模内容的认知准备相对较少。蔡金法等人[④]从数学、认知、课程、教学和教师教育等视角论述了数学建模研究的理论构想，为研究者从事数学建模研究提供了新的思考空间。数学教育作为一个跨学科领域，且数学建模具有现实情境属性，理应以跨学科视角进行数学建模教育研究。从社会文化视角研究数学建模教学的社会属性，以及学生数学建模素养的行为表现问题是一个亟待研究的领域。目前，数学建模的社会文化研究备受瞩目，ICTMA-19 的主题就是东西方文化背景下的数学建模，旨在讨论多元文化背景下数学建模教与学的特征。梁贯成等人在 ICTMA-19 大会报告中指出：将数学建模及其教学放置于特有的文化语境中，有益于丰富数学建模教育的多样性，如果世界各地都以同样的方式进行数学建模及其教学，那该多无聊！[⑤]

就数学建模研究内容而言，学术界已经在数学建模的内涵与价值、数学建模教学、学生数学建模素养评价与培育、学生数学建模素养发展的影响因素等论题上取得了较大进展。但研究内容的失衡是不争的事实，主要表现为：在数学建模的本体

---

① Kaiser G, Sriraman B, Garcia F J. Report from the working group modeling and applications: differentiating perspective and delineating commonalities[C]// Pitta-Pantazi Phlippou D. The Proceedings of the 5th Congress of the European Society for Research in Mathematics Education. Larnaca: University of Cyprus, 2007: 2035-2041.

② Lesh R. Introduction to part Ⅰ modeling: what is it? why do it? [C]// Lesh R, Galbraith P L, Haines C R, et al. Modeling Students' Mathematical Modeling Competencies. New York: Springer, 2013: 5-10.

③ Zawojewski J S. Problem solving versus modeling[C]// Lesh R, Galbraith P L, Haines C R, et al. Modeling Students' Mathematical Modeling Competencies. New York: Springer, 2013: 237-243.

④ Cai J, Cirillo M, Pelesko J A, et al. Mathematical modeling in school education: Mathematical, cognitive, curricular, instructional, and teacher education perspectives[C]// The Proceedings of the Joint Meeting of Pme & Pme Na, 2014.

⑤ Leung F K S, Stillman G A. Kaiser G, et al. Mathematical modelling education in the cultural contexts of west and east[C]//Mathematical Modelling Education in East and West. Cham: Springer, 2021: 3-16.

研究方面，关于数学建模的内涵与教育价值的研究多，对数学建模的外延与落实逻辑的研究少；在数学建模教学研究方面，关于数学建模教学策略的研究多，对数学建模教学的性质、方式、模式、原则等问题的学理分析少；在数学建模素养的评价与培育方面，关于学生层面的数学建模能力现状调查和培育策略多，对教师数学建模素养的研究少，关于评价方式，数学建模能力的终结性评价研究多，数学建模素养的过程性评价研究少；在学生数学建模素养发展的影响因素方面，从获得课程层面对学生数学建模能力或素养的研究多，从预期课程和实施课程层面对学生数学建模能力或素养的研究少。① 德国学者在综述国际数学建模教与学研究的基础上，从学生和教师两个方面展望了未来数学建模教育研究的发展方向。在学生数学建模能力的测评问题上，提出了可以考虑学生数学建模能力与情绪、信念或价值观等情感变量的相互影响的观点，这样的综合研究可以进一步促进研究者对数学建模教与学的深度理解；在教师数学建模知识的评价问题上，建议考虑开展纵向的、长期的行动研究，比较职前数学教师和在职数学教师在数学建模教学内容知识的变化情况。② 因此，要想我国中学数学建模研究在内容上有质的提升，应当保持研究论题的均衡化态势，既要关注数学建模的本体研究，也要注重人的数学建模素养发展研究。

就数学建模研究方法而言，我国中学数学建模研究的方法较为经验化，主要表现为：更多地偏向于数学建模教学实践的经验性总结和数学建模教学策略的演绎性思辨，如对数学建模教学策略和学生数学建模素养培育的探讨；真正具有科学性、学理性、实证性的数学建模教育研究相当稀少，如学生数学建模素养的表现研究，大多采用问卷和测试等传统调查方法，鲜有研究采用课堂观察、视频图像分析、聚焦式访谈、路径分析等方法。值得注意的是，学生数学建模能力的终结性评价取向，是难以测评学生数学建模活动中的行为表现的，更何况“素养可能是不可测的，可测的只是学业质量，素养只是学业质量测评的一种理论性的推测”③。要想评价学生数学建模素养的现状，表现性评价尤为重要。表现性评价，是按照一定标准在真实或接近真实的情境中对学生完成任务的过程和表现进行观察和判断。④ 大量研究表明，表现性评价更适合检测高认知的、体现复杂性思维的任务，而且更有可能促进像数学建模这样的素养的获得。⑤ 然而，这一方面的研究相对稀少。在具体研究过程中，应当注重质性分析中理论依据的遵循，以及定量分析中问卷或测试

① 汪飞飞，张维忠. 中国中学数学建模研究的历程与论题及其启示[J]. 数学教育学报，2022，31(2)：63-68.

② Schukajlow S, Kaiser G, Stillman G. Empirical research on teaching and learning of mathematical modeling: a survey on the current state-of-the-art[J]. ZDM-Mathematics Education, 2018(1): 5-18.

③ 崔允漷. 素养：一个让人欢喜让人忧的概念[J]. 华东师范大学学报(教育科学版)，2016(1)：3-5.

④ 霍力岩，黄爽. 表现性评价内涵及其相关概念辨析[J]. 西北师大学报(社会科学版)，2015，52(3)：76-81.

⑤ Linda D H. Frank A. Beyond basic skills: the role of performance assessment in achieving 21st century standards of learning[M]. San Francisco: Jossey-Bass, 2014: 23-29.

题工具标准的设定①,因为研究工具的科学性和有效性是生产高质量实证研究的基础。对于数学教育研究的提质而言,数学建模的定量研究方法严重缺乏,是极其不客观的,这种认知偏差可能是由研究者在数学建模研究中面临的研究问题导致的,因为研究方法与研究问题具有很强的依赖性。未来,我国中学数学建模研究在方法上需要克服经验化倾向,愈加重视数学建模的理论研究、实践研究与实证研究的融合。

三是数学建模教学策略的低效性转化。无论是数学建模教学理论研究的深化,还是数学建模教学实践的变革,数学建模教学策略具有重要的实践价值。当前,关于数学建模教学策略的探讨自然硕果累累,但是更多地偏向于数学建模教学经验的总结。这一方面既有域外先进经验的介绍,如有研究基于德国数学城市地图项目(Math City Map)②,从信息技术与数学建模教学融合的角度总结了数学建模活动的完整过程和先进经验;也有本土实践经验的总结,如有研究者③认为,高中数学建模教学可通过课堂教学、选修课、课外拓展和比赛活动四种途径,利用必修课、选修课、实践课和竞赛课四种方式来培养学生的数学建模素养。可以看出,诸多教学策略尚处于经验探索层面,抑或只关注数学建模教学实践中的某一方面。不可否认,这些经验性的总结为形成真正具有科学性、学理性和实证性的数学建模教学研究搭建了广开言路、争鸣探索的学术空间。其实,要想提升数学建模活动的教学质量,有待使数学建模活动教学走向实证化,探讨学生数学建模活动中的行为表现,用实证研究方法解释或验证所得到的研究结论。有研究者④综述了我国中小学数学建模研究的现状后认为:尽管我国数学建模研究文献数量较多,但值得推广的研究成果并不多见,原因在于研究方法不够科学。

(二)数学建模实践探索存在的问题

如今,数学建模走进课堂教学已经成为世界教育的潮流⑤,数学建模已由学术形态转化为教育形态,并逐渐转化为课程形态。但是,数学建模在课程实施过程中出现的"高评价、低应用"现象屡见不鲜,数学建模活动的开展形同虚设。我国中学数学建模教育在实践探索方面主要存在以下三个问题:

一是数学建模课程话语空洞化导致数学建模素养难以通过教学实现。所谓数学建模课程话语空洞化,是指作为预期课程的《义务教育数学课程标准(2022 年

① Vorhölter K. Conceptualization and measuring of metacognitive modelling competencies: empirical verification of theoretical assumptions[J]. ZDM-Mathematics Education, 2018(1): 343-354.

② 邵铭宇,苏航.信息技术支持真实情景中的数学建模教学:来自德国的经验[J].比较教育学报,2021(5):157-176.

③ 汤晓春.高中数学教学培养学生数学建模素养的实践[J].教育理论与实践,2017,37(26):62-64.

④ 牛伟强,张倜,熊斌.中国中小学数学建模研究的回顾与反思:基于1989—2016年核心期刊文献的统计分析[J].数学教育学报,2017,26(5):66-70.

⑤ 张平文.数学建模进入课堂已经成为世界教育的潮流[J].数学教育学报,2017,26(6):6-7.

版)》对数学建模内涵的表述不够明确。课程标准是课程开发、课程实施和课程评价的基准。倘若课程标准在顶层设计上未能做到对课程目标和课程内容的精准描述，势必给课程实施和课程评价带来巨大挑战。相较于《普通高中数学课程标准(实验版)》,《高中新课标》对数学建模的定位的确愈加明确，不仅将数学建模视作数学学科核心素养之一，还将数学建模列为必修课程内容的主线之一，但所有这些只表明《高中新课标》在理论层面对数学建模有了质的规定性超越，还未能在实践层面真正触及指向数学建模素养的课程设计和教学变革。具体表现为：在话语表达上,《高中新课标》在课程目标中将数学建模描述为"数学建模是对现实问题进行数学抽象，用数学语言表达问题、用数学方法建构模型解决问题的素养";在课程内容中对数学建模的描述为"数学建模活动是基于数学思维运用模型解决实际问题的一类综合实践活动"。[①] 将两句话概括就是，课程目标意指"数学建模是素养",而课程内容又意指"数学建模是活动"。数学建模究竟是素养还是活动，这是第一个需要思考的问题，因为素养与活动既有联系，又有区别。区别在于，人的素养是一种内在的心理品质，是知识、能力、情感等多因素的综合反映，是一种概括的、抽象的存在，而人的活动是具体的、可感的存在。但是，人的素养与人的活动也存在内在关联性，因为通过观察和分析人的活动，能够客观、清晰地把握人的素养问题。[②]

第二个需要思考的问题是，即便承认数学建模是一种综合实践活动，那么，数学建模活动与义务教育阶段所提出的综合实践活动又有何关系？如果有区别，区别何在？如果没区别，又为何使用两种术语？这些问题似乎很难从《高中新课标》中找到确切的答案。唯有从本质上理清这些问题，方可全面认识数学建模的内涵，从而有效地实施指向数学建模素养的教学变革。同样地，在学业质量评价中，虽然每个核心素养都划分为三个水平，每个水平又做了四个维度的区分和案例说明，但是"仔细分析这些水平的描述，仍然较为笼统、可操作性不强，对实际教学缺乏有效的指导，尤其是对数学建模素养的评价，更是感觉不便操作"[③]。例如，情境与问题、知识与技能、思维与表达、交流与反思四个维度的内在关系何在？在情境与问题维度的描述中，何为实际背景、熟悉的情境、综合的情境？它们的区别何在？何为简单问题、复杂问题、较复杂问题？它们的判断标准为何？以及情境与问题的内在关系何在？因为情境的熟悉程度与问题的复杂程度都具有个体相依性。诸如此类的问题不做操作性定义，只会给教师增加教学难度，指向数学建模素养的课程实施将难以有质的突破。

二是数学建模教学过程缩水化导致学生实践能力和应用意识薄弱。所谓数学

---

① 中华人民共和国教育部.普通高中数学课程标准(2017年版)[M].北京：人民教育出版社,2018:5.

② 陈佑清.在与活动的关联中理解素养问题：一种把握学生素养问题的方法论[J].教育研究,2019,40(6):60-69.

③ 邵光华，蒋周渠.数学建模素养评价模型与案例分析[J].中国数学教育：高中版,2020(8):3-10.

建模教学过程缩水化，是指在数学建模教学中，教师过于重视数学模型的应用，而淡化数学建模过程中的情境理解、问题转化、变量识别、模型建立、方案论证等环节。在调研过程中，经常会发现一些问题，如教师将数学建模课上成了应用题讲解课；教师为了课堂的完整性，往往在短短的一节课内完成数学建模的整个过程；教师以提问的形式为主，学生参与度不足；数学建模课的形式与传统意义上的陈述性知识教学不无二样；等等。如有教师在讲授“体重与脉搏”数学建模课时，开场直言“今天我们一起来研究体重与脉搏之间关系，有专家指出，体重越重，脉搏越弱……”可以看出，教师的简单一句“有专家指出……”将数学建模过程中的情境理解、数据获取、变量识别等重要环节统统舍去。其实，数学建模课重在让学生参与“建”的过程，诸如“体重与脉搏”数学建模课中涉及的生物学、医学等跨学科知识，以及二者之间的关系的数据获取等都应由学生上网查阅，而非教师包办代替。学习的终极目标是培养学生能够在现实情境中应用知识解决实际问题的能力。① “我国学生解决挑战性问题的能力相当欠缺”②、“培养能力比传授知识更重要”③、“我国学生的数学底子足够厚实，但是数学素养中有关创新与创造方面还相当欠缺”④，以及“中国数学教学传统中消极的一面在于对学生培养个性品质、发展创造力产生了某些阻滞制约的影响”⑤。以上观点足以表明，数学建模教学过程缩水化而引起学生数学实践能力和数学应用意识均较为薄弱。

重视数学建模活动教学的过程性，是提升学生实践能力和加强学生应用意识的根本前提，数学教学尤为重要的是重视数学建模活动的教学⑥。从学习人性论来看，课程实施的根本目的在于促进个体的学习与发展，以“起点—过程—结果”相整合的整体取向方法论，消解已有人性基础囿于“起点论”或“结果论”的问题而实现贯通一体的建构，推动课程人性基础的发展。⑦ 从教学过程来看，教学过程的本质是师生主体间的互动，师生互动又是中学数学课堂上关键性最高的教学行为，师生互动的态势勾勒了完整的数学课堂概貌。⑧ 在实际指向素养发展的数学课程实施过程中，尤为重要的是在数学教学中关注数学化的过程、问题解决的过程和反思的过程，将有利于更好地促进学生掌握基础知识与基本技能、增强数学应用意识、形成良好的情感态度和价值观。⑨ 数学建模的过程属性，理应注重数学建模活动

① 斯泰西，特纳. 数学素养的测评：走进PISA测试[M]. 曹一鸣，等译. 北京：教育科学出版社，2017.

② 范良火，朱雁. 华人如何学习数学[M]. 南京：江苏教育出版社，2005：1.

③ 严加安. 培养能力比传授知识更重要[N]. 科学时报，2011-06-10.

④ 陈鹏. 中国学生的数学，到底强不强[N]. 光明日报，2019-08-25.

⑤ 涂荣豹，宋晓平. 中国数学教学的若干特点[J]. 课程·教材·教法，2006，26(2)：43-46.

⑥ Kaiser G. Mathematical modeling and applications in education[J]. Encyclopedia of Mathematics Education, 2014(7): 396-404.

⑦ 曾文婕，柳熙. 获得·参与·知识创造：论人类学习的三大隐喻[J]. 教育研究，2013(7)：88-97.

⑧ 曹一鸣，于国文. 中学数学课堂教学行为关键性层级研究[J]. 数学教育学报，2017，26(1)：1-6.

⑨ 顾继玲. 关注过程的数学教学[J]. 课程·教材·教法，2010(1)：70-74.

教学的过程性探索，关注数学建模活动教学中的师生互动、生生互动，对学生数学建模素养的培养具有积极意义。

三是评价方式囿于传统封闭性的现实问题，导致学生数学建模素养难以生成。我国对学生的学业质量评价囿于传统封闭性的试题，这些问题的设计往往已知条件不多不少、待解决的问题明确，答案存在且唯一，学生习惯于在此背景下进行数学学习。传统的考试评价侧重于检测学生对知识的掌握情况，形成了教知识、考知识的逻辑①，不利于学生形成运用数学知识解决现实问题的能力②，使得学生解决形式化、封闭性的数学问题较为流畅，对于开放性、现实情境性、信息冗余的文字性问题却往往无从下手，也无法建立适当的数学模型。主要原因在于，文字信息冗余对学生的阅读和分析产生影响，缺乏对现实情境的亲身体验，学生很难实现从现实情境的理解到现实问题的表述再到数学问题的提出的过程转化，用数学思想方法解决实际问题尚存困难，不会对数学结果进行诠释与评价。长此以往，导致数学世界与现实世界相脱离，学生学习了数学、掌握了知识却不会或不善于运用数学方法解决社会、职业和生活中的问题。近年来，有诸多学者开始探索学生素养评价的研究。例如，郭宝仙③概括了国外核心素养评价的策略，主要有：将核心素养转化为具体的学习结果，采用多元的评价方法和评价工具，采用资格证书等。也有学者根据我国实际情况，探索了核心素养和数学学科核心素养的评价。例如，邵朝友④认为应该从评价目的、评价焦点、学生地位、学习动机与态度的处理、核心素养与课程的关系，以及核心素养与其他课程内容评价的关系、核心素养之间的评价关系、评价任务类型等八个维度，关注核心素养评价的应然形态。即便如此，相较于其他数学学科核心素养，大规模的高考对数学建模素养的考查仍然不够重视。有研究⑤基于喻平提出的数学核心素养评价框架，分析了 2019 年全国高考文理科六套数学卷，发现数学抽象素养权重占比 34.3%，数学运算权重占比 39%，直观想象权重占比 12.4%，逻辑推理权重占比 10.3%。可以看出，考查数学建模素养的试题占比不足 4%。梁玮等人⑥分析了 2020 年北京、天津、山东三套高考数学试卷的命题特点，发现考查学生能否综合应用知识、选择合适的数学模型、创造性地解决问题方面的力度仍然不足。高考数学试卷对数学建模素养的考查微乎其微，较少考查学生由实际问题建构出其数学模型，并应用数学的知识和方法以求得问题的解决，却

① 喻平. 数学关键能力测验试题编制：理论与方法[J]. 数学通报，2019，58(12)：1-7.

② 张民选，黄华. 自信 · 自省 · 自觉：PISA2012 数学测试与上海数学教育特点[J]. 教育研究，2016，37(1)：35-46.

③ 郭宝仙. 核心素养评价：国际经验与启示[J]. 教育发展研究，2017(4)：48-55.

④ 邵朝友. 评价范式视角下的核心素养评价[J]. 教育发展研究，2017(4)：42-47.

⑤ 李华，胡典顺. 基于数学核心素养评价框架的试卷测评研究：以 2019 年高考全国卷为例[J]. 数学教育学报，2020，29(2)：18-23.

⑥ 梁玮，刘清，胡典顺. 基于高考评价体系的数学试题评析：以 2020 年“北京卷”“天津卷”“山东卷”为例[J]. 数学教育学报，2021，30(6)：20-25.

呈现出大量的学术情境和数学符号运算的无情境试题，而且这些问题所依存的情境大多较为抽象，致使学生难以将所学知识运用于现实世界①，学生数学建模素养难以生成。

四、研究问题的表述

历史、时代、现实三重逻辑的叠加，为本研究确立了逻辑起点，即课程转化是落实数学建模素养的路径选择。所谓数学建模素养的课程转化，即回答数学建模素养在课程中的落实问题。

发展学生数学建模素养已列为普通高中数学课程目标之一。相应地，指向学生数学建模素养发展的课程设计与教材编写基本形成，教学方式也逐渐发生变革。那么，一个现实的问题摆在眼前：目前，还不够清晰地看到指向数学建模素养的课程设计、教材编写、教师认识、学生表现处于何种样态。换句话说，只知道数学建模素养被提升到课程目标的定位，但对于基于课程标准的教材编排变化和教学方式变革却知之甚少。因此，从课程转化的角度来考察数学建模素养在课程中的落实情况显得尤为必要。

课程转化何以成为落实数学建模素养的路径选择，理由有三：一是从课程与教学的关系来看，课程转化彰显了整体性思维，这种整体性思维弥合了课程与教学的二元割裂关系，是一种“大课程观”取向。“大课程观”将课程视作生命经验，强调学生在体验中学会解决现实问题，凸显知识的理解性、活动性与生成性。② 数学建模素养的课程转化关涉课程标准、教科书、教师、学生之间的内在联系，从课程转化的整体性思维出发，确保了发展学生数学建模素养这一育人目标的实现过程的保真性。二是从教师的角色来看，作为转化性的知识分子，教师理应具有课程转化的批判反思素养，在课程转化中应超越忠实执行者或盲目抵制者。其实，教学内容是由教师转化课程内容或教材内容而得到的，所以“对教学的研究与实践，不能仅仅局限于课堂或教科书，应从一个更加广泛的视角来理解和研究，把课堂内容或教科书内容作为课程转化过程的一个环节加以研究是一个崭新的研究领域”③。三是从学生素养生成来看，学生数学建模素养的表现受到课程教材、课堂教学、考试评价等多重要素的影响，其生成过程是复杂的、非线性的。单方面通过测评工具量化学生数学建模素养是不妥的，因为这种终结性评价取向反映的是传统知识观的再现。传统知识观以现成的、实体的知识信念为旨趣，封闭了知识迁移和知识运用的空间，难以构成素养生成的知识基础。④

---

① 贾瑜，辛涛. 基于课程标准的中高考命题改革思路与途径[J]. 清华大学教育研究，2020，41(1)：87-93.

② 熊和平. 课程与教学的关系：七十年的回顾与展望[J]. 高等教育研究，2019(6)：40-51.

③ 李业平. 数学课堂教学研究[M]. 上海：上海教育出版社，2010：189-190.

④ 张良. 核心素养的生成：以知识观重建为路径[J]. 教育研究，2019，40(9)：65-70.

素养是内存于人的身体和心理结构之中的，人的素养发展状况无法直接感知，只能从人的活动和行为表现中观察和推断。[①] 将学生数学建模素养的发展问题放置于课程转化过程中，不仅充实了从学生学习结果视角审视“培养什么人”的目标问题，还丰富了从学生学习过程视角探寻“怎么培养人”的实现问题。

为此，本研究的问题域是数学建模素养是如何课程转化的。更具体地说，将围绕以下四个子问题展开：

问题一：作为课程目标的数学建模素养，其内涵是如何演变的？

问题二：作为预期课程的物化载体，教科书是以什么样的方式来实现数学建模素养转化的？

问题三：作为实施课程的行动主体，教师在数学建模素养的教学转化中体现了怎样的能动性特征？

问题四：作为获得课程的核心主体，学生数学建模素养通过什么样的形式能够更好地显现？

第二节　研究目的与研究意义

一、研究目的

开展数学建模素养的课程转化研究，其终极目标是考察数学建模素养在课程中的落实问题。具体有两个研究目的：一是从纵向关联与横向扩展的整合视角，考察数学建模素养在预期课程和实施课程、获得课程中的实然转化；二是基于数学建模素养在不同课程层级中的转化研究结果，概括数学建模素养的课程转化特征。

二、研究意义

理论意义上，从课程转化视角考察数学建模素养的落实问题，将拓宽学生数学建模研究的话语空间，丰富学生数学建模素养的养成机制。数学建模素养在不同课程层级中的转化，涉及诸多主体，主要有教科书编者、教师和学生。其中，教师是数学建模素养课程转化的行动主体。从实践意义来看，开展数学建模素养的课程转化研究，还将提升教师基于课程标准的数学建模活动的教学水平，进而为学生提供更多的数学建模活动学习机会。

① 陈佑清. 教学论新编[M]. 北京：人民教育出版社，2011：80-81.

其一，进一步拓宽数学建模研究的话语空间。重新审视数学建模的研究成果，可以看出，已有研究关注的论题较为失衡，主要就数学建模的某一方面进行理论探讨和实践探索。要想真正在教育教学过程中落实数学建模素养，就要对数学建模相关问题展开连续性研究。从课程转化视角考察数学建模素养的落实问题，就是一种连续性的研究，把课程标准、教科书、教师、学生等内在关联的教学要素纳入整体范围，弥补了既有研究对象单一化的不足。这也回应了21世纪课程连续性概念的定位，促进了课程向全球性的范式转变。① 既然从整体上关注数学建模素养的课程转化问题，那么在研究方法和研究视角上就有待进一步夯实和丰富，因为这项研究牵涉多个研究对象。其中，从渐进决策视角划分数学建模素养发展的历史阶段，从“外显—内隐”双重视角分析新版教科书中数学建模素养的呈现问题，从“意识—行为”双重视角探究教师对《高中新课标》和教科书中数学建模内容的准备度与使用实践问题，以及从会话互动视角分析学生数学建模活动中的素养表现问题，都将进一步丰富数学建模研究的理论视角。上述列举的研究问题的深入开展，又必须以研究方法的充实作为保障。以往的数学建模研究方法较为单一，缺乏多元的研究方法。② 数学建模素养的课程转化研究综合运用了理论研究和实证研究相结合的研究方法，一定程度上既是一种尝试，也是一种挑战。

其二，进一步丰富学生数学建模素养的生成机制。如何让数学建模素养高质量落地是当前数学建模素养评价研究的焦点所在，也是一个难点问题。论及数学建模素养的落地问题，首先需要思考数学建模素养与课程的关系，即数学建模素养如何在课程中落实，这也是培育学生数学建模素养的长效机制问题。审视已有关于学生数学建模素养评价的研究，可以看出，对于数学建模素养评价方式而言，尚未理清数学建模能力与数学建模素养的区别与联系，主要侧重于利用问卷和纸笔测验等终结性评价方式来考查学生的数学建模能力；对于数学建模素养培育而言，尚未提出学生数学建模素养的生成机制，主要以理论思辨探讨学生数学建模素养的培育策略。开展数学建模素养的课程转化研究，就是想探索一个丰富学生数学建模素养生成的长效机制。尤其是，建立的指向数学建模素养生成的教材分析框架和问题判断标准，一定程度上是对现行教科书落实数学建模素养的评价，进一步为数学教科书的修订与编写提供参考。另外，采用集体论证中的会话互动方式从“过程—结果”双重视角评价学生数学建模活动中的素养表现，是一种过程性的、反思性的、渐进的、形成性的评价方式，对学生数学建模素养的评价也是一种有益的尝试。从既有的数学建模研究来看，大多数研究还是从教的角度探讨数学建模的教学策略问题，从学的角度探讨学生数学建模素养的生成问题，致使数学建模素养

---

① 玛诺普，张梦琦，刘宝存．21世纪课程的重新概念化与定位：全球性的范式转变[J]．比较教育研究，2019，41(11)：3-12，19．

② 牛伟强，张倜，熊斌．中国中小学数学建模研究的回顾与反思：基于1989—2016年核心期刊文献的统计分析[J]．数学教育学报，2017，26(5)：66-70．

目标难以落地。为了能够更好地促进学生的数学建模学习，从形成性评价取向分析学生数学建模活动中的行为变化大有裨益。本研究就是将数学建模视作一种集体论证性的活动，数学建模素养就是通过学生数学建模活动中的集体论证而获得的目标。开展数学建模素养的课程转化研究，为学生的数学建模素养生成提供了一种有益的转化机制。

其三，进一步提升教师的数学建模活动教学水平。数学建模素养的课程转化不仅是自上而下的过程，也包含以教师为主体的自下而上的过程。① 这就表明，教师是推动课程改革内源发展的行动主体，是实现数学建模素养课程转化的关键角色。本研究所建立的数学建模主题内容在教科书中的转化分析框架和对数学建模问题的分类标准，不仅丰富了数学教科书的质量评价体系，还有助于提升教师整体把握和诠释课程标准中对数学建模素养的要求，解构和重构教科书中数学建模素养的呈现。因为课程实施的取向是基于课程标准的教学，而不再是以往的基于教师经验的教学或基于教科书的教学。② 教师作为数学建模课程实施的行动主体，先后联系着课程理解、教科书理解和学生理解，使得课程标准、教科书和学生形成内在关联的统一体。另外，影响学生数学建模素养发展的因素是多方面的，不单单是考试评价的影响，课程标准、教科书、教师及学生自身对其都会产生一定的影响。但从一些调查研究的结果来看，教师不重视数学建模活动教学或不知道如何开展数学建模活动教学的问题仍然存在。③ 开展数学建模素养的课程转化研究，还有助于提升教师的数学建模活动教学水平。例如，教科书中呈现的不完全开放的真实性问题，需要经过教师的改造或意义添加，才能转化为数学建模问题。教师对数学建模课程内容的能动性选择与加工，一方面增强了自身对指向数学建模素养的教学改革意识，另一方面能够为学生提供更多的数学建模活动学习机会，最大程度地实现数学建模素养的高质量落地。

第三节　核心概念界定

“数学建模素养的课程转化”研究中最为核心的概念是数学建模素养。数学建模素养是一个组合词汇，涉及“数学建模”和“素养”两个重要概念。另外，从题目中可以看出，“课程转化”也是本研究的一个重要概念。因此，本研究先分别解说“数

① 林欣毅，廖素娴．教师为主体的学校课程转化途径：以台湾一所初中为例[J]．清华大学教育研究，2016(3)：85-90．

② 崔允漷．课程实施的新取向：基于课程标准的教学[J]．教育研究，2009(1)：74-79，110．

③ 吕世虎，鲍建生，缴志清．21世纪高中数学课程改革的“成就”“问题”与“挑战”[J]．数学教育学报，2018，27(1)：14-17．

学建模”“数学建模素养”“课程转化”三个核心概念的意涵，在此基础上，再对“数学建模素养的课程转化”这一组合概念进行界定。

一、数学建模

顾名思义，“数学建模”就是“数学地建模”，重点在于对“建模”概念的理解。“建”为动词，意指“建立、建构或构造”，“模”为名词，意指模型。通俗地说，“建模”就是指“建立模型或建构模型”。《现代汉语词典》(第 7 版)对“建模”的解释是“为了研究某种现实或事物而建立相应的模型”。① 在理清数学建模的概念之前，有必要先对模型、数学模型等母概念进行界定。

《现代汉语词典》(第 7 版)对“模型”有四种解释：第一种解释是“依照实物的形状和结构按比例制成的物品，多用于展览或实验”；第二种是“铸造中制砂型用的工具，大小、形状和要制造的铸件相同，常用木料制成”；第三种是“用压制或浇灌的方法使材料成为一定形状的工具，通称模子”；第四种是“用数学公式或图形等显示事物的抽象结构或系统”。② 可以看出，第二种和第三种意思相近，都是一种复制实物的工具，使得模型与实物的大小、形状等外观完全等同。第一种解释是在第二种和第三种的基础上，进行了一定的放大或缩小处理，使得模型与实物的大小、形状等外观相似。第四种解释不同于前三种，它反映了“模型”的结构抽象性特征，是为某一特定目的，在分析研究实际问题的结构特征的基础上建构的整个原型(prototype)或其某一方面的替代物，是对原型的某一方面的简化与近似反映。这里所说的“原型”通常是指人们关心、研究的现实世界的实际对象，既包括有形的对象，一般就是实物，又包括无形的、思维中的对象。建构模型是人们认识世界和改造世界的重要手段之一，在现实生活中，人们总是自觉或不自觉地运用各种各样的模型来描述一些事物和现象，可以说，“模型”从某一方面反映了“原型”的特征或属性。例如，温度计中的水银柱是温度的模型，地图是地球表面的模型。本研究中的“模型”概念采纳第四种解释，通常是指对所要研究的对象经过简化、结构化、抽象，得到地能够用数学公式或图形刻画、表征的具有与原型相似特征的替代物。

关于“数学模型”的定义，目前尚无公认的界定，存在广义和狭义两种解释。按照广义的解释，一切数学概念、数学理论体系、数学公式、方程以及由公式构成的算法系统等都可以称为“数学模型”；按照狭义的解释，“数学模型”是为了特定目的，针对或参照某种事物系统的主要特征或主要关系，用形式化的数学语言，概括地或近似地表述出来的一种数学结构。这里的数学结构有两方面的要求：一方面，它是一种纯关系结构，即必须经过数学抽象扬弃一切与事物无本质联系的属性后的系

---

① 中国社会科学院语言研究所词典编辑室. 现代汉语词典[M]. 7 版. 北京：商务印书馆，2016：641.

② 中国社会科学院语言研究所词典编辑室. 现代汉语词典[M]. 7 版. 北京：商务印书馆，2016：919.

统结构；另一方面，这种结构是用数学概念和数学符号来表达的，它借助于数学符号、公式和图表等刻画客观事物的本质属性与内在规律，是系统的某种特征本质的数学表达式。[①]《简明不列颠百科全书》对“数学模型”的解释是：“这个术语的第二种用法是理论和分析意义下的模型，也许是更为重要的一类模型。本质上说，在物理和生物世界中的任何现实情形，无论它是天然的或是与技术和人的干预有关的，只要它可以用定量的术语来描述，就能够通过建立模型使它服从解析的规律。”[②]数学模型是人们运用数学解决问题的主要方式之一，通常将这种方法称为数学模型法，在应用数学研究领域较为广泛。本研究中的“数学模型”将按照狭义的解释，主要是指解决特定问题的一种数学框架，这种框架可以用一组方程表示，更一般地可以用数学解析式表示，也可以用形式化的数学语言，如函数解析式或图形等表示。

在廓清“模型”和“数学模型”概念的基础上，再来看什么是“数学建模”。通俗地说，数学建模就是“数学地建立模型”。那么，何为“数学地”？史宁中[③]在表述高中数学课程的终极目标时，提出的“数学的眼光、数学的思维、数学的语言”，正是本研究所指的“数学地”意涵，就是从数学的角度，包括了数学的眼光、思维和语言。因为数学建模实现了数学世界与现实世界的内在关联，数学建模的过程需要用数学的眼光发现问题，用数学的思维思考问题，用数学的语言表达问题。纵观我国中学数学教育的发展史，数学建模思想由来已久，但是“数学建模”作为专业术语，出现和使用大约仅有 30 年历史。在这数十年的发展过程中，数学建模的内涵得到不断丰富与发展，主要表现为以下两种取向：

第一种是作为动词的数学建模，其被看作一种实践活动，突出数学建模活动的过程性，数学建模即构建数学模型的过程，它也可以作为名词词组理解为构建数学模型这一活动，英语词组 mathematical modeling 也是 mathematical model 的动名词形式。数学建模(mathematical modeling)是建立数学模型过程的缩略表示，是指用数学方法解决实际问题，要求从实际问题的错综复杂的关系中找出其内在规律，然后用数字、图表、符号和公式将其表示出来，再经过数学与计算机的处理，得到供人们进行分析、决策、预报或控制的定量结果，这种将实际问题进行简化归结为数学问题并求解的过程就是数学建模。[④] modeling 正是 model 的动名词，充分表达了数学建模中“建”的重要性，modeling 一词的基本含义是“塑造艺术”。《简明不列颠百科全书》指出：“塑造与雕刻相反，它是一种添加性工艺，它不同于雕刻之处在于塑造过程中可以修正形象。”[⑤]这与数学建模过程中迭代循环、修改模型是一致的，因此数学建模也具有艺术的特点，可以将数学建模视作数学的塑造艺

① 李明振.数学建模认知研究[M].南京：江苏教育出版社，2013：21-22.

② 中美联合编审委员会.简明不列颠百科全书(卷 7)[M].北京：中国大百科全书出版社，1985：366-367.

③ 史宁中.高中数学课程标准修订中的关键问题[J].数学教育学报，2018，27(1)：8-10.

④ 李明振.数学建模认知研究[M].南京：江苏教育出版社，2013：21-22.

⑤ 中美联合编审委员会.简明不列颠百科全书(卷 7)[M].北京：中国大百科全书出版社，1985：547.

术。正是数学建模过程的复杂性和艺术性，对数学建模过程的认识常常有四阶段说、五阶段说、六阶段说和七阶段说等。

第二种取向是作为名词的数学建模，将其视作一种能力或素养。《高中新课标》将数学建模界定为一种素养，是指对现实问题进行数学抽象，用数学语言表达问题、用数学方法构建模型解决问题的素养。① 随着数学教育理念的转变，数学建模更进一步地被认定为一种课程内容，要求利用特定的课时进行教学，与其他知识一并作为数学课程内容的主题之一，其目的就在于发展学生的数学建模素养。

从数学建模被理解为动词和名词两种认识来看，其内涵具有一致性，可以概括地认为数学模型是一种工具，数学建模是一种过程性的活动，这个过程性的活动就是运用数学模型这一工具在真实世界与数学世界之间进行抽象性、创造性的迭代过程，从而形成人的数学建模能力或发展人的数学建模素养。本研究将“数学建模”理解为过程性活动，通过参与过程性的活动生成数学建模素养。

在数学教育研究与实践中，人们往往很难清楚地将数学建模、数学探究、数学实验和数学应用区分开来，它们之间既有区别，又存在一定的联系。数学探究是指将数学学习过程中的发现、探索和研究等认识活动凸显出来，使数学学习过程更多地称为学生发现问题、提出问题、分析问题和解决问题的过程。② 数学探究与数学建模具有相似性，二者最明显的区别在于：数学探究所关注的问题可以是数学问题，也可以是现实问题；而数学建模所关注的问题必须从现实问题出发，经由数学问题最终回归到现实问题中。数学实验侧重于工具辅助下学生参与的数学学习活动。邵光华等人认为：“数学实验是指为获得某种数学理论、探求或验证某个数学猜想、解决某类数学问题，运用一定的物质技术手段，经由数学思维活动的参与，在典型的环境中或特定的条件下进行的一种数学实践活动。”③董林伟等人认为：“数学实验是通过动手动脑‘做’数学的一种数学学习活动，是学生运用有关工具，如纸张、剪刀、模型、作图工具、测量工具以及计算机等，在数学思维活动的参与下进行的一种以人人参与实际操作为特征的数学验证或研究活动。”④可以看出，数学实验和数学建模的教育价值相近，都是注重培养学生“用数学”的能力，与数学建模相比，数学实验更加注重学习活动的工具性、参与性和验证性。可以说，数学实验是数学建模的一部分，尤其是数学建模过程中数学问题的解决通常需要借助数学实验进行模型求解。在数学教育领域，数学应用一般是指数学应用意识，即主动地应用数学观念、数学知识、数学思想和数学方法解决现实问题，充分体现了数学的广泛应用性特征。具体地说，数学应用主要包括三个方面的内容：其一，当主体面临有待解决的问题时，能主动地尝试从数学的角度寻求解决问题的策略；其二，当主

---

① 中华人民共和国教育部.普通高中数学课程标准(2017 年版)[M].北京：人民教育出版社，2018：5.

② 宁连华.数学探究学习论[M].北京：高等教育出版社，2008：40.

③ 邵光华，卞忠运.数学实验的理论研究与实践[J].课程·教材·教法，2007(3)：39-43.

④ 董林伟，孙朝仁.初中数学实验的理论研究与实践探索[J].数学教育学报，2014(6)：20-25.

体接受一个新的数学理论时，能主动地探索这一新知识的实用价值；其三，能够主动地用数学的眼光看世界，并且能凭借敏锐的直觉洞察其中所蕴含的数学问题。[①]由此可见，数学建模是数学应用最直观的表现形式。

二、数学建模素养

在认清数学建模内涵与外延的基础上，要想全面把握数学建模素养的内涵，首先需要廓清“素养”这一概念。《现代汉语词典》（第 7 版）对“素养”的解释为“平日的修养”[②]，《辞海》将“素养”解释为“经常修习涵养”[③]，即“素养”在性质上是一种修养，在状态上是一种稳定的状态。“素养”可谓当下教育领域最热门的词语，引发诸多研究者的普遍关注，对其理解也是多样化的。《中国学生发展核心素养（征求意见稿）》中将“素养”解释为“学生应具备的、能够适应终生发展和社会发展需要的必备品格和关键能力”[④]。《21 世纪学生发展核心素养研究》将“素养”解释为“学生在接受相应学段的教育过程中，逐步形成的适应个人终生发展和社会需要的必备品格和关键能力”。[⑤] 唐智松等人综合上述两大研究报告，对“素养”的本质属性进行了归纳与解读，认为：“教育过程中逐步形成的反映了类别的教育性和效能的获得性，学生应具备的反映了对象的内在性和发展的必要性，能够适应终生发展的反映了存在的稳态性和功能的适用性，社会发展需要的反映了影响的社会性和价值的有用性。”[⑥]黄芳从社会学新制度主义视角考察了“素养”的概念史，认为：“素养概念背后隐藏一条由理性主义走向制度主义的发展脉络，基于效率机制的理性模式被基于合法性机制的制度模式所取代，原先在技术环境中追求效率的胜任力、能力概念，发展为在制度环境中追求合法性认同的素养概念。”[⑦]马健生等人从比较的视角，批判了我国提出的“素养”概念在逻辑、时空和教学等多个方面都跨越了国外提出的 competencies 的边界和限度。[⑧] 同样地，杨澄宇认为：“英文语境中的‘competencies’概念具有社会化和工具论倾向，中文语境下的‘素养’概念融合了英文语境和中文传统语境，中文传统语境下的素养具有道德论和身体论倾向。”[⑨]“素养”这个词语本身就有道德含义，将“能力”翻译为“素养”就是对“能力”道德贫困问题

---

① 谭良军. 浅谈数学应用意识及其培养[J]. 数学通报，2004(1)：14-15.

② 中国社会科学院语言研究所词典编辑室. 现代汉语词典[M]. 7 版. 北京：商务印书馆，2016：1248.

③ 辞海编辑委员会. 辞海[M]. 上海：上海辞书出版社，2002：1606.

④ 中国教育学会. 中国学生发展核心素养（征求意见稿）[C]. 北京：北京师范大学，2016.

⑤ 林崇德. 21 世纪学生发展核心素养研究[M]. 北京：北京师范大学出版社，2016. 57.

⑥ 唐智松，徐竹君，杨士连. “核心素养”概念的混沌与厘定[J]. 课程 · 教材 · 教法，2018(8)：106-113.

⑦ 黄芳. 社会学新制度主义视角下“素养”概念史考察[J]. 比较教育研究，2021，43(6)：65-81.

⑧ 马健生，李洋. 核心素养的边界与限度：一种比较分析[J]. 北京师范大学学报（社会科学版），2018(3)：28-40.

⑨ 杨澄宇. 论核心素养的语境背景与基本特征[J]. 教育发展研究，2018，38(15)：50-56.

在用语上的修正。① competencies 翻译为胜任力或能力，在英文文献中，表达能力的诸多单词常常可以互换使用或并列使用，它们表达的都是相同的含义，都可以翻译为素养②，没有必要刻意作出区分。③

近年来，有诸多学者提出整合性素养观，认为素养既不是能力，也不是品格或观念，而是这些方面整合起来的综合性表现。正如经济合作与发展组织的报告所言，素养是一个整体性和有机性的概念，包括复杂需要、社会心理条件，以及能够确保素养表现或在复杂系统情境中形成素养。④ 杨向东从认识论、知识观和学习观的角度认为，素养培养即孕育在教育过程中的学生成长性经验的积累和改造的过程，是学生在经历完整的复杂现实问题解决过程中调动和整合人类文化工具、方法和资源，建立起来的情境、观念和结果之间的内在联系和心智灵活性。⑤ 素养的整合性，表明了素养作为运用知识解决真实问题的能力与态度的综合体现。正是在这种整合性素养观的指引下，本研究将数学建模素养视作一种课程目标，这种课程目标的达成是在数学建模活动中生成的。数学建模素养具有过程性、实践性、生成性和情境性等基本特征。

三、课程转化

在界定"课程转化"的概念之前，有必要先分别界定"课程"与"转化"的概念。

"课程"是一个含义极为广泛的概念，它使用得极为普遍，但其定义却仁者见仁，智者见智。《中国大百科全书·教育卷》对"课程"的解释是"课程即课业及其进程"。现代学校兴起以来，课程有广义和狭义两种。广义的课程是指所有学科(科目)的综合或学生在教师指导下各种活动的综合。狭义的课程是指一门学科。《教育大辞典》对"课程"的词条表述有三个方面：一是为实现学校教育目标而选择的教育内容的总和，包括学校所教各门学科和有目的、有计划、有组织的课外活动；二是泛指课业的进程，也即在一定时间内应完成的一定分量的学业；三是学科的同义词，如数学课程。在我国，对课程本质的认识经历了 20 余年的探讨，目前看来，课程的概念尚未达成共识，甚至在使用过程中出现了概念泛化现象。探寻课程的本质及其边界，课程是"为实现学校的培养目标而规定的教育内容及其范围和进程的

① 高德胜. 追求更有道德意蕴的核心素养[J]. 西北师大学报(社会科学版)，2021(1)：95-107.

② 林崇德. 21 世纪学生发展核心素养研究[M]. 北京：北京师范大学出版社，2016. 57.

③ Voogt J, Roblin N P. A comparative analysis of international frameworks for 21st century competences: implications for national curriculum policies[J]. Journal of Curriculum Studies, 2012, 44(3): 299-321.

④ Domunique S R, Laura H S. Key competencies for a successful life and a well-functioning society [M]. Gttinggen: Hogerfe & Huber, 2003: 46.

⑤ 杨向东. 关于核心素养若干概念和命题的辨析[J]. 华东师范大学学报(教育科学版)，2020, 38(10): 48-59.

总和”[1]，即课程是有计划、有目的、有指导的教育内容。而有计划、有目的、有指导的教育内容是以课程标准和教科书的形式体现的，因此课程标准和教科书是课程的主要物化形态，这也是本研究考察和研究课程的一个方面。这意味着既可以把课程视作一种“事实性”存在，又可以承认课程的过程价值。[2] 对于“转化”而言，《现代汉语词典》(第7版)对其有两种解释：一种是“转变、改变”的意思，另一种是“矛盾的双方经过斗争，在一定的条件下，各自向着和自己相反的方面转变，向着对立方面所处的地位转变”。[3] 当然，本研究中的“转化”仅指改变或变化，不管其结果是变好抑或变坏皆有转化的事实。但是从教育的本质出发，教育一定指向人的成长和发展，所以教育本身具有转化特征，而且是一种向好的转化，否则就可能是一种反教育的转化。[4] 综合看来，“课程”与“转化”都体现了“事实性”和“过程性”的内涵属性。“事实性”在目的论上反映了育人目标的存在性和确定性，“过程性”在工具论上反映了育人目标的生成性和发展性。

美国学者古德莱德(Goodlad)从课程定义的层级上将课程分为五种类型，在他看来，人们在谈论课程时，往往是指不同层级上的课程，主要有理想的课程、正式的课程、领悟的课程、运作的课程及经验的课程。总的来说，从理想的课程到经验的课程的过程，遵循着课程由理论逻辑向实践逻辑再到教育主体需求逻辑的转化过程。其实，从课程涉及的对象来看，课程也可以分为国家、学校和学生三个层面，虽然每个层面的课程看起来是一个孤立的形态，但是在研究某一个层级的课程时，必须综合考虑与其密切相关的其他两个层级的课程，这也是通常所称的“课程连续性”(continuity of curriculum)。它包括官方的、预期的、书面的、正式的、理想的、计划的、指定的课程，实施的、作为媒介的、讲授的、运行的或使用中的课程，实际的、经验的、学习的、接受的、内化的课程，以及测评的课程。[5] 另外，TIMSS课程模型也包括三个方面，即预期的课程、实施的课程和获得的课程。[6] 具体来说，本研究中的“课程”就是TIMSS课程模型中的三个方面的课程，即预期课程是指数学课程标准和数学教科书，实施课程是指通过数学课程内容进行教学实践，获得课程是指教育主体通过课程内容的教学获得的素养。正是“课程”概念的连续性体现，育人目标在课程中的落实就是育人目标课程转化的过程。在清楚地认识“课程”和“转化”概念的基础上，再来认识“课程转化”的内涵。

何为“课程转化”？当前，学术界对“课程转化”的探讨主要有两种视角：其一，

① 吕达. 中国近代课程史论[M]. 北京：人民教育出版社，1994：2.

② 陈莉. 课程概念泛化现象之省思[J]. 全球教育展望，2015(12)：14-22.

③ 中国社会科学院语言研究所词典编辑室. 现代汉语词典[M]. 7版. 北京：商务印书馆，2016：1721.

④ 黄嘉雄. 转化社会结构的课程理论：课程社会学的观点[M]. 台北：师大书苑有限公司，1996：14-15.

⑤ 玛诺普，张梦琦，刘宝存. 21世纪课程的重新概念化与定位：全球性的范式转变[J]. 比较教育研究，2019，41(11)：3-12，19.

⑥ 郑超超，杨涛. TIMSS课程模型及测评框架的演变及启示[J]. 外国中小学教育，2019(6)：25-32.

多元文化论的课程转化;其二,课程决定层级的课程转化。① 前者是将非主流的意识形态问题,如性别、族群等多元文化元素引入现有课程体系,旨在追求最大化的社会公平;后者是将主流的教育理念,如核心素养在不同课程形态中的落实,意在实现完整性的育人目标。从已有研究来看,对"课程转化"的界定不尽相同。有从课程目的角度对此进行界定,认为课程转化是指课程经由教学计划产生方案,方案在教学实施后产生学习结果的过程;也有从课程发展的角度进行界定,认为课程转化是指在课程发展的层层步骤中,课程理想经逐步转型变化,最后化为可供师生使用的具体教学材料,通过各步骤所采取的转型变化之作为,使得理念化为实践、抽象化为具体、宏观化为微观、单纯化为复杂、上位概念化为下位概念;还有从课程层级的角度进行界定,认为课程转化是指课程改革理想在各个课程决定层级设计实施的承转过程、异同变化和落实程度。虽然不同研究者对"课程转化"的认识角度不同,但是仔细比较后会发现,不同视角下对"课程转化"的界定具有高度的相似性,都是"将具有价值的抽象概念,依据教师教学与学生学习的原则,逐步规划成具体、可行的课程,以供教师有效教学、学生有效学习的过程"②,也就是育人目标在课程标准、教科书和课堂中层层落实的过程。基于上述对"课程"和"转化"的思考,本研究将从课程决定层级的角度阐述"课程转化"的内涵,主要是指既定的育人目标(如发展学生的数学建模素养)在各课程决定层级中的落实情况。根据古德莱德的课程转化层级理论,将育人目标的课程转化起点从预期课程层级开始,经实施课程层级的转化,最终落实于获得课程层级。

课程实践表明,教师往往视课程实施为课程转化,导致教师的课程转化观念表现为单向度取向。单向度课程转化观念的盛行,归结于对课程实施的局限性认识。目前,对课程实施的认识概括起来有三种代表性的观点:一是基于教学视角,认为课程实施就是教学;二是基于革新视角,认为课程实施是将变革性课程方案付诸实践的过程;三是基于创生视角,认为课程实施是包含学生在内的创生过程。③ 可以看出,不管从何种视角认识课程实施,都存在一个共同的特点,那就是将课程实施囿于课堂教学层面。换言之,只关注育人目标的教学实现过程,对于课程标准和教科书的态度,要么盲目推崇其权威性,要么无视其价值。其实,课程实施内在地包含于课程转化中,一定程度上,可以说课程转化是课程实施的延伸,课程转化关涉了课程实施的"前因后果"。教师的课程转化观念理应由单向度取向回归到整体性取向。教师的整体性课程转化观念突破了单向度的课程实施惯性思维,给教师进行育人目标的课程转化提供了广阔的视角。

---

① 黄政杰.课程转化整合探究之概念架构研析[J].课程与教学研究季刊,2013(3):1-30.

② 吴清山,林天佑.课程转化[J].教育资料与研究,2011(10):203-204.

③ 崔允漷.学校课程实施过程质量评估[M].上海:华东师范大学出版社,2017:4-6.

四、数学建模素养的课程转化

综合前文对数学建模、数学建模素养和课程转化在本研究中的意涵界定，概而言之，数学建模素养是一种兼具知识、能力和情感等要素全面发展的课程目标，这一课程目标的实现需要通过数学建模活动来体现。素养与活动之间的内在关系，要求学生数学建模素养的生成是通过建构性的数学建模活动而获得的，而非教师教授出来的，也不是终结性测评方式能够衡量出来的。

数学建模素养的课程转化，就是指作为课程目标的数学建模素养在课程标准、教科书和教学中层层落实的过程，主要包括数学建模素养在预期课程、实施课程和获得课程中的转化。其中，数学建模素养在预期课程中的转化所涉及的对象有课程文件和教科书，主要关注的是课程文件中数学建模素养内涵的社会生成过程、数学建模素养在不同新版教科书中的转化样态。在此基础上，以高中数学教师为考察中心，探究数学建模素养在实施课程中的转化现状，主要关注的是教师对数学建模的认识与态度，教师对《高中新课标》中数学建模内容的准备度，以及教师对新版教科书中数学建模内容的使用实践情况。最后，将终极目标落脚于学生层面，思考数学建模素养在获得课程中的转化问题，主要关注的是以集体论证的形式为学生开展数学建模活动提供一个新的方式，据此，从会话互动的角度来刻画学生数学建模活动中集体论证的过程，进而从形成性评价取向分析学生在数学建模活动中的行为表现。

第四节 研究内容与研究思路

一、研究内容

面对数学建模的教育价值未能更好地得以彰显的实践困境，尤其是指向数学建模素养的课程设计与教学变革还处于起步阶段，本研究对“数学建模素养的课程转化”进行研究，在于从课程转化的整体性思维视角考察数学建模素养的落实问题，这是一个值得深入探讨的重要领域。“数学建模素养是如何课程转化的”是本研究的问题域，围绕这个核心研究问题，本研究从以下几个方面展开研究：

第一，需要为本研究找到逻辑起点。从历史、时代和现实三个维度概述数学建模素养的研究价值，确立课程转化是落实数学建模素养的逻辑起点。绪论部分分别阐述研究问题的提出与表述、核心概念的界定、研究目的与研究意义、研究内容与研究思路。

第二，在确定数学建模素养的课程转化为研究问题的基础上，为使研究顺利开展，需要进一步为研究奠定知识基础。第一章系统述评我国中学数学建模研究取得的成果、国际视野下数学建模的研究进展，以及课程转化的研究进展。

第三，根据前面研究问题的确定和既有研究成果的述评，第二章研究设计部分建构本研究的分析框架，并分别就数学建模素养在预期课程、实施课程和获得课程中的转化进行可操作性的研究设计，重点说明内容分析法、个案研究法、问卷调查法、聚焦式半结构化访谈法、叙事研究法、会话分析法、行为观察法等多种研究方法的使用。

第四，按照预期课程、实施课程和获得课程的序列逻辑，第三章、第四章和第五章分别呈现数学建模素养的课程转化的实然考察结果。

在此基础上，第六章主要概括数学建模素养的课程转化特征，第七章反思本研究的创新性和局限性，并展望数学建模素养的课程转化研究的未来走向。

二、研究思路

整体看来，数学建模素养的课程转化研究包括理论研究和实证研究两部分。

第一部分为理论研究，通过文献分析法和分析归纳法阐述数学建模素养的课程转化研究的逻辑起点和具体研究问题，述评已有关于数学建模研究和课程转化研究成果，建立数学建模素养的课程转化研究的分析框架。

第二部分综合运用文献分析法、内容分析法、问卷调查法、个案研究法、叙事研究法、观察法、访谈法等多种研究方法，按照课程的层级属性，从三个方面考察数学建模素养在预期课程、实施课程和获得课程中的实然转化，这是本研究的核心部分。

在此基础上，将理论研究和实证研究相结合，概括数学建模素养的课程转化特征，以此作为本研究的结论。最后，对数学建模素养的课程转化研究进行反思与展望。

本研究具体的研究思路如图 1.1 所示。

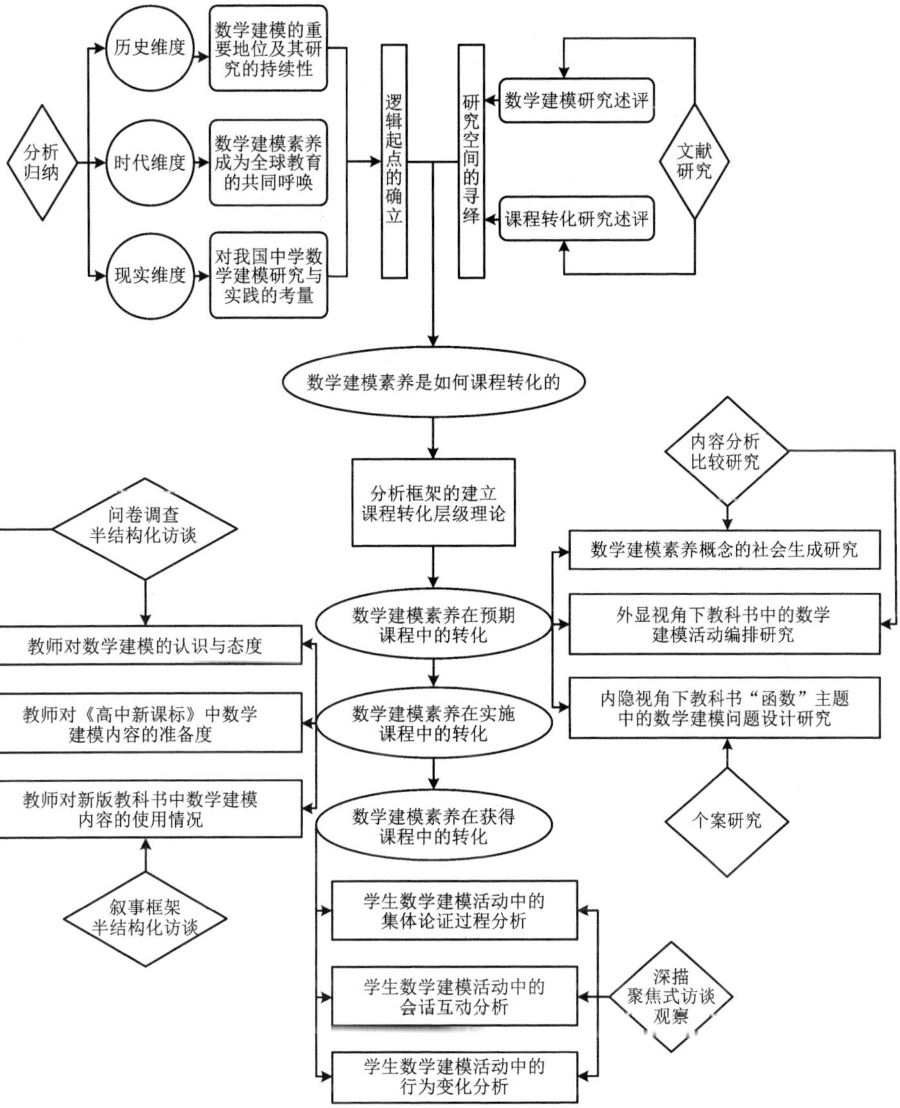
分析
归纳
历史维度
时代维度
现实维度
数学建模的重要地位及其研究的持续性
数学建模素养成为全球教育的共同呼唤
对我国中学数学建模研究与实践的考量
逻辑起点的确立
研究空间的寻绎
数学建模研究述评
课程转化研究述评
文献
研究
数学建模素养是如何课程转化的
分析框架的建立
课程转化层级理论
内容分析
比较研究
问卷调查
半结构化访谈
数学建模素养概念的社会生成研究
外显视角下教科书中的数学建模活动编排研究
内隐视角下教科书“函数”主题中的数学建模问题设计研究
个案研究
数学建模素养在预期课程中的转化
数学建模素养在实施课程中的转化
数学建模素养在获得课程中的转化
教师对数学建模的认识与态度
教师对《高中新课标》中数学建模内容的准备度
教师对新版教科书中数学建模内容的使用情况
叙事框架
半结构化访谈
学生数学建模活动中的集体论证过程分析
学生数学建模活动中的会话互动分析
学生数学建模活动中的行为变化分析
深描
聚焦式访谈
观察

图 1.1　研究思路

本章小结

绪论部分围绕问题的提出、研究目的与研究意义、核心概念界定以及研究内容与研究思路四个方面展开，如同数学建模过程中的“理解情境”与“简化或结构化”环节，在于提出研究问题并将其结构化为内在关联的几个子问题。

首先，根植于数学建模的学科地位及其研究持续性的历史判断，全球教育针对发展学生数学建模素养的时代呼唤，以及我国中学数学建模教育研究与实践的现实考量，提出了本研究待解决的问题：数学建模素养是如何课程转化的。围绕这一研究问题，将其进行了一定程度的“结构化”，使之成为本研究具体的研究问题，分别是：① 作为课程目标的数学建模素养，其内涵是如何演变的？② 作为预期课程的物化载体，教科书是以什么样的方式来实现数学建模素养转化的？③ 作为实施课程的行动主体，教师在数学建模素养的教学转化中体现了怎样的能动性特征？④ 作为获得课程的核心主体，学生数学建模素养通过什么样的形式能够更好地显现？

其次，论证了“数学建模素养是如何课程转化的”研究目的与研究意义，终极目标是探究数学建模素养在课程中的落实问题。理论上，有助于拓宽数学建模研究的话语空间，有益于丰富学生数学建模素养的生成机制；实践上，有利于提升教师开展数学建模活动的教学水平，进而为学生提供更多的数学建模学习机会。

最后，分别界定了数学建模、数学建模素养和课程转化三个概念，在于明确“数学建模素养的课程转化”的含义，如同数学建模过程中的“识别变量”“提出假设”环节。“数学建模素养的课程转化”是指作为课程目标的数学建模素养在课程标准、教科书和教学中层层落实的过程，主要包括数学建模素养在预期课程、实施课程和获得课程中的转化。同时，以结构图的形式呈现了本研究的主要内容及思路。

第二章　文 献 综 述

数学之为用，模型立奇功。

——中国数学家、拓扑学家、科学院院士　姜伯驹

数学建模素养课程转化研究的知识基础，即从综述的视角梳理、归纳、剖析、总结过去有关数学建模素养的课程转化问题的观点和论述。文献综述是知识发展的基础，为理论创新和实践应用提供必要的根基。从本研究的题目可知，数学建模素养的课程转化研究包含两大核心词：数学建模和课程转化。本研究的文献综述部分将按照“数学建模研究述评”和“课程转化研究述评”依次展开。

第一节　数学建模研究述评

在国际社会重视学生创新能力和应用意识培养的时代背景下，数学建模日益受到关注。数学建模是一个过程，应用数学对现实世界的现象进行表达、分析、预测或进行其他方式的深入研究。① 随着核心素养的提出与课程改革的深化，数学建模进入我国各级各类学校课堂已然成为一种潮流，相应地，数学建模研究也颇受关注。本节的研究思路是：首先，厘清我国中学数学建模研究的发展历程；接着，总结我国中学数学建模研究的论题，以及概述国际数学建模研究取得的新进展；最后，从研究内容、研究视角和研究方法三个方面反思我国既有的数学建模研究存在的问题，进而思考数学建模素养的课程转化研究的话语空间。

一、我国中学数学建模研究的历程

我国对中学数学建模问题的研究，从课程论、教学论、学习论等视角广泛展开。

① 美国数学及其应用联合会，美国工业与应用数学学会. 数学建模教学与评估指南[M]. 梁贯成，赖明治，乔中华，等编译. 上海：上海大学出版社，2017：2.

研究成果形式多样，不仅有学术专著和相关教材，还有大量的学术论文、硕士和博士学位论文。截至 2022 年 12 月，以数学建模为关键词，在中国知网数据平台上检索符合初等教育或中等教育的文献共 867 篇，其中 CSSCI 或北大核心论文 90 篇，硕士和博士学位论文 421 篇。从文献产出量和关注的论题的角度，可以将我国中学数学建模研究的历程大致划分为三个阶段。

（一）缓慢起步阶段(1993—2000 年)

我国中学数学建模研究在起步阶段进展相当缓慢，具体表现为：论文产出较少，年均发表量仅为 3.875 篇，从年度发表量来看，最多为 9 篇，有几个年份发表量仅为 1 篇；从硕士和博士学位论文来看，还未出现研究者对数学建模进行系统研究；从著作来看，关于数学建模竞赛的辅导资料如雨后春笋般地出版，但是有关中学数学建模的专著出版较少。

从时间来看，我国对中学数学建模问题的研究最早始于 1993 年。首篇公开发表的以“数学建模”为题的论文是杨守谦的《数学建模与中学数学教学》，刊载于《数学通报》1993 年第 6 期。此后进展较为缓慢，8 年间仅发表了 31 篇论文。直至 1997 年，北京市数学会等五部门从应试教育向素质教育转变的教育改革角度出发，批复了中学数学知识应用竞赛，这种区域化的数学知识应用竞赛可以说是数学建模竞赛的雏形，才引起学术界对数学建模的关注与研究。当时，我国主要是在实践层面组织和推广数学知识应用竞赛。理论层面，主要出版了一些数学建模竞赛辅导资料，如北京市教育局教材编审部组织编写的《数学知识应用》(初中课外活动教材)、上海市中学生数学知识应用竞赛委员会编写的《中学数学知识应用精编》等。随着中学生数学知识应用竞赛的深入开展及其对中学数学教育改革的推动作用，我国开始将数学建模视作一种教学实验，开发数学建模校本课程并进行实践探索。与此同时，不同研究者开始从数学建模的内容和意义、数学建模教学等论题探讨中学数学建模问题，中学数学建模研究的专著和编著开始涌现，例如，张思明从数学建模校本课程实施中积累的实践经验而著成的《中学数学建模教学的实践与探索》、叶其孝主编的《中学数学建模》等相继出版。另外，有关中学数学建模研究的学术论文开始刊登于《数学通报》《中学数学》等专业期刊。

总体看来，这一时段数学建模研究尚处缓慢起步阶段，研究主要在实践层面展开，对数学建模的内涵和价值有了初步认识。

（二）迅速发展阶段(2001—2010 年)

21 世纪伊始，我国数学教育面临新一轮课程改革，中学数学建模研究在 2001 年迅速升温。这一阶段论文发表量逐年递增，年均达 25.4 篇。2002 年和 2009 年是论文发表的高峰年，分别达 31 篇和 36 篇。该阶段不仅有硕士和博士学位论文的出现，其他相关编著的出版量也在增多，涉及数学建模的诸多论题。

这一阶段的研究除继续关注数学建模的内涵和价值以外，主要着力于对数学建模活动的实施的探讨，同时对中学数学建模教学策略和学生数学应用意识培养的研究也在不断增加。2001 年，徐稼红编著的《中学数学应用与建模》出版，主要介绍了符合中学生心理认知的社会经济模型、估算拟合模型、优化模型、概率统计模型以及几何应用模型。次年，卜月华等人主编的《中学数学建模教与学》，从实践经验的角度对数学建模作了系统的归纳、整理和总结。在数学建模多年实践探索的基础上，在姜伯驹、李大潜、丁石孙、叶其孝等数学家的广泛认可与大力推行下，数学建模开始以课程要求的形式写入课程标准。2003 年颁布的《普通高中数学课程标准(实验)》将“发展学生的数学应用意识”作为课程理念之一，将“数学建模”列为课程内容，要求在高中阶段至少为学生安排一次完整的数学建模活动。至此，数学建模成为数学教育研究的一个热点话题。为适应新课标要求，七市高中选修教材编写委员会编著的《数学应用与建模》(上、下册)试验本选修教材得以出版。之后，作为数学教育研究的新生力量，硕士、博士研究生开始加入数学建模研究的行列，关于中学数学建模研究的学位论文逐年增多，主要围绕数学建模教学、数学应用意识培养等论题展开。另外，我国中学数学建模研究队伍不断壮大，作者群体趋于多样化，高等院校、中等专科学校、科研院所、中小学等单位的研究者对数学建模均有不同程度的关注。值得一提的是，张思明及其团队为我国中学数学建模研究作出了重要贡献。2009 年，申炜和郑玉飞合著的《张思明：中学数学建模的拓荒者》一书出版，该书通过生活史的研究方法，阐述了特级教师张思明的专业发展与数学建模之间的关系。这一阶段，关于数学建模研究的专著相对较少。

总体看来，这一时段是我国中学数学建模研究的一个高峰时段，多元研究方法介入且成果颇丰。此阶段在中学数学建模内涵、价值研究上继续向前推进，同时数学建模教学和数学建模能力培养研究也得到一定的发展。

(三) 深化稳定阶段(2011—2022 年)

2011 年，《义务教育数学课程标准》(2011 年版)在修订过程中，明确提出模型思想，将原来的“双基”扩充为“四基”，新增的基本思想和基本活动经验一定程度上与数学建模不无关系。数学建模研究经过上一阶段的迅速发展而进入深化稳定阶段，此阶段论文发表量年均为 50.8 篇。尤其是 2018 年颁布的《高中课程标》将数学建模作为数学学科核心素养及高中数学课程内容主线之一。之后，指向学生数学建模素养的课程建设、教材编写和教学变革问题得到进一步探讨。有很多中学数学课程标准和教材研究的著作关注数学建模问题，同时还有关于数学建模研究的专著和译著出版。

对数学建模内涵的认识仍然是持续研究的问题，研究者强调对数学建模的过程性理解。这一阶段，对学生数学建模素养的培养、评价研究明显骤增；同时，数学建模过程中的教师问题也受到较多关注。我国中学数学建模研究成果不断涌现，

2017年，由梁贯成等人编译的《数学建模教学与评估指南》一书出版发行，该书不仅包含丰富的案例，还为数学建模教学提供了完整的评价方法。书中的主要观点有：数学建模是一个过程；数学建模具有重要的育人价值；从学前到大学开展数学建模是可行的；数学建模的教学是有规律的，数学建模的评价是可行的；积累资源是建模实施的重要保证。[①] 2018年，高等教育出版社出版了张思明主编的《从课程标准到课堂教学：中学数学建模与探究》，该书详细论述了中学开展数学建模和数学探究活动的理论与意义，并提供了数学建模和数学探究教学的素材与案例。[②] 诸多著作的问世，为我国中学数学建模的研究奠定了坚实基础。2019年6月，京师数学建模教育中心在北京师范大学成立，为我国数学建模研究搭建了坚实的学术交流平台。此外，中国知网数据显示，关于数学建模研究的期刊论文和硕士、博士学位论文的数量也在逐年递增。特别地，2019年和2020年各有1篇博士学位论文围绕学生数学建模的能力培养与发展问题展开系统研究，中学数学建模研究进入深化稳定阶段。从研究内容、研究方法和研究视角来看，我国中学数学建模研究的内容更加广泛，有对数学建模教学策略的经验性总结，也有对学生数学建模素养培育与评价的探讨；研究方法更加科学，由先前对数学建模的内涵及价值的演绎性思辨，向现在对学生数学建模素养现状的实证性调查过渡；研究视角更加多元，既有从课程视角探究高中数学教科书中数学建模内容的呈现问题，也有从教学视角研究数学建模实践中的教师问题，还有从心理学视角研究学生数学建模的认知问题。

这一阶段的中学数学建模研究总体上表现出平稳的发展态势，数学建模的理论研究和实证研究齐头并进。较之上一阶段，数学建模的理论研究有深化和拓展；数学建模的实证研究呈现出论题多样化、方法多元化和视角微观化的新趋向。

二、我国中学数学建模研究的论题

通过梳理我国中学数学建模研究的成果可以发现，学术界在数学建模的内涵与价值、数学建模教学、学生数学建模素养评价与培育及学生数学建模素养发展的影响因素等论题上取得了较大的进展。

（一）数学建模的内涵与价值研究

1. 数学建模的内涵厘定

对数学建模内涵的界定有两种认识，虽各有侧重，但二者之间具有内在关联性。一种偏向于手段，把数学建模看作一种实践活动，突出数学建模的过程性。数

① 美国数学及其应用联合会，美国工业与应用数学学会．数学建模教学与评估指南［M］．梁贯成，赖明治，乔中华，等编译．上海：上海大学出版社，2017：2.

② 张思明．从课程标准到课堂教学：中学数学建模与探究［M］．北京：高等教育出版社，2018：4-14.

学建模是一个从“现实情境”转化为“数学问题”，再将结果带回到“现实情境”进行检验和调整，使得模型不断优化，最终得以更好地解决现实问题的过程。[①] 这个过程并非仅仅是从“现实情境”转化为“数学模型”的一个单向的、线性的过程，而是建立真实世界与数学世界之间可逆的联系[②]，需要不断地从数学世界返回真实世界中检验结果，完善模型。另一种偏向于目的，将数学建模视作一种能力或素养，指向人的发展。“数学建模本身就是一种生活技能”[③]、“数学建模本质上就是应用能力，即在实际情境中用数学的眼光发现问题，用数学的语言描述问题，用数学的思维、方法、思想解决问题的能力”[④]，这一观点与现行高中数学课程标准对数学建模素养内涵的描述具有相似性。新版高中数学课程标准对数学建模素养的内涵定位也是实践取向的，数学建模素养的培养与数学实践能力的发展是完全融为一体的。[⑤] 根据上述观点，本研究认为数学模型是一种工具，数学建模是一个过程，这个过程就是运用数学模型在真实世界与数学世界之间进行抽象性、创造性的迭代过程，从而形成人的数学建模能力或发展人的数学建模素养。

2. 数学建模的价值澄明

虽然我国学者对数学核心素养要素的认识不尽相同，但数学建模成为数学核心素养之一已达成共识。由此推知，数学建模将成为未来社会中每个个体都需要拥有的最基本的数学素养。对数学建模价值的认识概括起来有三个方面。一是数学建模的社会价值。有学者从 21 世纪社会的特征角度，认为数学建模对未来公民的数学素质培养具有重要作用。二是数学建模的教育价值。21 世纪伊始，有学者从学生发展角度论述了数学建模的教育价值，认为：“数学建模为培养学生的创新精神和实践能力搭建了一个有效的操作平台，数学建模有利于培养学生的数学观念、科学态度和合作精神，以及认真求实、崇尚真理、追求完美、讲求效率、联系实际的学习态度和学习习惯。”[⑥]三是数学建模的学科价值。数学建模最大的特征就是具有学科属性，体现数学的广泛应用性。数学建模是数学成为人类文化的重要组成部分的关键，将促进数学科学的发展和各门科学的综合。[⑦]

（二）数学建模教学研究

数学建模教学的研究硕果累累，反映出研究者对数学建模教学的高度关注，主要围绕数学建模的教学方式、教学原则、教学策略等问题展开。

---

① 蔡金法，刘启蒙. 数学建模的内涵与意义[J]. 小学数学教师，2018(11)：4-9，30.

② 蔡金法，徐斌艳. 也论数学核心素养及其构建[J]. 全球教育展望，2016(11)：3-12.

③ 王尚志，保继光. 普通高中教科书数学・必修第一册[M]. 北京：北京师范大学出版社，2019：219.

④ 王尚志，胡凤娟. 数学教育的育人价值[J]. 人民教育，2018(Z2)：40-44.

⑤ 黄翔，童莉，沈林. 从高中数学新课标看数学实践能力的培养[J]. 课程・教材・教法，2018(8)：75-79，113.

⑥《教育研究》编辑部. 数学建模的教育价值：访特级教师张思明[J]. 教育研究，2001(7)：66-71.

⑦ 孙宏安. 谈数学建模[J]. 中学数学教学参考，2018(10)：2-6，17.

1. 对数学建模教学方式的探讨

概括起来，数学建模教学有三种方式：一是融入式，指在日常数学课堂教学中，结合相关内容融入数学建模思想；二是活动式，指以数学建模为主题，单独在课外开展数学建模活动；三是课程式，指以数学建模课程为教学形式，与其他数学课程内容一样，单独开设课程。前两种教学方式相对较多，第三种教学方式还处于探索阶段，如张思明的著作《理解数学：中学数学建模课程的实践案例与探索》详细介绍了北京市部分中学实施数学建模课程的全过程，以及推广的“双课堂”数学建模教学模式和建构的数学建模课程理论基础。①

2. 对数学建模教学原则的探讨

这一方面鲜有学者单独论述，主要散见于一些数学建模教学案例中，一般通过“观点＋案例”的方式论述数学建模的教学原则，主要有主体性原则、实用性原则、关联性原则和层次性原则。主体性原则是指数学建模教学过程中教师应尊重学生的认知差异，给予学生自主权，充分调动学生的积极性，让每个学生主动提出自己的建模方法。实用性原则是指数学建模教学中必须以提高学生发现问题、提出问题、分析问题和解决问题的能力，及应用所学知识解决实际问题的能力为目标。关联性原则是指数学建模教学中解决实际问题所涉及的知识、思想和方法应与数学课程内容有紧密联系。层次性原则是指数学建模教学中教师应以数学理解为前提，坚持学生认知立场为重心，最终将数学、学生与教学过程有机统一。

3. 对数学建模教学策略的探讨

数学建模的教学策略不论是对数学建模教学理论研究的深化，还是对数学建模教学实践的变革都具有重要价值。这一方面主要基于四种视角进行探讨。一是主体视角。有学者从学生视角指出数学建模教学要准确把握学生数学建模的起点、精心组织学生数学建模的过程、优化促进学生数学建模的应用②，也有学者从教师视角指出数学建模教学应先提高教师数学建模能力及数学建模教学能力③。不管是学生视角还是教师视角，其根本指向之于数学建模教学的有效性。二是案例开发视角。诸多研究基于对数学教科书中实习作业的改编、生活中短跑运动员步幅的思考，以及数学历史名题的探索等案例阐述数学建模教学之道，意在为数学建模教学提供现实的、可行的、易理解的素材。三是过程视角。数学建模是一个过程，有学者就“如何选择或构建合适的数学建模任务，如何对学生可能的建模策略进行预测，如何在课堂教学中组织数学建模活动”等环节进行了策略分析。④ 四是技术视角。随着信息技术与数学教育的深度融合，国外学者从理论与实践的角度

① 张思明. 理解数学：中学数学建模课程的实践案例与探索[M]. 福州：福建教育出版社，2012：70-74.

② 朱贵玺. 小学数学建模教学应注意三个问题[J]. 教学与管理，2017(8)：29-31.

③ 董天龙，王海华，曹圣山. 中学开展数学建模教学的思考与实践[J]. 数学建模及其应用，2019(1)：78-82.

④ 蔡金法，刘启蒙. 数学建模的课堂教学[J]. 小学数学教师，2019(1)：4-11.

开展了数字工具支持下的数学建模循环过程的相关研究[①]，引起我国学者的关注，借助现代信息技术等工具为数学建模教学注入了新活力。

（三）学生数学建模素养培育与评价研究

通过以上相关研究的梳理，我们可以得出这样的结论：发展学生数学建模素养是当前数学教育教学改革的重要工作。那么，如何构建学生数学建模素养的评价标准，我国学生数学建模素养现状如何，如何培育学生数学建模素养等问题引发了研究者的思考。

1. 对学生数学建模素养评价标准的探讨

在数学建模素养的课程与教学转化过程中，评价标准指引着课程的设计与教学的实施。这一方面主要是引介国外数学建模素养的评价标准，并进行案例分析。具体看来，有三种方式：一是侧重学生数学建模素养的形成性评价，强调学生在“建模循环”过程中的行为表现，一般是对一种目标明确的现实问题的建模，注重学生通过迭代不断逼近最优模型的过程。二是侧重学生数学建模素养的终结性评价，强调数学知识与现实经验的结合，突出学生如何从现实情境中脱离而形成数学模型，并将评价的重点放在对模型现实意义的解释上，一般是对一些目标模糊的现实问题的建模。三是尝试顾及数学建模的过程与结果[②]，从“过程—结果”二元论的视角评价学生数学建模的整体表现，采用一种反思的、渐进的评分方式，对发生在某一小组活动中学生个体或群体表现出的数学建模能力进行评估，这种融合过程性与结果性的评价取向受到越来越多研究者的认可。

2. 对学生数学建模素养现状的调查

这一方面研究者主要持有终结性评价取向，一般采用问卷和测试等研究方法，所得研究结果不尽相同甚至相悖。如有研究发现：学生数学建模能力基本不受其数学学业成绩的影响，数学学业成绩不理想的学生同样拥有较高水平的数学建模能力。[③] 但也有研究认为：数理成绩优秀的学生，其数学建模能力也相对较强。[④]其实，要想评价学生数学建模素养现状，表现性评价尤为重要，如有学者采用口语报告分析方法，将高三学生分成优生和一般生进行数学建模认知特点的比较研究，发现优生与一般生在数学建模的问题表征、策略运用、建模思路、解题结果及求解效率等方面表现出不同的认知特点。[⑤] 大量的研究表明，表现性评价更适合检测

---

① 钱月凤. 数字工具支持下数学建模的研究综述[J]. 数学通报，2019，58(9)：29-33.

② 鲁小莉，程靖，徐斌艳，等. 学生数学建模素养的评价工具研究[J]. 课程·教材·教法，2019(2)：100-106.

③ 纪雪颖. 高中学生数学建模能力与数学学业成绩关系的调查与分析[J]. 上海教育科研，2009(7)：57-58，70.

④ 孙翔宇. 上海市高中生数学建模能力的调查与分析[J]. 教育测量与评价，2016(6)：44-49.

⑤ 李明振. 数学建模认知研究[M]. 南京：江苏教育出版社，2013：160-161.

高认知的、体现复杂性思维的任务，而且更有可能促进像数学建模这样的能力获得。[①] 然而，这方面的研究目前相对较少。

3. 对学生数学建模素养培育的探讨

这一方面的研究成果最多，有从理论思辨视角探讨学生数学建模素养的培养策略，也有基于现状调查提出对学生数学建模素养培养的建议。但总的看来，均偏向于经验性的总结，主要从学生内部和学生外部两方面进行探讨。学生内部方面，如有研究认为：中学数学建模活动要结合学生的年龄特点、知识结构和智力水平，以及与日常教学的教材内容分层次开展，数学建模能力培养也要注重阶段性。[②] 学生外部方面，如有研究认为创设具体的熟悉的生活情境非常重要，但也有学者持不同的看法，如蔡金法等人[③]认为：数学建模并不一定要在学生熟悉的情境中进行，但提供熟悉的情境能够让学生更容易将数学与现实问题建立联系。

（四）学生数学建模素养发展的影响因素研究

随着数学建模素养的提出与落地，我国研究者围绕数学课程标准与教科书、教师、学生及考试等因素，展开学生数学建模素养发展的影响研究。

1. 课程标准与教科书的影响

作为期望的课程，数学课程标准与教科书将直接影响数学建模素养的落地。不管是从国际数学课程标准的比较来看，还是从国内数学课程标准中数学建模内涵的变迁，以及不同版本数学教科书的纵横比较来看，我们都可以得出这样的结论：我国数学课程标准对数学建模的要求相对较晚且存在缺陷，数学教科书在不同程度上也弱化了数学建模的要求。如有研究从历史视角梳理了我国 20 世纪以来中小学的数学教学大纲或课程标准中数学建模的内涵，发现：直到 1996 年高中教学大纲才首次出现“数学模型”一词，21 世纪以来，高中课程标准对“数学建模”的重视程度与具体要求显著高于义务教育阶段，但缺乏情感态度的描述。[④] 还有的研究比较了我国人教版、北师大版、苏教版和湘教版四套高中数学教科书对数学建模内容的处理，发现：教科书呈现的大量数学任务与真实情境有较大迁移距离，而且重在数学模型的应用，对现实情境建立真实模型的关键环节相对淡化。[⑤]

2. 教师的影响

教师在数学建模教学和发展学生数学建模素养的过程中起着至关重要的作

---

① Linda D H，Frank A. Beyond basic skills：the role of performance assessment in achieving 21st century standards of learning[M]. San Francisco：Jossey-Bass，2014：23-29.

② 张硕，杨春宏. 谈谈数学建模能力培养的阶段性与题目的层次性[J]. 数学教育学报，2000，9(1)：98-102.

③ 蔡金法，徐斌艳. 也论数学核心素养及其构建[J]. 全球教育展望，2016(11)：3-12.

④ 黄健，鲁小莉，王鸯雨，等. 20 世纪以来中国数学课程标准中数学建模内涵的发展[J]. 数学教育学报，2019(3)：18-23，41.

⑤ 董玉成，徐斌艳. 我国高中数学教材中数学建模的处理：以人教版、湘教版、苏教版和北师大版教材为例[J]. 课程・教材・教法，2014(12)：51-56

用，是实施课程中的关键角色，但从一些调查研究的结果来看，教师对数学建模的认识和教师数学建模素养也存在诸多问题。如实验版高中数学课标颁布不久，有研究对高中数学建模课程实施中有关教师方面的问题进行分析，发现：数学建模课程师资队伍不足，教师数学建模知识结构欠缺、教师对数学建模的情感态度价值观迷失等问题。① 时隔十余年，在新版高中数学课标颁布之际，新近又有研究发现：数学建模活动目前仍然没有引起教师的关注，在实施过程中往往落空，而且多数教师认为数学建模活动和数学建模活动的评价相对不那么重要。②

3. 学生自身的影响

数学建模过程中学生的参与最为重要，也是数学建模获得课程中所关注的层面，然而，学生对数学建模的认识及其数学建模能力也存在问题。有研究认为影响学生数学建模能力的四个因素有动机态度、知识经验、认知过程和元认知。③ 还有研究通过路径分析法，发现高中学生数学建模自我监控水平、创造力水平、数理认知结构、数学建模情感、创造性倾向、认知方式及数学建模信念均与数学建模学业成就存在显著相关。④ 这些研究结果为学生数学建模素养的培养提供了有力的教学策略。

4. 考试的影响

任何教育改革或课程改革，最终都将回到考试问题上。目前，高考对数学建模的考查主要以选择题的方式呈现，题量占比相对较少，更多的是强调运用显性的数学模型思想来解决数学问题，如函数模型、线性规划模型和数列模型，几乎没有给学生提供建立数学模型的机会。数学建模的隐性循环过程难以落实于兼具标准化和选拔性的中、高考试卷中，使得数学建模的理念与实际相悖。可观的是，目前高考为落实数学建模素养，教育部考试中心和诸多研究者从理论层面有所为之，前景令人期待。从课程概念的连续性来看，学生数学建模素养发展的影响因素是一个系统性工程，我们应正视当前数学教育的育人目标，结合数学课程标准和教科书中数学建模素养的实然体现，以及数学建模教学及学生数学建模素养现状展开连续性的行动研究，从中发现影响数学建模课程实施与学生数学建模素养发展的深层原因。

二、国际视野下数学建模研究的新进展

为了进一步拓宽我国数学建模的理论研究视野，提升我国数学建模的实践水

① 刘卫锋，何霞，王尚志．高中数学建模中教师问题初探[J]．数学通报，2007(10)：13-16.

② 胡凤娟，吕世虎，王尚志．高中数学课程实施中面临的关键问题研究：基于全国3964位教师的调查[J]．当代教育与文化，2018(5)：35-41.

③ 但琦，朱德全，宋宝和．中学生数学建模能力的影响因素及其培养策略[J]．中国教育学刊，2007(4)：61-64.

④ 李明振．数学建模认知研究[M]．南京：江苏教育出版社，2013：198-199.

平，在系统回顾我国中学数学建模研究的发展历程及其论题的基础上，有必要从横向比较的角度对国际视野下的数学建模研究成果进行归纳分析，以了解国际数学建模研究取得了哪些新进展。有鉴于此，利用 Web of Science 数据库，以“标题：数学建模”“文献类型：论文”“研究方向：教育教学研究”“索引日期：2000-01-01 至 2022-12-31”等进行检索，共获取文献 474 篇。需要说明的是，在检索中发现 Web of Science 数据库中只包含少量的数学教育期刊，为此，在文献述评时添加了斯普林格（*Springer*）出版社出版的有关 ICTMA 的论文集。采用内容分析法，从研究概况、研究内容、研究方法和研究视角四个方面对国际数学建模研究进展进行归纳总结，以期进一步为我国中学数学建模研究与实践提供有力参照。

（一）国际视野下数学建模研究的概况

国际视野下数学建模研究的概况从研究成果的年度分布、来源分布和被引情况三个方面展开。

1. 年度分布

21 世纪以来，国际视野下数学建模研究的成果在数量上呈递增趋势。从数量上来看，与我国发表于 CSSCI 或北大核心期刊上的数学建模研究成果数量相比，国际视野下的数学建模研究成果相当丰富。根据年度发表时间进行统计，可以看出国际数学建模研究随时间的发表量的变化趋势。将其绘制成条形图，如图 2.1 所示。

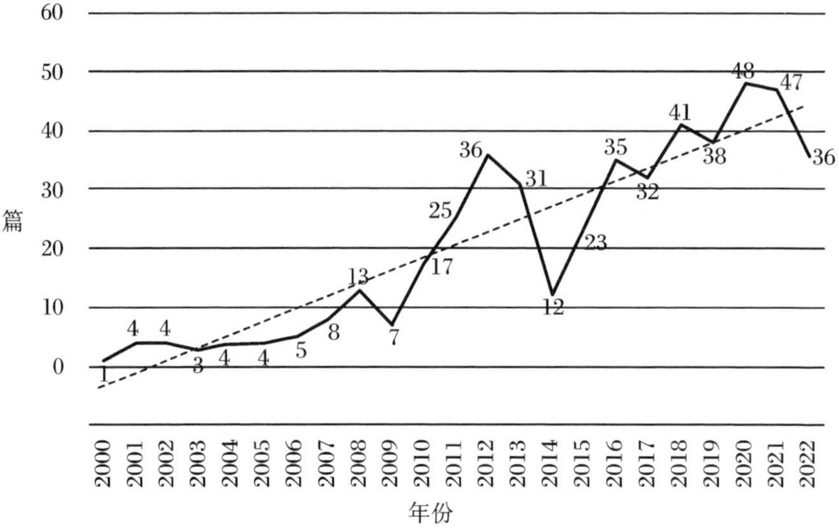

图 2.1　国际数学建模研究成果的年度分布图

从图 2.1 可以看出，21 世纪以来，国际数学建模研究的年度分布呈“之”字形增长趋势。2000—2009 年，国际数学建模研究成果数量的增长较为缓慢，共发表文献 53 篇，约占总文献量的 11.1%。其中，2008 年达到一个小高峰。2009—2013 年，国际数学建模研究成果急剧增长，直至 2014 年有所回落，但整体上还是呈增长趋势。2014 年后，国际数学建模研究成果的数量呈直线式增长趋势，关于数学建模的话题受到越来越多学者的关注与研究。

2. 来源分布

若对国际数学建模研究成果的 474 篇文献的来源刊物进行统计，可以看出，国际数学建模研究成果的来源刊物分布相当广泛，大多数为数学教育类专业刊物，其中，SSCI 来源期刊也有不同程度的收录，如图 2.2 所示。

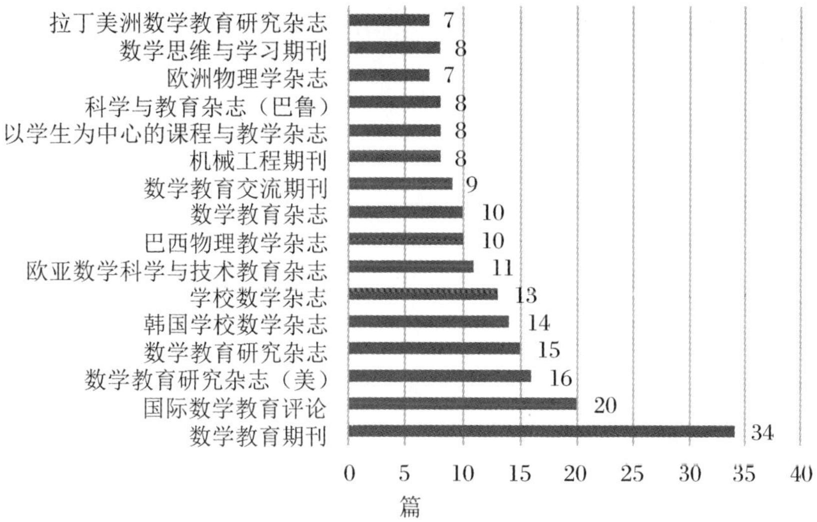

图 2.2 国际数学建模研究成果的来源分布图

从图 2.2 中可以看出，来源数量达到 11 篇文献的刊物有 7 种。其中，《数学教育》期刊(美)(*Bolema*: *Boletim de Educação Matemática*)收录文献最多，共刊发 34 篇，之后依次是:《国际数学教育评论》(*ZDM-Mathematics Education*，20 篇)、《数学教育研究》杂志(美)(*Education Studies in Mathematics*，16 篇)、《数学教育研究》杂志(*Journal for Research in Mathematics Educational*，15 篇)、《韩国学校数学》杂志(*Journal of the Korean School Mathematics*，14 篇)、《学校数学》杂志(*School Mathematics*，13 篇)、《欧亚数学科学与技术教育》杂志(*Eurasia Journal of Mathematics*, *Science and Technology Education*，11 篇)，累计刊发数量 123 篇，约占 25.94%。这些刊物为国际数学建模研究成果搭建了坚实的学术平台。值得注意的是，《国际数学教育评论》曾于 2006 年第 2—3 期和 2018 年第 1—2 期分别专辑发表了“世界数学建模研究”和“数学建模教与学的实证研究”主题文章，《数学教育研究》杂志(美)2022 年第二期刊发了“测评和培养数学建模能力”专刊，这些文献为国内外研究者开展数学建模研究提供了重要的知识基础。

3. 被引情况

若进一步对 474 篇文献在 Web of Science 数据库中的引用情况进行统计，可以提取与国际数学建模研究相关的高被引文献。按照被引数从高到低进行排序，统计排在前 10 位的文献信息，结果见表 2.1。

表 2.1 高被引文献信息统计

序号	文　献　信　息	被引量
1	Xie S H, Hai F I, Zhan X M, et al. Anaerobic co-digestion: a critical review of mathematical modelling for performance optimization(厌氧混合消化:对性能优化数学建模的批判性综述, *Bloresource Technology*)	132
2	Benitez S O, Lozano-Olvera G, Morelos R A, et al. Mathematical modeling to predict residential solid waste generation(通过数学建模来预测住宅固体废物的产生, *Waste Management*)	71
3	Dogra P, Butner J D, Chuang Y L, et al. Mathematical modeling in cancer nanomedicine: a review(癌症纳米医学中的数学建模综述, *Blomedical Micro-devices*)	67
4	Marchetti C, Bianchi A, Bassi M, et al. Alessandro mathematical modeling and numerical simulation in maxillo-facial virtual surgery (VISU)(数学建模与数值模拟在颌面虚拟手术中的应用, *The Journal of Craniofacial Aurgery*)	58
5	Stephenson R S, Atkinson A, Kottas P, et al. High resolution 3-dimensional imaging of the human cardiac conduction system from microanatomy to mathematical modeling(从显微解剖到数学建模:人体心脏传导系统的高分辨率三维成像, *Scientific Reports*)	57
6	Uhden O, Karam R, Pietrocola M, et al. Modelling mathematical reasoning in physics education(物理教育中的数学推理建模, *Science & Education*)	51
7	Kim S, Kim Y J, Peck K R, et al. School opening delay effect on transmission dynamics of coronavirus disease 2019 in Korea: based on mathematical modeling and simulation study(开学延迟对韩国 2019 冠状病毒传播动力学的影响:基于数学建模与仿真研究, *Journal of Korean Medical Science*)	40
8	Clarke D C, Skiba P F. Rationale and resources for teaching the mathematical modeling of athletic training and performance(运动训练与表现的数学建模教学原理与相关资源, *Advamces in Physiology Education*)	34

续表

序号	文献信息	被引量
9	Hallett T B, Gregson S, Dube S, et al. The impact of monitoring HIV patients prior to treatment in resource-poor settings: Insights from mathematical modelling(在资源贫乏环境中治疗前监测艾滋病毒患者的影响:来自数学建模的见解,*PLOS Medicine*)	33
10	Schukajlow S, Kaiser G, Stillman G. Empirical research on teaching and learning of mathematical modelling: a survey on the current state-of-the-art (数学建模教与学的实证研究:文献综述,*ZDM-Mathematics Education*)	31

从表2.1中可以看出:从期刊来源看,有关数学建模研究的成果不仅刊发于数学教育期刊,还大量刊发于非数学教育期刊上,彰显了数学建模的工具性和价值性并存的属性;从作者合作情况看,国际数学建模研究成果均为多人合作完成,这也进一步说明了数学建模的活动性和挑战性特征;从研究论题看,数学建模作为一种研究方法,被广泛应用于医学、生物学、生理学和教育学等学科,充分说明了数学建模的应用性和跨学科性特征。

(二)国际视野下的数学建模研究内容分析

从历届ICTMA收录的论文便可知晓,国际数学建模研究硕果累累。斯普林格出版社将ICTMA收录的部分论文集结成册,命名为《国际视野下的数学建模教与学》。截至目前,共计汇编了8册系列丛书,分别为《数学建模教与学的趋势》《学生数学建模能力》《数学建模教学:连接研究与实践》《教育研究与实践中的数学建模》《数学建模与应用》《数学建模教育与意义建构》《东西方数学建模教育》《测评数学建模教学的专业能力》。不仅如此,ICMI也将与数学建模相关的研究成果予以出版,如ICMI-13出版了《教育领域中数学建模研究的探究方向》一书,ICMI-14出版了《数学教育中的建模与应用》一书。可见,国际视野下的数学建模研究取得了丰硕的成果,这些研究成果兼具经典性、时代性和价值性。需要说明的是,面对诸多研究成果不可能做到完全归纳,为此,本研究根据TIMSS课程模型,即以预期课程、实施课程和获得课程为维度总结国际数学建模研究取得的新进展。

在分类概括国际数学建模研究进展之前,有必要澄清何为数学建模,因为这是数学建模研究的基础性问题。国外对"什么是数学建模"这一问题的探讨,尚未达成共识,学术界使用的数学建模概念也多取决于研究者的理论观点。① 总的看来,有三种代表性观点:第一种观点是将数学建模视作过程性活动。有研究者认为:数

① Kaiser G, Sriraman B. A global survey of international perspectives on modelling in mathematics education[J]. ZDM-Mathematics Education, 2006, 38(3): 302-310.

学建模是建立数学模型的艺术或过程，用以表征被建构世界的某一方面的特征或行为[1]；数学建模是将数学应用于解决现实情境问题的过程[2]；数学建模被视为一种创造性的数学活动[3]。同样地，美国学者熊菲尔德（A. Schoenfeld）认为，数学建模活动是助益学生有意义学习的工具。[4] 可以看出，这些界说都是描述性的，表达了数学建模的过程性和活动性特征。第二种观点主要强调数学建模过程的迭代循环，这也是数学教育研究领域中经常使用的数学建模观点。目前看来，对数学建模的认识存有从四循环过程到七循环过程的不同界说，但是从"现实世界"开始进入"数学世界"，然后进行数学建模，最终返回"现实世界"进行验证，整个过程并不是线性的。[5] 这一认识已基本达成共识。相对而言，第三种观点比较常见，即作为一种手段，数学建模的目的在于分析现实问题，发展数学建模能力。[6] 围绕数学建模能力开展研究成为数学建模研究领域的热点话题。数学建模能力是指个人在完成数学建模活动时所需要的或期望的能力。[7] 根据数学建模的循环过程，有学者认为[8]数学建模能力可以细分为各种子能力，还有学者[9]强调元认知在数学建模研究与实践中的重要性，尤其是在解决现实问题时对行动的反思上。不管是对数学建模作工具性的描述，还是对数学建模作价值性的判定，数学建模的多义性拓宽了国际视野下的数学建模研究的广度、宽度和高度。[10] 为此，国际数学建模研究更多地关注实施课程层面数学建模教学中的教师教育问题，以及获得课程层面学生数学建模能力发展的问题。

---

[1] Blum W. Quality teaching of mathematical modelling: what do we know, what can we do? [C]// The Proceedings of the 12th International Congress on Mathematical Education. Cham: Springer, 2015: 73-96.

[2] Niss M, Blum W, Galbraith P. Modelling and applications in mathematics education[C]. New York: Springer, 2007: 3-32.

[3] Palsdottir G, Sriraman B. Teacher's views on modeling as a creative mathematical activity[M]// Creativity and Giftedness. New York: Springer, 2017: 47-55.

[4] Schoenfeld A H. The what and the why of modeling[J]. 2019: 1-8.

[5] Blum W, Lei D. How do students and teachers deal with modelling problems[J]. Mathematical Modelling, 2007,67(3): 222-231.

[6] Blomhoj M. Developing mathematical modelling competence[J]. Teaching Mathematics and Its Applications, 2003,22(3): 123-139.

[7] Blum W, Galbraith P L, Henn H W, et al. Modelling and applications in mathematics education: volume 10[M]// New ICMI Study Series. New York: Springer, 2007, 10: 79-88.

[8] Ärlebäck J B, Frejd P. Modelling from the perspective of commognition: an emerging framework [C]// Stillman G, Kaiser G, Blum W, et al. Teaching Mathematical Modelling: Connecting to Research and Practice. Cham: Springer, 2013: 47-56.

[9] Kaiser G. Modelling and modelling competencies in school[J]. Mathematical Modelling (ICTMA 12): Education, Engineering and Economics, 2007: 110-119.

[10] Cai J, Cirillo M, Pelesko J, et al. Mathematical modeling in school education: mathematical, cognitive, curricular, instructional and teacher educational perspectives[C]// The Proceedings of the 38th Conference of the International Group for the Psychology of Mathematics Education and the 36th Conference of the North American Chapter of the Psychology of Mathematics Education. New York: Springer, 2014: 145-172.

1. 预期课程中的数学建模研究

预期课程是指由国家或地方层面根据教育目标而设计的课程，以文本的形式呈现，通常物化为课程标准。随着课程概念的演变，教科书也逐渐被视作预期课程的一种，用以引导课堂教学。预期课程中的数学建模研究，就是对课程标准或教科书中数学建模内容的呈现进行研究。

从既有研究来看，这一方面的研究成果较少，没有研究者对数学课程标准中的数学建模进行探究，都是转引课程标准中对数学建模的描述，以凸显数学建模的课程定位。总的来看，直接对教科书中的数学建模进行内容分析的文献有3篇，更多的文献是在对教科书进行研究的同时，有所涉及数学建模内容。例如，系统地对教科书中的数学建模进行文本分析的是美国哥伦比亚大学的一篇博士学位论文，题目为《基于美国州共同核心标准的代数教科书中的数学建模》[①]。该研究选取了美国和新加坡广泛使用的三个版本的教科书作为研究对象，比较了两国三版教科书中的数学建模内容在编写与设计方面的差异。研究发现，在内容设计上，美国教科书中明确标注了哪些问题属于数学建模问题，新加坡教科书则没有此项说明；在数量上，即便美国的代数教科书只使用一年，但是它比新加坡使用四年的教科书含有更多的数学建模问题，但是两国教科书中期望学生解决的数学建模问题不存在显著差异。还有研究比较了伊朗和澳大利亚九年级教科书中数学问题所体现的数学素养特征，发现澳大利亚教科书比伊朗教科书含有更多的数学问题，每章都包含各种情境的问题，数学任务范围从公式的简单应用到对现实世界的数学建模。伊朗教科书由于问题较少，数学问题的情境不够多样，学生缺乏参与数学建模的机会。[②] 与我国较为相似，关于预期课程中的数学建模研究尚处于起步阶段，随着素养时代的到来，指向数学建模素养的教科书编制与转化问题将越来越多地得到研究者的关注与研究。

2. 实施课程中的数学建模研究

实施课程是指教师实际教授给学生的课程，实施课程中的数学建模研究即探讨数学建模的教学问题，其研究对象为数学教师，包括职前数学教师。围绕这一问题，学术界关注了数学建模教学方法问题，教师教育中的数学建模问题，教师数学建模知识、态度和能力问题，以及技术支持的数学建模教学问题。

创新数学建模教学方法，有益于实现高质量的数学建模教学。关于数学建模教学方法的研究，历来都是研究者比较关注的论题。尼斯（Niss）等人[③]从教学方式

---

① Germainwilliams T. Mathematical modeling in algebra textbooks at the onset of the common core state standard's[D]. Columbia：Columbia University，2014.

② Gatabi A R，Kaye S. Investigating grade nine textbook problems for characteristics related to mathematical literacy[J]. Mathematics Education Research Journal，2012，24(4)：403-421.

③ Blum W，Niss M. Applied mathematical problem solving，modelling，applications，and links to other subjects：state，trends and issues in mathematics instruction[J]. Educational Studies in Mathematics，1991，22(1)：37-68.

的角度，提出了与数学建模相关的六种教学方法，并加以区分与说明，分别是：分离式（the separation approach），即数学课程和数学建模课程作为不同的课程独自开设；两分式（the two-compartment approach），即将数学课程分成两部分，一部分是“纯数学”，另一部分是利用纯数学处理一个或多个应用性问题；模块式（the islands approach），即在纯数学课程中可以找到应用数学的模块内容；融合式（the mixing approach），即在数学教学中，经常会用到应用数学建模思想来辅助数学概念的介绍等；与数学课程整合式（the mathematics curriculum integrated approach），这里所说的与数学课程的整合主要是指数学课程中识别了现实世界中的问题，并随后开发和处理这些现实情境问题所需的数学知识；跨学科综合方法（the interdisciplinary integrated approach）在很大程度上与前一个相似，与之不同的是，这种方法要求在一个跨学科的框架内与数学和课外活动完全整合，在这个框架中，“数学”并不是作为一个独立的学科被组织起来的。虽然数学建模教学中存有不同的教学方法，但不应将它们视为相互排斥的，不同的数学建模教学方式，其目的在于提升学生的数学建模能力及教师从事数学建模教学的意图选择。目前来看，这六种方式在数学建模教学中均有应用，跨学科综合式、与数学课程融合式、模块式将是数学建模教学的主要方式。除此之外，还有研究从教师教学和学生学习等微观角度进行数学建模教学方法的探索。从教师教学的角度来看，有一项关于数学建模教学的 50 年行动研究①，系统性地总结了数学建模有效教学的实践经验，主要有：通过启发式教学理论，以视频观察和分析为手段，聚焦于形成性评价方法，能够发展未来公民的数学建模素养。

数学教育中所说的数学建模有两种指向：一种是将数学建模作为教学手段；另一种是将数学建模作为教学目的。前者主要关涉数学建模的教学问题，后者主要关涉数学建模的能力生成问题。教师教育中的数学建模研究，既关注作为手段的数学建模教学问题，又关注作为目的的教师数学建模能力问题。纵观世界各地都开始制定支持教师教授数学建模的计划②，一种常见的方法是让教师参与数学建模活动，以便建立一个相互关联的数学知识库，这些知识库包括可应用于各种现象的技能。这一方面，主要围绕教师对数学建模的认识论问题展开。有研究③考察了职小学教师对数学建模的认识，以及他们对中小学教学和学习数学建模的看法。结果表明，职前小学教师通过发展他们的数学建模能力（包括数学建模的子能力），将数学建模周期转化为他们的实践，对教学和学习数学建模持有积极正向的态度。

---

① Ferri R B, Blum W. Mathematical modelling in teacher education-experiences from a modelling seminar[C]. Cerme 6-Working Group, 2009(11): 20-46.

② Schukajlow S, Kaiser G, Stillman G. Empirical research on teaching and learning of mathematical modelling: a survey on the current state-of-the-art[J]. ZDM-Mathematics Education, 2018(1): 5-18.

③ Tidwell W, Anhalt C O, Cortez R, et al. Development of prospective elementary teachers' mathematical modelling competencies and conceptions[J]. International Journal of Mathematical Education in Science and Technology, 2021: 1-21.

还有研究①发现职前数学教师尽管参与相同的课程学习，但是他们对数学课程标准中的数学建模存在不同的解释与诠释。为了了解教师对数学模型、数学建模，以及数学建模在教育中的应用等概念的认识，有研究②对美国数学教师和中学职前数学教师进行了大样本的在线调查和个案研究，发现美国中学数学教师对数学模型和数学建模存在一些误解，尤其是在数学建模过程方面。具体来说，大多数教师不了解数学建模的过程需要作出选择和假设，也不认同数学建模的情境必须来自真实的场景。

突出数学世界与现实世界相关联的数学建模及其教学，在世界范围内获得了快速发展。近些年来，有关教师的数学建模知识、信念和态度等问题得到诸多研究者的关注。教师对数学建模的信念会影响数学建模活动融入课堂教学的效果。有研究基于扎根理论分析了瑞典教师对数学建模的概念，以及他们从事数学建模活动的经验，发现教师对数学建模的概念与基于情境设计的数学模型有关，很少将数学建模融入日常数学教学中，一个可能的原因是受教师数学观的影响。③ 在数学建模知识上，有研究④跟踪了 11 位以前没有数学建模经验的准教师，通过阅读、参与数学建模活动、个人和小组合作、讨论和反思等系列活动来关注数学建模过程，最终发现完整的数学建模活动消除了准教师对数学建模的误解，并提供了宝贵的经验知识，这些知识在他们数学建模概念的演变中变得更加明显。作为一个迭代过程的数学建模，被明确讨论并以此积累经验开发必要的知识，以有效地在 K12 学校中实施数学建模实践至关重要。在数学建模能力上，有研究⑤通过测试的方式调查了印度尼西亚廖内伊斯兰大学（Universitas Islam Riau）100 名职前数学教师的数学建模能力。结果表明，印度尼西亚的职前数学教师具有中等水平的数学建模能力，但是，使用图形表示或解释解决方案并将其与现实世界相关联是数学建模中最大的两个困难。此外，还有研究⑥开发了教师对数学建模态度的量表。例如，有研究者基于美国 310 名在职数学教师的反馈，采用项目分析、探索性因素分析、验证性因素分析等心理测量，对数学建模态度量表进行了评估发现，建构主义、理解、相关性和现实世界、动机和兴趣是教师对数学建模态度的四个维度。这一量

① Jung H, Newton J A. Preservice mathematics teachers' conceptions and enactments of modeling standards[J]. School Science and Mathematics, 2018,118(5): 169-178.

② Gould H. Teachers' conceptions of mathematical modeling[D]. Columbia: Columbia University, 2013.

③ Frejd P. Teachers' conceptions of mathematical modelling at Swedish upper secondary school[J]. Journal of Mathematical Modelling and Application, 2012,1(5): 17-40.

④ Anhalt C O, Cortez R. Developing understanding of mathematical modeling in secondary teacher preparation[J]. Journal of Mathematics Teacher Education, 2016,19(6): 523-545.

⑤ Hidayat R, Iksan Z. Mathematical modelling competency for indonesian students in mathematics education programmes[J]. Creative Education, 2018(9): 2483-2490.

⑥ Asempapa R S, Brooks G P. Factor analysis and psychometric evaluation of the mathematical modeling attitude scale for teachers of mathematics[J]. Journal of Mathematics Teacher Education, 2020: 1-31.

表，为本研究开展教师对数学建模的态度与认识的现状调查提供了有力支撑。

随着信息技术与数学教育教学的深度融合，信息技术支持的数学建模研究备受瞩目。例如，有研究①系统地回顾了技术支持下的数学建模研究取得的成就。技术赋能数学建模已得到普遍认同，尤其是学生数学建模过程中使用互联网作为工具查阅相关信息和资料。数学建模作为一种教学工具，专注于培养批判性和反思性的意识，让学生参与情境化的数学建模过程，使他们能够参与构建具有社会意义的现实问题的解决过程，旨在通过虚拟学习环境中的数字技术，以发展学生的数学建模能力。正如有研究者在他们的调查报告中指出的那样，作为交互手段或认知协作交流工具的数字技术，可以实现跨越地理边界并克服当地资源供应不足的问题。在这种情况下，研究者描述了大学生如何使用远程教育技术来开发与公交车票价上涨有关的抗议活动的数学模型。② 数字技术对数学建模的影响，换句话说，技术赋能的数学建模研究将越来越多地受到关注。

3. 获得课程中的数学建模研究

获得课程是指评价所涉及的课程内容，即学生层面的课程理解情况。获得课程中的数学建模研究，其研究对象为学生，主要关注学生数学建模能力的表现问题。近十几年以来，数学建模能力成为数学建模教与学研究的重要组成部分，围绕学生数学建模能力表现展开了一系列研究，这些研究成果形式多样、内容丰富。既有文献中提到的数学建模能力的概念有不同的指向。例如，有学者③认为，数学建模能力包括执行数学建模过程和以目标为导向的数学建模能力及行动的意愿。还有学者④认为，数学建模能力是指在给定的现实世界中提出现实问题、识别相关变量、关系或假设，将其转化为数学问题，并解释和验证与给定情境相关数学问题的解决方案的能力，以及通过调查所做的假设、检查给定数学模型的属性和范围等来分析或比较给定数学模型的能力。此外，还有学者⑤对数学建模能力进行了层次性划分，将数学建模能力分为三个层次：第一级能力涉及学生对数学建模过程的认识，第二级能力涉及学生自己解决数学建模问题的能力，第三级能力涉及学生以批判的方式评估、分析和反思数学建模活动目的的能力。

从评价方式来看，测试、项目、作品集和竞赛是评估学生数学建模能力的主要

---

① Geiger V. Factors affecting teachers' adoption of innovative practices with technology and mathematical modelling[J]. Trends in Teaching and Learning of Mathematical Modelling, 2011: 305-314.

② Villarreal M E, Esteley C B, Mina M V. Modeling empowered by information and communication technologies[J]. ZDM-Mathematics Education, 2010, 42(3-4): 405-419.

③ Maa K. What are modelling competencies? [J]. ZDM-Mathematics Education, 2006, 38(2): 113-142.

④ Frejd P. Modes of modelling assessment: a literature review[J]. Educational Studies in Mathematics, 2013, 84(3): 413-438.

⑤ Henning H, Keune M. Levels of modelling competencies[M]// Blum M, Galbraith P L, Henn H, et al. Modelling and Applications in Mathematics Education: the 14th ICMI Study. New York: Springer, 2007: 225-232.

方式。① 聚焦于学生解决数学建模问题的表现这一论题，研究者开展了大量研究。有研究②系统地分析了过去20年发表的75篇有关数学建模能力的文献，发现：自下而上的方法在概念化数学建模能力和区分各种子能力方面占据主导地位；评价数学建模能力的方法多元，且普遍侧重于非标准化测试。在学生数学建模能力的影响因素研究方面，一般通过两种类别的项目来测评学生的数学建模能力：第一类项目涵盖整个建模过程；第二类项目只关注部分数学建模环节。从解决完整的数学建模问题来看，有研究③认为提出假设和知识储备两个因素对学生解决数学建模任务至关重要。问题、应用题和数学建模三类任务在学生的兴趣、价值观和自我效能方面不存在统计学上的显著差异。④ 真实情境对学生数学建模能力具有重要性，在真实的环境中解决现实数学问题，可以比较分析各种数学建模方法的有效性。⑤ 对于那些具有条件模糊性的数学建模问题，能够促进学生构建多种解决方案。⑥ 基于学习轨迹和变式教学法概念的CWP教学，可以培养学生解决现实情境问题的能力。⑦ 等等。概而言之，对学生数学建模能力表现的评价研究已取得诸多研究成果，不同的研究虽然观测点不尽相同，但是它们的终极目标均是提升学生的数学建模能力。可以看出，这一方面主要通过问卷、访谈、视频分析、案例等实证性研究方法，为我国开展学生数学建模素养的评价研究与实践提供了很多借鉴价值。

（三）国际视野下的数学建模研究方法分析

前文主要从预期课程、实施课程和获得课程三个方面概述了国际数学建模研

① Kaiser G, Schwarz B. Authentic modelling problems in mathematics education: examples and experiences[J]. Journal für Mathematik-Didaktik, 2010(1): 51,76.

② Cevikbas M, Kaiser G, Schukajlow S. A systematic literature review of the current discussion on mathematical modelling competencies: state-of-the-art developments in conceptualizing, measuring, and fostering[J]. Educational Studies in Mathematics, 2021:1-32.

③ Chang Y P, Krawitz J, Schukajlow S, et al. Comparing German and Taiwanese secondary school students' knowledge in solving mathematical modelling tasks requiring their assumptions[J]. ZDM-Mathematics Education, 2020,52(1): 59-72.

④ Schukajlow S, Leiss D, Pekrun R, et al. Teaching methods for modelling problems and students' task-specific enjoyment, value, interest and self-efficacy expectations[J]. Educational Studies in Mathematics, 2012,79(2): 215-237.

⑤ Kaiser G, Brand S. Modelling competencies: past development and further perspectives[M]// Stillman G A, Blum W, Salett Biembengut M. Mathematical Modelling in Education Research and Practice. New York: Springer, 2015: 129-149.

⑥ Schukajlow S, Krug A, Rakoczy K. Effects of prompting multiple solutions for modelling problems on students' performance[J]. Educational Studies in Mathematics, 2015,89(3): 393-417.

⑦ Huang R, Zhang Q, Chang Y, et al. Developing students' ability to solve word problems through learning trajectory-based and variation task-informed instruction[J]. ZDM-Mathematics Education, 2019,51(1): 169-181.

究的内容。这一部分将重点介绍国际数学建模研究所采用的研究方法。值得注意的是，不存在某一研究方法通用于所有研究，研究方法的选取取决于不同的研究目的和研究问题。这一部分将选取一个完整的研究，通过个案研究方法描述既有研究所选择和使用的研究方法。研究方法是论文的心脏，在教育研究中，最为重要的是研究方法的适切应用。① 与我国中学数学建模研究方法的运用情况相比，国际数学建模研究主要运用案例分析法、实验法和调查法等多种研究方法。其中，案例研究方法最为普遍。除此之外，观察法、文本分析法和行动研究法等也有所涉及，但并不常见。

1. 运用案例法的研究

案例研究法是社会科学研究中被广泛应用的一种研究方法。根据研究中案例的使用数量，可以分为单一案例研究和多案例研究；根据研究中案例的引入功能，可以分为探索性案例研究、描述性案例研究和解释性案例研究。② 运用案例法研究数学建模问题，更多地出现于实施课程中的数学建模研究。

例如，有研究通过案例分析了高一学生解决现实问题时所建构数学模型的行为表现，题目为《高中教育中的数学建模：案例研究》③。该研究提出了三个问题，分别是：学生如何表达与现实情境相关的数学问题？学生解决现实问题时使用了哪些数学建模方案？学生对数学建模背景下提出的问题给出了哪些答案？提供了铃声间隔问题、水箱盛水问题、图书促销问题、咖啡定价问题、牙医治疗问题等五个有关现实生活的问题，这五个问题的选取，综合考虑问题的开放性、所学知识、学生认知、数学建模和表征系统的适用性等原则，而且选取的五个问题在专家组会议上进行了公开论证；研究对象是自愿参加的五名高一学生，研究过程中并未通过任何干预手段对学生进行指导，学生可以自由发挥，不受任何约束。

首先，由五名学生分别作答，提供各自的解决方案，并陈述自己所建数学模型的想法。通过这种方式，可以分析学生使用了哪些数学建模方案。然后，通过访谈，从五名参与者中选出两名学生。用于选择的标准是对已制定问题的答案类型。通过访谈，可以更深入地探讨学生面对数学建模问题的方式；也就是说，调查学生在寻找给定问题的解决方案时所遵循的程序。学生被提前告知，采访将在教育中心的图书馆进行，并且会被记录下来。对每个选定的学生（S1 和 S2）单独进行访谈。最后，将详细过程记录下来，具体可参见文献的案例描述。

通过案例分析，所得结论有：关于表征，发现学生使用数字表示，没有测量单位。同样地，他们以口头方式陈述答案，而不使用图形表示；另外，学生具有理解、简化、数学化、解释等数学建模的直观意识，但是他们总是设想答案的唯一性。在

---

① 黄毅英，张侨平，丁锐. 学术研究与论文写作应有的要素[J]. 教育科学研究，2012(5)：72-75.

② 陈向明. 质的研究方法与社会科学研究[M]. 北京：教育科学出版社，2000：44.

③ Ortiz J, Santos A D. Mathematical modelling in secondary education: a case study[J]. Trends in Teaching and Learning of Mathematical Modelling, 2011: 127-135.

课堂上充分结合数学建模将激发和开启高中数学学习和教学的更多可能性。为此,研究者提出建议加强教师数学建模教学能力,并探索将其纳入数学教师的培训计划中,进而有助于学生批判性地理解现实情境问题,充分彰显数学在现实生活中的重要性。通过针对现实情境问题的数学建模过程培训数学教师,也得到其他研究者的关注。有研究[①]设计了两个基于数学建模视角的数学教师教育课程的案例,具体不再赘述,可参阅相关文献。数学建模视角的数学教师教育课程的案例为数学教师培训提供了一种有效的方法,确保教师在"表达—测试—修改—完善"的过程中,他们的思维、理解和技能都得到发展。

2. 运用实验法的研究

实验法是国际视野下数学建模教与学研究中主要的研究方法之一。总的看来,国际视野下的数学建模教与学研究主要是将数学建模视作一种干预手段,习惯于实验的设计与研究。相对我国而言,通过实验法研究数学建模教与学问题具有重要的实践意义。

例如,有研究分析了伊朗六年级学生的性别与数学建模能力之间的关系,题目为《性别与数学建模能力:小学生的表现和他们的态度》[②]。该研究提出两个研究问题:一是男生和女生的数学建模能力表现为何;二是男生和女生对数学建模问题的态度有何差异。研究采用真实验法进行,提供了五个数学建模活动做教学干预,并在由 80 名学生参加的预实验中选择和修正了两个等价(即情境相同、难度相当)的数学建模活动来作为前测和后测。研究对象为 300 名小学生,其中,男生 160 名,女生 140 名。按照性别,将这 300 名小学生随机分成实验组和对照组,实验组和对照组分别由 80 名男生和 70 名女生组成,对两组做前测和后测。

首先,所有学生接受相同的学习,主要学习数学建模的定义和数学建模的过程;然后,对所有学生进行前测;最后,在实验组实施 7 个片段、4 个数学建模活动的干预项目,对照组不做任何干预。在整个实验过程中,有两次问卷调查以分析学生对数学建模的态度:第一次是在前测之后,在于考察实验组和对照组中的所有学生对数学建模问题的态度;第二次是在后测之后,主要考察实验组学生对数学建模问题的态度。最后,对学生的前测和后测成绩及问卷结果进行数据分析。

通过实验研究,得到的结论有:在性别与数学建模能力的表现上,前测中,尽管女生的数学建模能力表现优于男生,显著性水平为 0.05,但在数学建模活动的干预后,即后测显示男生比女生具有显著性的优异表现;在性别与数学建模态度上,未做干预前,所有学生都认为数学建模问题相对较难,实施数学建模活动干预后,实验组学生对数学建模问题的态度发生很大的转变,认为数学建模问题是数学问

① Sevinc S, Lesh R. Training mathematics teachers for realistic math problems: a case of modeling-based teacher education courses[J]. ZDM-Mathematics Education, 2018(1): 301-314.

② Mehraein S, Gatabi A R. Gender and mathematical modelling competency: primary students' performance and their attitude[J]. Procedia-Social and Behavioral Sciences, 2014,128(128): 198-203.

题,而且表现出对数学建模问题很感兴趣,不同性别的学生对数学建模问题的态度不存在显著差异。除此之外,还有研究[①]通过实验法发现,学生对条件模糊的数学建模问题构建多种解决方案是提高学生兴趣的有效方法。

3. 运用调查研究方法的研究

调查法是教育领域中最为常见的研究方法,也被广泛应用于数学建模的教育研究中。调查法通常包括访谈法和问卷法。在测评教师数学建模能力或学生数学建模能力方面,一般运用问卷调查法;在分析数学建模能力的影响因素时,一般会涉及访谈法。而且,在开展数学建模相关问题研究时,不仅会用到调查法,还会综合运用课堂观察法和个案研究方法。

例如,有研究调查了学生的语言能力和数学建模任务的语言描述,对学生理解和成功解决数学建模任务的影响,这篇文章的题目为《语言复杂度对解决数学建模任务的影响》[②]。该研究提出了三个研究问题:一是相比其他个人特征,语言能力对数学建模成就的重要性为何;二是数学建模任务的语言复杂性在多大程度上影响学生的解决效率;三是语言差异对数学建模任务的影响在语言能力较低学生和语言能力较高学生之间是否存在差异。

通过调查法对德国某学校七、八年级的634名学生进行问卷调查,将学生分成两类:一类是有移民背景的学生,即父母至少有一位不出生于德国;另一类是没有移民背景的学生。每个班级的数据采集时间限定在80分钟,学生的语言能力通过10分钟的C测试来衡量。判定语言复杂性的工具为语言需求操作模型,该模型中的动词、名词、代词、衔接语和句法这五个语言类别,根据德语的具体情况而有所不同,这些变化在三个难度级别的频率、透明度和记忆容量方面进行。频率即单个词或词组的出现率,透明度即语义透明度和形式透明度,记忆容量包括内聚力和句法。具体的数学建模任务的语言变化示例在文献中有详细说明,这里不再赘述。从线性函数内容领域开发了5个难度相当但语言描述不同的数学建模任务,共计测试了15个数学建模任务。问卷包含学生的人口变量学因素,包括性别、年龄、第一语言、家庭语言,以及他们在不同学科中的成绩、移民背景、社会经济地位等因素。通过数据分析,对研究结果进行了描述统计分析、各种个人特征与数学建模成就的相关性分析、语言变化对解决方案效率的影响分析以及差异性分析。

通过调查研究,所得结论有:回归分析表明,语言能力对数学建模成绩的影响高于学校成绩、社会经济地位或学生的迁移背景;性别被证明是一个重要的预测因素,而数学成绩对数学建模成绩没有显著影响。关于语言变异的影响,结果表明,增加语言复杂性对解决数学建模任务的效率有负面影响。

① Schukajlow S, Krug A, Rakoczy K. Effects of prompting multiple solutions for modelling problems on students' performance[J]. Educational Studies in Mathematics, 2015,89(3): 393-417.

② Plath J, Leiss D. The impact of linguistic complexity on the solution of mathematical modelling tasks[J]. ZDM-Mathematics Education, 2018(1): 159-171.

（四）国际视野下的数学建模研究视角分析

前文从研究概况、研究内容和研究方法三个方面对国际数学建模研究进行了镜像扫描，这一部分将从研究视角的维度对已有研究进行归纳分析。研究视角决定了分析、解决、诠释问题的切入点和立足点。国际数学建模研究除围绕课程论、教学论和学习论等教育学视角展开以外，还从心理学、文化学和社会学等跨学科视角进行了有关数学建模教与学的研究。ICTMA-16 就是例证，其重点讨论了文化、社会和认知等因素对数学建模教育研究与实践的影响，并将这一方面取得的研究成果汇编成册，命名为《数学建模教育研究与实践：文化、社会和认知的影响》。从跨学科视角，如心理学、文化学和社会学等视角介绍国际数学建模研究取得的成果，将数学、科学、艺术和人文等学科结合起来，通过跨学科设计数学建模活动，将促进学生有意义的学习体验和提升学生跨学科性的思维品质①，跨学科视角成为数学建模教育研究视角转向的必然趋势②。

1．心理学视角的研究

心理学视角下的数学建模研究，主要关注认知和元认知等因素对学生解决数学建模问题过程的影响。相较于学生解决数学问题的认知过程，学术界很难清楚地界定学生处理数学建模问题的心理过程。③ 诸多研究者通过理论分析认为，学生拥有将数学世界和现实世界联系起来的认知模型，但是对数学建模的认知没有一致意见。有研究者发现，学生对数学问题、文字性应用题、数学建模问题三类问题的认识、价值观、兴趣和自我效能感不存在显著性差异。④ 也有研究者持不同观点，例如，有研究者通过问卷比较了七年级学生对纯数学问题（问题 1）和文字性应用题（问题 2）的兴趣，发现学生更喜欢文字性应用题而不是纯数学问题。⑤

问题 1　（纯数学问题）求未知数 x。$66-x=12\times\frac{480}{100}$。

问题 2　（文字性应用题）托马斯想买一个新书包，他的父亲说："我付一半的钱，剩下的你自己付。"如果托马斯节省了 60 欧元，请问他买的书包花了多少钱？

从认知的角度来看，还有许多问题值得思考，例如，哪些因素影响学生在数学

① English L D. Promoting interdisciplinarity through mathematical modelling[J]. ZDM Mathematics Education，2009(1)：161-181.

② 黄健，徐斌艳. 国际视野下数学建模教与学研究的发展趋势：基于第 14 届国际数学教育大会的分析[J]. 数学教育学报，2023，32(1)：93-98.

③ Ferri R B. Theoretical and empirical differentiations of phases in the modeling process[J]. ZDM-Mathematics Education，2006，38(2)：86-95.

④ Schukajlow S，Leiss D，Pekrun R，et al. Teaching methods for modelling problems and students' task-specific enjoyment，value，interest and self-efficacy expectations[J]. Educational studies in mathematics，2012(2)：215-237.

⑤ Pekrun R，Hofe R V，Blum W，et al. Development of mathematical competencies in adolescence[C]. The PALMA longitudinal study，2007：17-37.

建模情境中提出可研究的问题？如果我们把数学建模看作解决结构不良的问题，那么如何将一个结构不良的问题转化为结构良好的数学问题呢？专业数学建模者和新手数学建模者之间存在什么差异？等等。关于数学建模研究的心理学取向，最为典型的代表是斯普林格出版社出版的《影响数学建模的情感、认知和元认知因素》一书，全书由18篇文献组成，系统展示了心理学视角下的国际数学建模研究图景。总的看来，在元认知方面，有关元认知及其相关性在数学建模中得到普遍关注。如有研究者认为，元认知活动有助于学生数学建模能力的培养。① 在情感方面，有研究者② 提出了一个关于情感、数学建模和认知之间两两双向影响的理论模型，如图2.3所示。基于此理论模型，应用情感化的数学建模活动（你喜欢这个活动吗?），对大学工程专业的学生在数学建模活动中的挑战和过程体验进行了案例研究。结果表明，大多数学生对数学建模活动持积极态度。

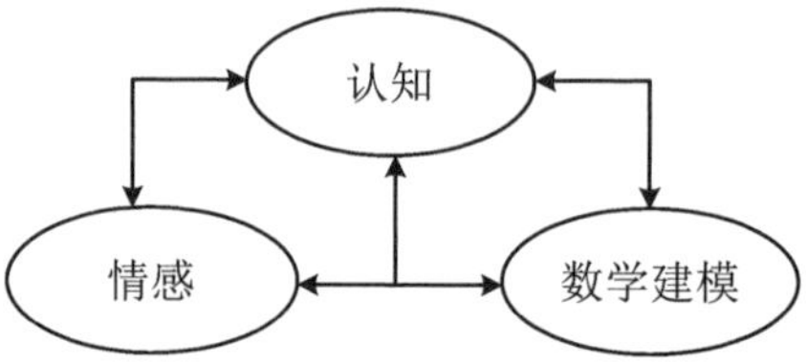

图2.3　数学建模与情感、认知之间的双向关系②

总的来说，国际社会关注数学建模的认知研究近30年，形成了多样的观点，随后被数学建模能力所取代，直到ICMI-14后，这一方面的研究再次受到关注。诸多研究者普遍认为，应该特别关注个体在数学建模过程中的认知心理研究。可以看出，国际数学建模研究的心理学取向已经取得很大进展，尤其是学生数学建模认知和元认知的研究，这些成果为我国研究者开展数学建模的心理学研究提供了诸多思考空间和可寻思路。

2. 社会学视角的研究

从20世纪80年代后期开始，有研究者提出数学教育研究的社会转向（the social turn）。这里说的社会转向主要是指将学习看成人类的一种社会活动，深入分析个体间的互动和认识活动的环境相关性。其实，数学建模的情境性、活动性和社会性特征，极大地反映了不同社会背景的学生数学建模表现具有不同的行为方式。概括看来，国际数学建模研究的社会学取向，主要围绕民族建模研究和数学建模的社会认识论两个方面展开。

---

① Blum W. Can modelling be taught and learnt? Some answers from empirical research[J]. Trends in Teaching and Learning of Mathematical Modelling, 2011: 15-30.

② Chamberlin S A. Chapter 1: the construct of affect in mathematical modeling[C]// Chamberlin S, Sriraman B. Affect in mathematical modeling: Advances in mathematics education. New York: Springer, 2019.

在民族建模研究方面，张维忠等人[①]认为作为一种链接数学文化与学校数学的教学方法，民族建模为认识数学文化与学校数学教学提供了新的视角；同时，也为民族数学进入学校数学教学提供了重要途径和方法。学术界对民族建模的理论与实践问题进行了大量的探讨。有研究[②]认为民族建模是在不同文化群体成员的多样化情境的日常生活中，关于数学理念和数学过程的发展、使用、实践和表现的研究。作为民族数学的教学工具，民族建模就是翻译和详尽描述特定文化群体的成员解决日常生活中的问题的过程，即利用数学模型来解读、分析、诠释和解决现实世界中的问题或数学化中的现象。[③] 民族数学融入数学建模具有很强的实践意义，可以帮助记录由不同文化群体成员开发的数学实践的文化历史形式，进而揭示民族数学实践的教学行动，以此研究不同文化传统中的数学思想方法。另外，文化实践中的民族建模具有本土化、全球化及本土-全球相对化三种形式。本土化知识对于直观和共情地理解数学思想至关重要，全球化知识对于实现跨文化交流至关重要，民族建模研究的目标是获取本地和全球相兼容的知识，这种本土-全球相对化的民族建模形式有助于对数学的整体理解。

在数学建模的社会认识论方面，可以看出，国际数学建模研究已经超越了对数学建模的认知以及对其概念和过程的描述，学术界逐渐开始探讨数学建模的社会认识论问题。正如有研究者[④]提出了数学建模的社会批判观点，将数学与重要的社会问题和文化联系起来，不仅是为了解释现实问题，也是一种使学生能够在面对社会需求和改造世界时处于关键地位的一种方式。当学生参与讨论假设与其产生的数学模型之间的关系，以及它们在社会中的用途时，数学建模的社会批判观点正在发挥作用。[⑤] 其实，学校数学和现实数学之间的差距导致了数学教学中的一系列问题，数学建模的社会认识论观点消除了这种二元割裂，此观点以社会认识为理论基础，是数学教育领域的一种新兴理论，解释了数学知识的社会建构问题。例如，有研究者[⑥]基于社会认识理论，对移民成人算术的社会政治问题进行了分析论证和批判性检验，认为将成人算术纳入学校数学课程和教学具有重要的实践意义。

---

① 张维忠，程孝丽. 一种链接数学文化与学校数学的教学方法：民族建模[J]. 民族教育研究，2017(3)：119-124.

② Rosa M, Orey D C. Ethnomodelling as the mathematization of cultural practices[M]// Vos P, Roorda G. Mathematical Modelling and Applications. New York: Springer, 2017: 153-162.

③ Rosa M, Orey D C. Ethnomodeling: a pedagogical action for uncovering ethnomathematical practices [J]. Journal of Mathematical Modelling and Application, 2011,1(3): 58-67.

④ Barbosa J C. Mathematical modelling in classroom: a socio-critical and discursive perspective[J]. ZDM-Mathematics Education, 2006, 38(3): 293-301.

⑤ Cantoral R, Moreno-Durazo A, Caballero-Pérez M. Socio-epistemological research on mathematical modelling: an empirical approach to teaching and learning[J]. ZDM-Mathematics Education, 2018(1): 77-89.

⑥ Jurdak M. The sociopolitical and sociocultural dimensions of migrants' adult numeracy[J]. ZDM-Mathematics Education, 2020,52(3): 515-525.

综上所述,国际数学建模研究的社会学转向,更多地反映了数学建模研究的社会文化性,因为社会与文化是一对无法完全分离的两个概念。数学建模问题既与文化有关,也与社会有关,把这些与文化和社会相关的特性称为数学建模的社会文化性就显得更为合适。下面将重点介绍文化学视角下的数学建模研究。

3. 文化学视角的研究

数学建模与社会文化之间有着密切的联系,国际数学教育改革充分体现了数学教育研究的文化相关性特点。教育领域的社会建构主义认为,个体获得知识不仅是个人建构的过程,也是内在的社会化过程,文化活动和语言活动等社会因素影响个体的学习。知识是在社会文化的环境下建构的。数学建模在文化中的作用问题,得到了学术界的关注。例如,有研究者通过实证研究发现,将学生沉浸在种植咖啡这一特定文化背景中进行数学建模,学生对文化或背景知识的信念会随数学建模的过程发生转变。① 另外,还有研究显示,巴西学生在数学专业课程中研究当地葡萄酒产量的问题时,通过应用当地居民发明的"用平均锥的程序估计葡萄酒桶的体积"的方法来探索形如截锥的葡萄酒桶的体积,这种具有特定文化的数学建模,让巴西学生在做数学的同时体验了这个特殊群体的文化特点,理解了文化元素塑造的数学思想。②

这一方面,最为典型的例子就是于中国香港召开的 ICTMA-19,其大会主题为"东西方文化背景下的数学建模教育"③,此次大会详尽地展示了数学建模教育的文化多样性,对数学建模问题进行文化性思考,必将带来数学建模教育的丰富性。可以看出,在国际数学建模研究中,数学建模与社会和文化之间的关系已经得到认可。

四、数学建模研究的启示

回顾我国中学数学建模研究的发展进程,参照国际视野下数学建模研究取得的新进展,学术界对数学建模研究虽然有着多样的着力点和关注点,但我国对数学建模的研究仍然存在内容失衡化、方法经验化、视角单一化等问题。展望未来,我国数学建模研究任重道远,在研究内容、研究方法和研究视角上还有待进一步深耕细耘。

---

① Villa-Ochoa J A, Berrío M J. Mathematical modelling and culture: an empirical study[M]// Stillman G A, Blum W, Salett Biembengut M. Mathematical Modelling in Education Research and Practice. New York: Springer, 2015: 241-250.

② Brown J P, Ikeda T. Conclusions and future lines of Inquiry in Mathematical Modelling Research in Education[M]// Stillman G A, Brown J P. Lines of Inquiry in Mathematical Modelling Research in Education. New York: Springer, 2019: 233-253.

③ Leung F K S, Stillman G A, Kaiser G, et al. Mathematical modelling education in the cultural contexts of west and east[M]// Leung F K S, Stillman G A, Kaiser G. Mathematical Modelling Education in East and West. New York: Springer, 2021: 3-16.

（一）将数学建模的本体研究与人的数学建模素养发展相结合

从研究内容来看，我国中学数学建模研究较为失衡化。主要表现为：数学建模的本体研究方面，关于数学建模的内涵与教育价值的研究多，对数学建模的要义、外延与逻辑的研究少；数学建模的教学研究方面，关于数学建模的教学策略研究多，涉及数学建模教学的性质、方式、模式、基本原则等学理分析少；数学建模素养的评价与培育方面，学生层面的数学建模能力的现状调查和培育策略多，对教师数学建模素养的研究少，在评价方式上，数学建模素养的终结性评价取向多，过程性评价取向少；数学建模素养的影响因素研究方面，获得课程层面的学生影响多，期望课程和实施课程层面的研究少。

明确数学建模的要义是数学建模研究的基础。不难看出，数学建模与数学模型、数学应用、（合作）问题解决、数学实验等概念较为相近，甚至有研究将数学建模等同于数学模型、数学应用或问题解决。未来，在数学建模本体研究方面，有待深度分析数学建模的要义、辨析数学建模相关概念之间有何异同、探寻落实数学建模素养的逻辑，以及重新认识数学建模的教育价值等。例如，数学建模与数学模型之间的区别在于，modeling（建模）是 model（模型）的动名词，《不列颠百科全书》将 modeling 解释为“塑造艺术”，塑造是一种添加性工艺，这与“建模循环”是一致的。因此，数学建模也具有艺术的特点，可以将数学建模视作数学的塑造艺术。其实，不管是从数学哲学层面将数学建模理解成数学的思想方法，或是从教育心理学角度研究数学建模过程中的学生认知，还是从教学层面关注数学建模思想的教学渗透或学生的数学建模能力的提升，都未深入到人的数学建模素养层面。数学建模是对现实问题进行数学抽象，用数学语言表达问题、用数学方法建构模型解决问题的素养，是指向人的发展。与日常教学相比，学生数学建模过程中那些“令人失望者”“保持者”“令人惊喜者”的行为表现与内在因素问题有待关注，从而有目的性地培养学生数学建模素养。此外，教师数学建模素养的表现问题也值得关注。当前，不得不承认教师仍然是课程改革与教学实践的重要指导者，对教师数学建模素养进行探究（主要包括教师对模型和建模的本质、功能与内容知识以及对数学建模的课程知识和教学知识等的理解），将有利于数学建模素养的落地和数学建模教学的推进。

（二）从理论研究和实践研究转向多种研究方法的综合运用

从研究方法来看，我国中学数学建模较为经验化。主要表现为：更多地偏向于数学建模教学实践的经验性总结和数学建模素养培养的理论性思辨，如对数学建模教学策略和学生数学建模素养培养的探讨；真正具有科学性、学理性、实证性的研究少，如对学生数学建模素养的表现研究，多数采用问卷和测试等传统调查方法，鲜有研究采用课堂观察、视频图像分析、聚焦式访谈、路径分析等方法。

在教育研究中,研究方法尤为重要。按照德国教育哲学家沃尔夫冈·布列钦卡(Wolfgang Brezinka)对教育学的认识,我国有学者①将教育研究方法分为理论研究、实证研究和实践研究。作为数学教育研究的一个领域,数学建模的实践性要求数学建模研究应在本体研究的基础上转向数学建模素养的实证研究,也是顺应我国教育研究的实证转向所为。例如,期望课程方面,可以采用内容分析法和个案比较法,研究我国数学课程标准与数学教科书中数学建模素养的体现问题;实施课程层面,可以综合采用聚焦式访谈法和视频图像分析法,研究数学建模教学中学生的表现问题,以及采用课堂观察和专家论证的方法,建构与析取教师数学建模素养的构成要素问题;获得课程层面,可以采用问卷调查法和实验法,研究数学建模素养与性别、学业成就等变量的关系问题。当然,研究方法的选用只是为了研究的顺利进行,并不存在绝对的研究方法对应特定的研究问题。比如,对数学建模教学策略的实践研究,经过学理分析可以转化为理论研究,再经过实验、调查等方法的验证,又可以转化为实证研究。此外,研究方法没有优劣之分,只有适切与否。比如,对于学生数学建模素养的评价问题,基于数学核心素养的课程改革意味着,对数学建模素养的评价,需要更加注重形成性评价或表现性评价,这样的评价取向如果需要在"期望课程—实施课程—获得课程"这一环环相扣的链环中展开运作,就亟待采用整合的、多样的研究方法,以整体、全面地评价数学建模素养的落实。

(三)以跨学科视角探究数学建模教学的社会性问题

从研究视角来看,我国中学数学建模较为单一化。主要表现为:侧重从教学论视角探究数学建模的教学和学生数学建模素养的培养问题;从课程论视角分析数学建模素养在课程标准和教科书中的体现,以及从认识论视角探讨教师或学生对数学建模知识、数学建模课程和教学知识的认识相对较少;而从跨学科视角,比如社会文化视角研究数学建模教学的社会属性及学生数学建模素养的表现与发展问题仍然没有得到足够的重视。

数学教育作为一个跨学科领域,理应以跨学科视角进行数学教育研究。社会性是教学的根本属性②,数学建模置身于不同的现实情境中,因此数学建模教学应是一种浸染在社会情境中的集体性活动,数学模型的建构也应由社会活动、交流活动来实现。过去一味强调构造数学模型的重要性,或许是数学建模教学难以深化的重要原因。较于数学模型的构造来说,数学建模最为关键的环节是将真实问题转化为数学问题。从教学社会性视角来看,诠释学生的过程化表现是未来数学建模教学研究的应然方向。从社会文化视角分析学生数学建模教学中对现实问题的理解、假设的提出、变量的识别、模型的建立、方案的集体论证等推进过程,探讨数

---

① 刘良华.教育研究的类型与走向[J].当代教育与文化,2015,7(3):98-107.

② 郭华.教学社会性之研究[M].北京:教育科学出版社,2002:57-58.

学建模中学生话语互动呈现的特征，以及这些特征是如何促进学生完成数学建模的迭代过程的。同时，课程是教学社会性的内隐表达，课程与教学的社会互动关系，决定着教师对课程的解读以及学生对课程的理解是一个复杂的社会过程。例如，数学教科书中呈现的真实问题情境或文字题或应用题，需要经过教师的意义改造或添加条件后，才可以转化成数学建模问题，教师对课程内容的选择与加工为学生提供了很好的数学建模学习机会。

第二节　课程转化研究述评

在教育领域中，尤其是在基础教育课程改革过程中，教育理论与实践、课程理念与实践的关系问题一直备受关注，因为二者之间牵涉转化。转化成为核心素养落地的力量。如何有效地促进改革理念转化为教育行动，可以说是教育改革领域的一道世界性难题。[①] 在国际社会重视发展学生核心素养的时代背景下，有关课程转化的问题日益得到关注。课程转化是指将具有价值的抽象理念，根据教师教学和学生学习的原则，逐步规划成具体的、可行的课程，以供教师有效教学、学生有效学习的过程。[②] 研究课程转化问题对于新时代核心素养育人理念的高质量落地具有重要意义。核心素养育人理念的提出，不仅要从目的性的角度回答“培养什么样的人”的问题，还要从手段性的角度探讨“如何培养这样的人”的问题。随着核心素养的提出，课程转化成为突出的教育问题，对课程转化的研究也逐步展开，并取得了一些研究成果。有鉴于此，对课程转化研究述评时，考虑到时间跨度较短，研究成果数量较少，不进行课程转化研究历程的时段划分，主要梳理既有的课程转化研究已取得的进展，并对未来的课程转化研究提出若干建议。

一、课程转化研究的概述

我国对课程转化的研究起步较晚，在知网数据库以“课程转化”为主题进行检索，发现最早对课程转化问题的研究始于 2003 年，首篇公开发表的关于课程转化的论文是华东师范大学吴刚平的《课程意识及其向课程行为的转化》，刊载于《教育理论与实践》2003 年第 17 期。此后的进展相当缓慢，直到 2014 年，才零星生产出有关课程转化的研究成果。剔除有关学困生转化的无关文献后，得到有效文献 48 篇。同时，在我国台湾的华艺学术文献数据库搜集关于课程转化的文献，获取相关

---

① 项贤明. 基础教育课程改革如何从理念转化为行动：基于我国 70 年中小学课程改革历史的回顾与分析[J]. 课程・教材・教法，2019(10)：41-51.

② 吴清山，林天佑. 课程转化[J]. 教育资料与研究，2011(10)：203-204.

文献29篇。从时间上看,我国台湾最早于2000年就有学者对课程转化问题进行研究,题目是《台湾小学乡土教学活动课程转化之个案研究》,作者是台中市建功小学教师郭至和,发表于《课程与教学季刊》2000年第3期。从数量上看,我国关于课程转化的研究成果数量相对较少,主要是因为在课程话语体系中较少使用"课程转化",取而代之的是"课程实施"。

考察课程转化的生成背景可知,课程转化源于美国20世纪50—60年代的教育平等运动和70年代的妇女、少数民族研究运动,原先对课程转化的研究主要是指中小学教师和大学教授合作开展有关妇女、少数民族等方面的研究,进而将这些研究结论融入课程中,当时这方面取得的成果有目共睹,但在实际教育教学中仍是不被重视的。① 当时论及的课程转化,主要用来描述促进女性和少数民族在课程中的代表性、整合多元社会文化身份的观点,抑或致力于为身心障碍者创造更加包容的环境。② 也就是说,课程转化主要关注的是如何将原先不被重视的话题,通过教学或研究引介到学校课程中。

其实,新的教育理念或课程理念的提出,就是课程转化的过程。作为育人目标实现的一种方式,课程转化始终存在于教育教学过程中,只不过在学理层面鲜有论者就课程转化问题进行研究。从成果产生的形式来看,有关课程转化研究的成果不仅有学术论文,还有硕士和博士学位论文。单从博士学位论文选题角度来看,2016年,华东师范大学林思骐从课程转化视角对《台湾幼儿园教保活动课程大纲》的实施进行了叙事研究;2019年,东北师范大学李刚以小学科学课程中的能量大概念进行课程转化模式的建构与探索,后来江西人民出版社出版了这一研究成果。从课题立项来看,东北师范大学吕立杰获批国家社会科学基金2017年度教育学一般课题,课题名称为《核心素养的学校课程转化模式研究》,之后科学出版社以《核心素养的学校课程转化》(专著)为名出版了这一课题取得的系列成果。这本专著,可称得上我国第一部系统论述课程转化问题的力作。可以看出,有关课程转化的研究将受到越来越多的关注。

二、课程转化研究的进展

通过梳理21世纪以来我国课程转化研究取得的成果,可以发现学术界在课程转化的理论研究、实践研究及核心素养的课程转化研究三个方面取得了较大进展。

---

① Hedges E. Curriculum transformation: a brief overview[J]. Women's Studies Quarterly, 1996(3): 16-22.

② Clark C. Effective multicultural curriculum transformation across disciplines[J]. Multicultural Perspectives, 2002, 4(3): 37-46.

（一）课程转化的理论研究

关于课程转化的理论研究，主要围绕课程转化的基本问题和课程转化中的教师角色两个维度展开。

作为一种教育目的，转化重视教育对象的整体性及其与现实世界的关联性，是一种与社会环境保持平衡的行为，而非一种对他人权力的压制，否则就是一种非教育性转化。同时，转化的内涵也随社会的发展而发生变化，课程转化也同样如此。随着课程改革的深化及其新的教育理念的出现，研究者对课程转化基本问题的认识也在不断深入。

1．课程转化的基本问题研究

课程转化的基本问题，是指课程转化涉及的基础性、本源性的问题，主要包括对课程转化内涵的认识及对课程转化层级向度的划分等。

什么是课程转化？这是认识课程转化最基本的问题。基于不同视角，研究者对课程转化进行了各自不同的认识。概括起来，大致可以分为以下三类：

第一类是从课程决定层级的视角界定的，将课程转化视作实现课程理念或课程目标的一种方式。有学者认为，课程转化是指课程改革理念在各个课程决定层级设计实施的承转过程、异同变化和落实程度。① 这里所说的各个课程决定层级，主要是指国家层面的预期课程、学校层面的正式课程、教师层面的实施课程以及学生层面的获得课程，因为大多数课程体系是以"自上而下"的形式推行的②。课程转化落差理论的代表人物布罗非（Brophy J. E.）指出："课程改革理念在各个课程决定层级的转化过程中，都有可能会被删减、调整、误解或增加，从而导致教师实施的课程和学生获得的课程，与理想课程或正式课程具有一定的偏离或差距。"③

第二类是从课程发展的视角界定的，认为课程转化的目的在于将课程改革理念化为具体可用的教学材料，以裨益教师的教和学生的学。例如，张芬芬等人④认为，课程改革中的课程转化是指在课程发展的层层步骤中，课程理想经逐步转型变化，最后转化为可供教师和学生使用的具体教学材料，其中各步骤所采取的转型变化之作为，使得理想化为实践、抽象化为具体、宏观化为微观、单纯化为复杂、上位概念化为下位概念。与此观点相类似的是，有学者⑤从转化意涵的角度，提出课程转化是将抽象理念转变为具体可行方案的历程，是对原物件进行理解、重新表征进

① 黄政杰．课程转化整合探究之概念架构研析[J]．课程与教学季刊，2013，16(3)：1-29.

② 这里所说的"自上而下"指的是课程由制定到实施的过程是从国家到课程专家、学校、教师，最后到课堂、学生的层层推进。

③ Brophy J E. How teachers influence what is taught and learned in classrooms[J]. The Elementary School Journal, 1982, 83(1): 1-13.

④ 张芬芬，陈丽华，杨国扬．台湾九年一贯课程转化之议题与因应[J]．教科书研究，2010，3(1)：1-40.

⑤ 陈彦廷．课程转化实作促进小学师培生对数学课程理解之研究[J]．当代教育研究季刊，2014，22(4)：1-54.

而形成新物件的过程，也是理解上位课程而形成下位课程（如理想课程到正式课程）的历程。比较看来，从课程决定层级视角界定的课程转化，和从课程发展角度界定的课程转化具有内在一致性，这更多地表明了课程转化的双重向度[①]，即同一课程层级内的横向扩展和不同课程层级间的纵向关联。

与前两类不同的是，第三类是从多元文化的视角进行界定的，是将不受重视、不被探讨、非主流的意识形态问题，如性别、民族、种族、宗教等多元文化元素引入现有课程体系，旨在追求最大化的社会公平。如有学者[②]认为，多元文化教育取向的课程转化主要采取三种方式引入原有的学校课程体系中，分别是融入式、统整式和专题式。其中，融入式课程转化是将新的课程理念与内容置于原有的课程之中，渗透至课程目标、课程内容、课程实施和课程评价等诸多环节中，从而影响学生学习；统整式课程转化是将新的理念与现行课程连接起来，合并在一起，但是渗透性欠缺；专题式课程转化是针对某种理念开辟专门的主题，让学生深入探讨有目的的学习。总的看来，多元文化课程转化侧重于同一层面的课程变化，是将多元文化的课程元素渗入或加入原有的课程体系之中。当前，从课程决定层级视角界定课程转化的意涵已达成一种共识。

对课程转化意涵的理解也反映在研究者对课程转化的层级向度的认识上。课程的层级性或连续性，使得课程转化不仅存有工具理性，同时也存有价值理性。有诸多学者基于美国学者古德莱德的课程层级理论，对课程转化的层级向度进行了划分。古德莱德将课程分为五个层级：预期课程、正式课程、理解课程、实施课程和获得课程，这种划分得到学术界的普遍认可，并在研究与实践中得到进一步丰富。例如，21 世纪初，TIMSS 小组将数学教科书视作潜在的实施课程，处于正式课程和理解课程中间。基于此，有学者[③]提出应将准实施课程即教学中使用的教案或教学设计，应用于理解课程和实施课程中间。除此之外，格拉特霍恩（Glat Thorn）、布罗菲、波斯纳（Posner）等课程学者也对课程的层级性有自己的划分。依循上述课程层级理论，有研究[④]对学校层面课程转化的三个层级进行了划分，分别是“意向—计划”的转化、“文本—经验”的转化、“共通—个性”的转化。其中，“意向—计划”的转化是第一层级的转化，主要是将课程改革理念转化为学校的课程计划，将诸多教育理念、育人目标转化为系统的学校课程体系和课程内容，指向课程体系的设计。“文本—经验”的转化是第二层级的转化，主要是指学生学习是将文本的课程转化为经验课程的过程，这一过程尤为重要的是教师基于学生已有的经验引导学生学习，将文本课程转化为学生的经验，这就关涉到教师对文本课程的理解和理解课程的实施。“共通—个性”的转化是第三层级的转化，是指学校课程价值在于

① 李刚，吕立杰. 课程改革中的课程转化向度及分析[J]. 教育科学研究，2017(11)：12-18.
② 汤仁燕. 多元文化的课程转化与教学实践[J]. 教育研究集刊，2000(1)：91-114.
③ 张晓贵. 对数学课程施行过程的再认识[J]. 数学教育学报，2022，31(2)：77-81.
④ 吕立杰，李刚. 核心素养在学校课程转化的层级分析[J]. 课程·教材·教法，2016(11)：50-56.

将课程改革理念转化为适应学生特征与需求的个性化学习体系，毕竟课程理念的实现最终需要在学生身上彰显。

针对课程转化的研究向度，还有学者[①]认为，课程转化包括层级间的纵向传递向度和层级内的横向扩展向度，并进一步将层级间的纵向传递向度隐喻为课程转化的“骨架”，聚焦于从整体上把握和梳理课程转化的转化结构与转化深度，将层级间的横向扩展向度隐喻为课程转化的“肌肉”，侧重于从局部延展和扩充课程转化的转化内容与转化宽度，层级间的纵向传递和层级内的横向扩展双重向度构成了课程转化的整体图景。课程转化层级向度的划分，为本研究确立了数学建模素养的课程转化研究的分析框架，即从纵向关联和横向扩展的整合性思维视角，考察数学建模素养在预期课程、实施课程和获得课程层次的转化，进而概括数学建模素养的课程转化特征。

2. 课程转化中的教师角色分析

从教学元素的视角来看，在教育改革过程中，课程、教科书、教师是三大关键教学元素，教师在育人目标的课程转化过程中尤为重要。同时，教师立足于课程、教科书、课堂、学生与考试之间，是课程实施过程中至关重要的因素。诸多研究表明，教师是课程转化的“中间人”，教师作为转化型知识分子[②]的观点已经达成共识。因此，教师对课程要求和教科书内容的理解与诠释，直接影响学生在获得课程中能否最大化地达到学习目标。

教材转化和教学转化构成课程转化的基本要素。教材转化是课程论领域的重要概念，是指课程专家依据课程标准和教科书编写要求，将课程知识以物化的形式呈现出来，一般是以教材的形式，指向的是课程体系的建构，其目的在于组织和编排。教学转化一般是从教师角度而言的，是指教师通过一系列方法进行课程理解、教学活动设计，主要是将教科书中的知识传递给学生的过程，指向的是人与人之间的传递，其目的在于理解与生成。[③] 二者之间既有联系，又有本质区别。例如，有研究基于课堂观察的话语分析和教学设计两个维度，对新加坡小学语文课堂中教师课程转化的过程进行分析，发现预期课程与实施课程和获得课程之间因为教师中心教学习惯的影响而存在课程落差现象，主要反映在语言技能学习与自主学习两个方面。[④] 预期课程如何通过不同课程层级的转化让教师理解这一问题，成为教育改革中备受关注的课题。对教师的课程转化进行相关研究，发现不同层级课程之间确实存在课程落差。杨云龙和徐庆宏[⑤]针对小学社会学习领域教师的课程

① 李刚，吕立杰．课程改革中的课程转化向度及分析[J]．教育科学研究，2017(11)：12-18.

② 方永泉．教师作为一种转化的知识分子：教育史角度的考察[J]．暨南大学学报，1993(1)：99-126.

③ 刘飞．语文课程知识的教材转译与教学转化[J]．现代基础教育研究，2020(2)：176-182.

④ 胡月宝，童琪颖．教师课程转化现象初探：新加坡小学华文课堂教学观察分析[J]．海外华文教育，2020(2)：42-53.

⑤ 杨云龙，徐庆宏．社会学习领域教师转化教科书之研究[J]．新竹教育大学教育学报，2007，24(2)：1-25.

转化进行研究，发现影响教师课程转化的因素可以归纳为四个方面，按照影响程度，依次为学生状况、教师特质、教育情境、课程材料。周淑卿[①]认为，教师从正式课程转化至实施课程的过程中，各个层级间因诠释的不同，均在转化过程中产生落差，而且教师对正式课程的理解有困难并存有疑虑，即使认同正式课程或保持正面态度，但在实际的实施课程中却不知如何落实而产生落差。

在转化方式上，除了传统意义上“自上而下”的课程转化方式，还存在“自下而上”的课程转化方式。课程转化不单单指不同课程决定层级间的转化，也存在教师与学生、课程资源、教学活动与学生经验间的相互转化。例如，林欣毅和廖素娴[②]认为，以教师为主体的自下而上的课程转化途径，转化过程中需要设法排除学校评价、学校政策、校园环境、考试评价、绩效考核、经费支持等各种可能的阻力，以利于课程转化的落实。以教师为主体的自下而上的课程转化过程，不同于教育行政部门所发起的自上而下的课程转化，具有促进跨学科领域的课程整合、引导教师自身的专业成长、依赖学校环境支持等显著优势。从教学方式的变革视角来看，学生对知识的转化必先有教师对知识的转化。正如郭华所[③]认为的，因为转化，客观、静态的知识才能在不同的主体那里展现出多种不同的样态、生发出无限的可能、创造出新的联想。可以说，学生学习就是将知识转化为自己的精神能量的活动过程，是学生旺盛生命力的最鲜活的表达。并撰文号召教学方式的变革，要在“转化”上下功夫。

除此之外，有关教师的课程转化能力问题受到学者们的关注。教师是学校课程转化的关键，提升教师的课程转化素养是提升学校课程转化水平的关键。如有研究[④]以概念发展阶段理论和成人转化学习理论为学理基础，认为教师课程转化素养的提升途径包括加速教师的意识觉醒和创设多元的支持环境两个方面。李洪修和李美莹[⑤]认为，教学转化能力是教师课程转化能力的重要组成部分，提升教师的课程转化能力，首先应当提升教师的教学转化能力。教师的教学转化能力，是指在培养学生核心素养的过程中，教师先理解核心素养、认同并加以内化，再将其与教学实践相结合，通过进一步对所教学生的学情进行分析，选择并运用最恰当的教学方式，以促进学生核心素养的真正形成的能力”。教师的教学转化能力具有个体性、动态性、实践性等特征，具体体现在问题情境创设、课程统整、学情分析、深度教学以及发展性评价等方面。

---

① 周淑卿.课程纲要与教科书的差距：问题与成因[J].课程与教学季刊，2013(3)：31-58.

② 林欣毅，廖素娴.教师为主体的学校课程转化途径：以台湾一所初中为例[J].清华大学教育研究，2016(3)：85-90.

③ 郭华.教学的模样[M].北京：教育科学出版社，2022：30-32.

④ 李刚，吕立杰.基于SOLO分类理论的学校课程转化：水平划分与教师角色[J].基础教育，2017，14(3)：50-59.

⑤ 李洪修，李美莹.教师教学转化能力的构成及其实现[J].东北师大学报(哲学社会科学版)，2019(4)：134-139.

综上，学术界对课程转化的内涵、层级向度，以及课程转化中教师角色的研究，表现出对课程转化的整体认识在不断深入，趋向完整和全面。学术界对课程转化基本意涵的界定和层级向度的划分，以及教师在课程转化中的重要作用等多个方面的基本问题，已基本达成共识，这为开展课程转化的实践研究、核心素养的课程转化研究奠定了坚实的理论基础。

（二）课程转化的实践研究

课程转化的实践研究成果主要集中在课程转化模式的建构和课程转化在不同学科中的应用研究等问题上。

1. 课程转化模式的构建研究

学术界对课程转化模式的构建研究，尚处于初步探索阶段，研究成果相当少，大致可以分为以下两类：

第一类是国外课程转化模式的引介。例如，加拿大不列颠哥伦比亚省新一轮基础教育课程改革将“培养有教养的公民”作为总的价值导向，将“核心素养”作为价值实现的根本载体。为了实现核心素养的课程转化，加拿大课程结构确立了“知道—践行—理解”的课程转化模式。[①] 我国有学者[②]结合加拿大最新的课程政策，评介了该国的课程转化模式，并以六年级数学课程的实施为例，详细介绍了探究教学、个性化教学、合作教学及在地化教学等教学方式，为我国高质量实现核心素养的课程转化提供了借鉴意义。同时，还有学者[③]概括了当前国内外核心素养的课程转化的两种模式，一种是整体支配模式，另一种是部分渗透模式，并认为这两种课程转化模式难以兼容。

第二类是本土课程转化模式的探索。美国教育心理学专家舒尔曼（Shulman）提出的教学转化理论和美国学者杰克·梅兹罗（Mezirow）提出的转化学习理论，为我国学者建构本土化课程转化模式提供了坚实的理论基础。如有研究[④]围绕大概念的教学转化，综合上述两大理论，建构了三种教学转化模式，分别是知识流动模式、意义表征模式和要素序列模式。知识流动模式，是指教师按照知识流动的层级与方向解读课程标准中的大概念理念，并按照知识的生产、生成过程进行教学设计的教学转化模式。意义表征模式，是指教师将课程标准中的学科大概念进行意义创生，将学科大概念渗透到教学设计中，基于学科大概念的意义理解视角统领教学目标的设计。不同于以上两种模式，要素序列模式建立在对教学目标设计结构

---

① 王光明，甄祎明．加拿大不列颠哥伦比亚省“知道—实践—理解”课程模式及其启示[J]．课程·教材·教法，2020，40(10)：125-130.

② 崔振成．培养有教养的公民：加拿大 BC 省新课改中核心素养的价值导向与课程转化[J]．数学教育学报，2020，29(1)：6-11.

③ 郭晓明．从核心素养到课程的模式探讨：基于整体支配与部分渗透模式的比较[J]．中国教育学刊，2016(11)：44-47.

④ 李刚．围绕学科大概念的教学转化模式研究：从方法到实践[J]．上海教育科研，2021(1)：10-15.

本身内在逻辑的分析基础之上，纳入大概念理念的意蕴，通过不同教学设计要素的多重组合得以表达。另外，还有研究①基于 SOLO 分类理论描述了学校课程转化的结构层次，主要包括前转化结构、单点转化结构、多点转化结构、关联转化结构、拓展抽象转化结构五个水平。

2. 课程转化在不同学科中的应用研究

这一方面的研究成果相对而言较为丰富。从根本上看，课程转化是一项概念性的工作，转化的过程需要严谨的课程规划，主要包括内容选择、组织和转换，所以课程转化必须从预期课程的角度重新思考与重新概念化课程内容。这主要是基于教师对教学内容进行个人层面的转化，使得自身与教材编者的视域融合。除此之外，从学生层面来看，需要克服时空限制，应当善用教材，以促使学生达到经验上的转化。② 研究者就课程转化的实践问题，对多个学科进行了应用研究。例如，在自然科学领域，有研究③基于认知心理学视角，对中学自然与生活科技教科书的插图设计进行了探究，发现教科书正式课程、教师实施的课程与学生获得的课程是相互影响的，课程转化正向发展，但系统性不足。在人文社科领域，有研究④对一位高中历史教师进行教学观察和师生访谈，对其在教学目标、学科知识、学科精神、教科书、教学方式、教学策略等层面的转化研究，发现教师在教学转化中忽略了教学直觉。此外，还有研究以课程转化为视角对辽宁省实验学校落实核心素养问题进行了实践探索。例如，有学者⑤通过实践经验，将校本化落实核心素养的转化过程总结如下：学校层面是课程转化的实践起点，在“理念—文本”方面，建立与目标相一致的课程结构，在“文本—理解”方面，建立教师专业成长的研究型组织，在“理解—运用”方面，实施指向学生核心素养发展的课程教学，从而使学生获得的经验课程能够支撑核心素养的生成。

可见，课程转化的实践研究不仅有静态层面的课程转化模式建构研究，也有动态层面的教学行动研究，对课程转化的模式建构和实践探索标志着课程转化研究正在走向深化。

（三）核心素养的课程转化研究

近年来，伴随着核心素养的提出与实现课程融入的要求，核心素养的课程转化研究成为我国当前面临的一个重要论题，但是这一方面的研究目前尚处于起步阶段。概括看来，这一方面主要围绕核心素养课程转化困境及对策等问题展开。

---

① 李刚，吕立杰. 基于 SOLO 分类理论的学校课程转化：水平划分与教师角色[J]. 基础教育，2017，14(3)：50-59.

② 唐淑华. 众声喧哗？跨界思维？论“教学转化”的意涵及其在文史科目教学上的应用[J]. 教科书研究，2011，4(2)：87-120.

③ 周佩仪. 从认知心理学探究教科书插图设计及其教学转化[J]. 教科书研究，2015，8(2)：139-174.

④ 卯静儒. 构绘一位历史教师的教学转化[J]. 课程与教学季刊，2015(4)：57-83.

⑤ 张丽文. 课程转化的视角：校本化落实核心素养的思考与行动[J]. 现代教育管理，2018(8)：124-128.

1. 有关核心素养的课程转化困境研究

从核心素养到课程转化，牵涉诸多方面，既需要宏观层面的顶层设计，又需要微观层面的校域实践。作为一种目标理念，核心素养是上位层次的概念体系，唯有转化落实于课程实践，才能实现核心素养理念的高质量落地。随着《高中新课标》的颁布与实施，围绕核心素养的课程转化落实问题，研究者开始从理论和实践两个方面省思核心素养的课程转化存在的困境问题。

理论方面，有研究①指出，核心素养开始从宏观进入中观与微观层面，要想真正将核心素养落到实处，需要正视三个方面的问题：一是课程标准与教科书层面，学科课程标准转化要注意“纵向贯通”与“横向相连”，学科教科书转化要注意“理念转化”与“上下勾连”；二是教师与课程教学层面，需要解决教师的认知问题，抓好课程教学主战场；三是评价层面，进一步完善高中的终结性评价，着力关注促进学习的过程性评价。还有研究②聚焦于教师分析核心素养的课程转化过程中值得思考的问题，如教师是否认同以核心素养为导向的课程设计与教学变革，教师本身是否具备核心素养，教师的教学推理与行动是否确实以核心素养为导向。

实践方面，从核心素养到课程转化遭遇诸多实践困境，具体有：课程改革的复杂性决定了理念到实践的落地，应试教育的顽固思想致使核心素养育人面临生态窘境，教师学科式的专业认同决定了他们在课程转化中的消极怠工。③ 还有学者④从学习机会的视角认为，由于学科内容的离身化、方法和组织的失当以及评价尚未有效跟进，核心素养的课程转化过程中存在机会困境，具体表现为三个困境：一是在教材革新的实施层面，教材内容缺乏对核心素养的有效覆盖；二是在课程教学的实施层面，教师对核心素养的转化能力面临挑战；三是在课程评价的实施层面，课程标准对课程评价的指导不够具体。

2. 有关核心素养的课程转化策略研究

研究者就核心素养的课程转化存在的问题，从多个方面提出了相应的策略。例如，对于理论层面的困境，有研究③认为，从主体上看，需要关照教师的实践智慧，化解理念向实践转化的落差，提升教师的课程转化能力，从评价方式来看，需要克服应试教育的弊端，更多地借鉴存在论思维，通过过程性任务对学生素养的生成进行表现性评价。还有研究者④认为，应从学习机会视角来突破核心素养转化落地过程中的机会困境，“需要以目标课程、实施课程、课程评价之间的一致性为突破口，构建适用于核心素养发展的教材内容体系，重视教师对核心素养的传递作用，强化学业质量对课程评价的可操作指导。

① 郭家海. 核心素养“转化落实”的三个关键问题[J]. 新课程研究：上旬，2016(8)：28-30.

② 林郡雯. 几个关于以核心素养为导向的课程转化问题[J]. 中等教育，2018(2)：40-56.

③ 严奕峰. 从“核心素养”到“课程转化”：困境及应对[J]. 教育视界，2020(16)：4-7.

④ 刘福才，王发明. 新时代核心素养高质量落地的困境与突破：基于学习机会的视角[J]. 国家教育行政学院学报，2020(10)：52-60.

可以看出，上述对策是一种经验性的总结和归纳。近年来，学术界逐渐兴起了从方法论层面展开对“素养如何转化为实践”这一问题的探讨，主要有以下四个方面：

第一种是从域外引介的视角开展素养转化路径的探讨。阿拉瓦（Halasa）等人①在对欧洲诸多国家的核心素养体系进行分析后，提出在课程和教学中转化素养的三条路径，分别是：融入国家层面的课程目标和课程标准，如澳大利亚的课程标准和学业质量标准；基于信息技术的过程性评价，建立过程性的电子档案评价；通过课程和教学实际形态的变化，如融入日常课堂教学的实施过程，采用项目化学习形态。还有学者②以美国为例，详尽地介绍了美国21世纪技能的课程转化特征与路径，主要有：在学科课程标准中落实核心素养、设计学习活动示例核心素养的实践样态及研制基于核心素养的单元主题等路径，素养转化的不同路径背后都遵循纵向连贯一致和横向统整的课程转化原则。

第二种是从教师视角展开素养转化路径的探讨。指向核心素养的预期课程，可能转化为正式课程、实施课程抑或获得课程。在这一转化过程中，尤为重要的是教师应当具备课程转化的教学实践智慧，教师积极主动地参与课程改革，通过贡献课程与教学实践智慧，彰显教师的专业素养，让核心素养更好地高质量落地，使得课程理念在预期课程、正式课程、实施课程和获得课程之间能够进行保真性转化。③ 吉鲁（Giroux）等人主张“教师即是转化型知识分子”的观点，对素养转化具有重要指导意义。作为转化型知识分子，教师是一种自觉性、反思性的存在，其目的在于通过教师对核心素养的能动性转化，完成教育意义的转化。

第三种是从目的论视角展开对素养转化路径的探讨。人才培养目标在课程标准中的转化，应关注培养目标的结构化分解与综合，以及目标与课程内容的充分融合；在教材编写中，中介性转化、多形态转化、聚焦式转化、多层次转化等方式是实现培养目标的有效途径。④ 另外，还有研究⑤构建了核心素养课程转化校域实践的分析框架，指出通过路径目标分析、策略工具分析、要素支撑分析、效果评价分析四个功能系统，所要达到的终极目的是促进核心素养在学校场域中的高效落实。

第四种是从工具论视角展开素养转化路径的探讨。课程统整与核心素养互为目的与手段的关系，具有逻辑上的互通性和关联性，通过课程统整转化核心素养成为一种可能选择。有研究⑥根据古德莱德的课程层级转化理论，尝试性地构建了一种新的分类框架来对接核心素养的系统转化，主要由作为核心素养顶层设计的

① Gábor Halász，Michel A. Key competences in Europe：interpretation，policy formulation and implementation[J]. European Journal of Education，2011，46(3)：289-306.

② 周文叶. 核心素养的课程转化：以美国为例[J]. 教育发展研究，2017(12)：38-45.

③ 蔡清田，陈延兴. “国民”核心素养之课程转化[J]. 课程与教学季刊，2013(3)：59-78.

④ 吕立杰，李刚. 人才培养目标的课程转化路径探析[J]. 教育研究，2018，39(12)：56-62.

⑤ 李刚，吕立杰. 课程转化的校域实践：核心素养落实的一种分析框架[J]. 现代教育管理，2017(9)：64-69.

⑥ 刘登珲. 促进核心素养有效转化的课程统整策略探讨[J]. 教育发展研究，2018(6)：40-47.

国家统整课程方法，作为核心素养转化枢纽的学校课程统整规划，以及作为核心素养现实载体的科目统整方案研制三个关键课题组成。促进核心素养有效转化的课程统整策略有：健全国家课程统整政策、完善学校课程统整支持系统，以及着力提升教师的课程统整能力。还有学者①概括了当前核心素养的“整体支配模式”和“部分渗透模式”，前者由核心素养推导和演化出全套课程，后者将核心素养渗透于相关的课程目标和内容之中，并指出两种转化模式难以兼容。

关于核心素养的课程转化研究，虽处于起步阶段，但这一方面是亟待深耕的研究领域，未来有关核心素养的课程转化研究将朝着研究对象更加丰富、研究方法更加多元的方向迈进。

三、课程转化研究的启示

纵观课程转化研究的概况和进展，已取得的研究成果基本包含了课程转化的多个方面，为数学建模素养的课程转化研究奠定了坚实的知识基础。审视当下，我们需要进一步理性认识课程转化的过程意涵及其教育价值，在此基础上，关注教师的课程转化能力，以及重视学科素养的课程转化研究。

（一）奠基石：理性认识课程转化意涵及其价值

理性认识课程转化的意涵及其价值是开展研究的基础。为了较为全面、客观地把握课程转化这一概念，可以从课程转化的内涵入手。根据古德莱德的课程转化层级理论，将育人目标的课程转化起点从预期课程层级开始，经实施课程层级的转化，最终落实于获得课程层级。这就包含了“预期课程—实施课程”之间的教材转化，以及“实施课程—获得课程”之间的教学转化两个子过程。课程转化是一种专业实践活动，表现出三个方面的特征：一是合目的性。课程转化是一种合目的性的教育教学活动，合目的性表现为育人目标以课程为实现载体，课程转化就是有意识、有目的地确保育人目标在教材转化和教学转化中得到一致落实。二是过程性。课程转化是一种过程性的教育教学活动，过程性表现为育人目标依次存在于预期课程、实施课程和获得课程中，课程转化就是更好地促进育人目标在文本、教师和学生三者内在关系中完整性的实现和生成。三是反思性。课程转化是一种反思性的教育教学活动，反思性表现为育人目标的教材转化并不是绝对权威的，有待教师意义性地理解课程和反思性地使用教材，教学转化也不存在固定的模式，有待教师能动性地建构课堂，不断改进、优化育人目标的课程转化过程。

当前，核心素养怎样落地生根，已成为教育理论界和实践界探讨最多、最热的

① 郭晓明.从核心素养到课程的模式探讨：基于整体支配与部分渗透模式的比较[J].中国教育学刊，2016(11)：44-47.

论题。回答这一问题，就涉及课程转化问题，因为课程有不同的表现形态，如理念的、文本的、实施的、运作的、经验的等，要确保核心素养的培养目标在不同课程形态之间穿行、落实，就需要进行课程转化的研究。那么，首先需要进一步澄清课程转化的意涵及其特征，在此基础上，有必要从教与学的角度，亟待廓清课程转化的教育价值。例如，课程转化对教师专业发展具有怎样的促进作用，课程转化对学生的有意义学习具有怎样的促进作用，等等。与此同时，课程转化与课程实施既有内在联系也存在本质区别，有必要对课程实施与课程转化二者之间加以比较、辨析。唯有这样，才能丰富课程转化的基本问题研究。

（二）催化剂：提升教师的课程转化能力研究

课程改革的成败关键在于教师，更在于教师的课程转化能力的提升。教师是课程与学生之间的中介，任何革新课程的尝试都必须考虑到教师的作用。[①] 总的来说，教师在课程转化过程中的重要性已达成共识。在育人目标课程转化的过程中，教师究竟如何做才能确保育人目标的最大化实现是一个具有挑战性的问题。

课程转化即育人目标在课程标准、教材、课堂中层层落实的过程。在此过程中，教师是推动课程改革内源发展的行动主体，是实现育人目标课程转化的关键角色，因此教师具备一定的课程转化能力就显得尤为重要。目前，学术界对教师课程转化能力的意涵与构成尚未形成明确认识，在基于核心素养的课程改革中，提升教师课程转化能力理应得到关注与研究。[②] 分析课程转化能力的意涵，探寻提升教师课程转化能力的可能方略，既是核心素养时代课程内源性改革面临的重要论题，也是以育人目标的课程转化推动高质量教师教育改革和促进学生全面发展的现实诉求。其中，涉及多个问题需要思考，如教师的课程转化能力的内涵和外延是什么，提升教师的课程转化能力具有什么价值，教师课程转化能力由哪些基本要素构成，如何提升教师的课程转化能力，等等。

（三）落脚点：重视学科素养的课程转化研究

课程转化成为学科素养生成的一种方式，为落实学科素养要求提供了明确的转化途径。当前，学术界有关课程转化的层级向度研究更多地侧重于课程转化框架的分析。值得注意的是，这些课程转化框架是多样的，尚未形成统一的、确切的框架，而是形成了各自为是的基本态势。当然，多样化的探讨为搭建课程转化框架提供了广阔的思考空间。

首先，应当从横向扩展和纵向关联的双重维度构建学科素养的课程转化分析框架，并进行框架的学理基础分析和可操作说明。唯有如此，才能为学科素养的课

① 豪森，凯特尔，基尔帕特里克. 数学课程发展[M]. 周克希，赵斌，译. 上海：上海教育出版社，1992：73.
② 陈娜. 教师的学习理解及其教学转化[J]. 教育研究与实验，2022(4)：65-71.

程转化进行实证考察，进而为“教—学—评”的一致性提供有力解释，为育人目标课程转化的保真性提供参考价值，从根本上实现学科素养高质量落地生根。其次，每个学科都凝练了各自的素养目标，并有形无形地融入各自学科的教科书中，指向学科核心素养的教学变革也基本形成，但是这些都尚处于初步探索阶段，根据学科素养的课程转化分析框架，还需要进一步省察不同学科素养在不同课程决定层级的横向转化，以及从纵向总结学科素养在教材转化和教学转化的特点。这就需要以丰富的研究方法为保障，例如，考察数学建模素养在不同课程决定层级中的转化，可以借鉴文本分析、聚焦式访谈和探索性对话的视频分析等方法，分析数学建模素养在正式课程、实施课程和获得课程中的现实转化。最后，根据学科素养的课程转化的实然结果，进一步思考学科素养育人目标课程转化的生成途径。

本章小结

如同开展数学建模活动需要关联先备知识一样，本章在于寻绎数学建模素养的课程转化研究所需要的知识基础，思考本研究能在哪些方面有所突破。文献综述围绕“数学建模”“课程转化”两个核心词展开。在数学建模研究述评方面，分别总结了我国中学数学建模研究的现状和国际视野下数学建模研究的进展，进而提出了亟待从整体性思维研究数学建模素养在课程中的落实问题；在课程转化研究方面，总结了课程转化研究在理论与实践方面取得的进展，进而提出了应当关注学科素养的课程转化问题。整合看来，本章是从文献的角度进一步揭示了数学建模素养的课程转化研究价值及其可能的话语空间。

第三章　研 究 设 计

数学建模，“建”是关键。所谓“建”，就是搭建实际与数学的桥梁。

——中国数学家、科学院院士　李大潜

数学建模素养的课程转化研究由三个子研究组成，主要包括数学建模素养在预期课程中的转化研究，以及数学建模素养在实施课程中的转化研究、数学建模素养在获得课程中的转化研究，分别以文本、教师、学生为研究对象，三个子研究之间既相互独立，又存有一定的内在关系。首先，概述课程转化层级理论的基本思想及其对本研究的启示；其次，根据这一理论构建数学建模素养的课程转化研究的分析框架；最后，分别介绍三个子研究的具体研究设计。

第一节　理论基础与分析框架的构建

一、课程转化层级理论及其对本研究的启示

研究数学建模素养的课程转化问题，首先需要确立与课程转化相关的理论有哪些，目的在于为本研究的顺利开展奠定坚实的学理基础。那么，哪些理论对本研究具有重要的启示呢？最基本的要求是，这些理论对数学建模素养的课程转化研究应当具有重要的指导意义。概括地说，古德莱德等人提出的课程转化层级理论，为数学建模素养的课程转化研究提供了可资参照的学理依据。

从绪论部分对课程转化概念的解说来看，课程转化是指既定的育人目标（如发展学生的数学建模素养）在具有内在关联的不同课程层级设计中的落实程度，这就充分表明了课程概念的层级属性。正如施良方认为：“不同的课程定义，有时是指在不同层次上起作用的课程。”[①]美国学者古德莱德对此问题做了较为系统的说

① 施良方．课程理论：课程的基础、原理与问题[M]．北京：教育科学出版社，2003：8-9.

明。在他看来，人们论及的课程往往不在同一层级上，并认为课程实质上存在五种不同的层级，分别为理想的课程、正式的课程、领悟的课程、运作的课程和经验的课程。① 这五种不同层级的课程揭示了课程方案生产与实施的转化路径。古德莱德进一步对这五种不同层级的课程进行了解释，理想的课程即指由一些研究机构、学术团体和课程专家提出的应该开设的课程，正式的课程即指由教育行政部门规定的课程计划、课程标准、教师用书和教科书等教学资源，领悟的课程即指任课教师对现行课程标准和教科书理解与诠释的课程，运作的课程即指教师在课堂上实际实施的课程，体验的课程即指学生实际获得的课程。② 可以看出，课程的层级属性即课程转化的过程。课程转化发生于前一课程层级向后一课程层级的过渡阶段。也就是说，课程专家将理想的课程转化为正式的课程；教师将正式的课程转化为领悟的课程，在课程实施过程中再将领悟的课程转化为运作的课程；学生将运作的课程转化为自身体验的课程。这就是人们常说的课程转化层级理论，代表人物主要为古德莱德等人，其示意图如图 3.1 所示。

图 3.1　古德莱德的课程转化层级理论示意图③

课程转化层级理论对本研究的启示有：第一，全面认识课程的层级属性即课程转化的过程。目前对课程的定义众说纷纭，如果把各种关于课程的定义加以归类，大致可分为六种，分别是课程即教学科目、课程即有计划的教学活动、课程即预期的学习结果、课程即学习经验、课程即社会文化的再生产及课程即社会改造。不难看出，这六种类型的课程定义有其社会背景、认识论基础和方法论依据，而且它们所指的课程可能并不在同一层级上。课程从规划、设计到实施，从课程决策者、编制者到教师和学生，经历了多次转化。既然课程存在于不同的层级，在探讨课程相关问题时就不能只关注某一层级的课程而忽略其他层级的课程，这样不仅见不到课程的全貌，还有可能扭曲课程的危险。④ 同样地，有研究者⑤明确提出了课程连续性的概念，还有研究者⑥将课程转化的过程称为“运动的课程”。由此可见，课程连续性的概念抑或“运动的课程”都要从整体的角度来思考课程转化问题。层级性

① Goodlad J I, Other A. Curriculum inquiry: The study of curriculum practice[M]. New York: Mc Graw-Hill, 1979: 60-64.

② 施良方. 课程理论：课程的基础、原理与问题[M]. 北京：教育科学出版社，2003：9.

③ 吕立杰. 核心素养的学校课程转化[M]. 北京：科学出版社，2022：43.

④ 黄政杰. 课程评鉴[M]. 台北：台湾师大书苑，1993：39-40.

⑤ Cuban L. Curriculum stability and change[M]//Jackson P. Handbook of Research on Curriculum. New York: Macmillan, 1992: 216-247.

⑥ 张胤. 运动的课程　课程、教程、学程的转化：教师维度的考察[M]. 南京：南京师范大学出版社，1999.

抑或连续性是课程的根本属性。全面认识课程的层级属性即课程转化的过程，是本研究的基本前提。

第二，课程转化层级理论，是从纵向关联和横向扩展的整合维度论述课程的层级属性的。本研究将数学建模素养视作一种育人目标，这种育人目标的达成是在数学建模活动中生成的。作为育人目标的数学建模素养，已经被列入《高中新课标》。由课程转化层级理论可知，作为育人目标的数学建模素养，已经成为“正式的课程”。因此，在研究数学建模素养的课程转化问题时，无须再关注数学建模素养是如何被引入“理想的课程”层级的，而应将“正式的课程”中的课程标准作为课程转化的起点，也就是以课程标准为线索，考察数学建模素养内涵的社会生成过程；同时，还包括数学建模素养在教科书中的转化。因为教科书是依循课程标准而编写的，教科书是课程目标、课程内容、课程实施的重要资源。另外，“领悟的课程”和“运作的课程”均以教师为研究对象，很难分门别类地将这两个层级区别开来。“领悟的课程”主要关注教师的意识问题，“运作的课程”主要关注教师的行为问题。马克思主义哲学认为，意识与行为是辩证统一的关系。为此，在研究过程中，将这两个层级加以整合，称为“实施课程”，主要从“意识—行为”双重视角关注数学建模素养在实施课程中的转化。其实，这样的规定契合了 TIMSS 课程模型所涉及的三个方面，即预期课程、实施课程和获得课程。为了行文的统一表述，本研究根据课程转化层级理论，从纵向关联和横向扩展的整合维度，分别以文本、教师、学生为研究对象，考察数学建模素养在预期课程、实施课程和获得课程中的实然转化。

二、分析框架的构建及其合理性论证

分析框架不同于理论框架，理论框架是对研究问题的理论阐释，而分析框架是对具体研究问题提供的一种可操作性的抓手。根据课程转化层级理论及其对本研究的启示，这里首先构建数学建模素养的课程转化研究的分析框架，具体如图 3.2 所示。

整个研究主要由两个部分组成，重点在于第一部分的数学建模素养的课程转化的实然考察，旨在从纵向关联和横向扩展的整合视角，对数学建模素养在预期课程、实施课程、获得课程中的转化进行实证分析。作为一个前提，需要确定数学建模素养的转化起点。本研究将新中国成立以来，历次颁布的数学教学大纲或课程标准(以下统称为课程文件)作为研究对象，分析数学建模素养内涵发展的历史脉络和演进逻辑，以此作为数学建模素养的课程转化起点。紧接着，通过数学建模素养在三个课程层级中的实证考察，揭示数学建模素养的课程转化特征，这就是第二部分的主要内容。以上构成了本研究的基本思路，各子研究之间的关系如图 3.2 所示，方框代表某个子研究的具体研究内容，各子研究之间由指向箭头相连以表示相依关系。上面的分析框架更多的是从纵向关联的角度进行建构的，从横向扩展角度的具体研究设计将于后文详细说明。

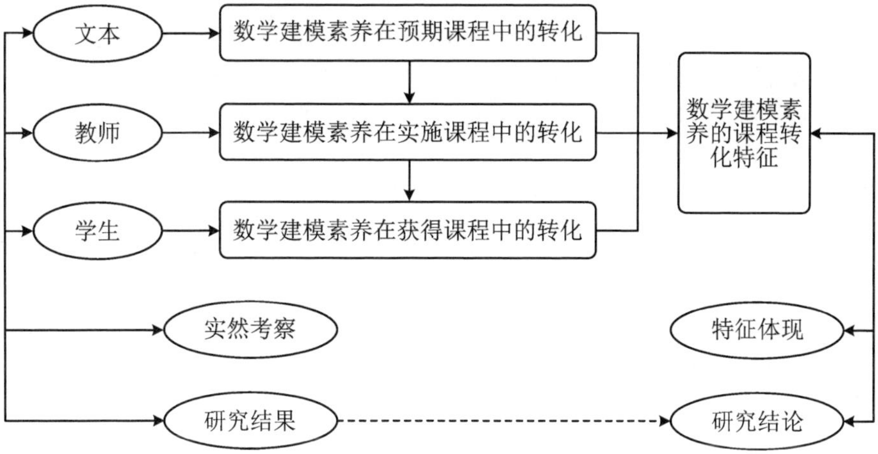

图 3.2　数学建模素养的课程转化研究的分析框架

本研究建构的分析框架具有一定的合理性。为什么可以这么说呢？其实，回答这一问题，就需要找到当前有没有研究者论述过关于课程转化研究向度的问题。这一点是毋庸置疑的。陈彦廷①基于课程转化的内涵，从纵向上建构了不同层级课程转化涉及的人、事、物与步骤的框架示意图，该示意图阐述了从理念课程到经验课程共经历四次课程转化的过程，这四次课程转化过程分别为：课程转化 1 是将宏观的课程理念转化为具体的课程标准与教科书，以学者、专家为主要参与人员；课程转化 2 与课程转化 3 是教师理解学者、专家编制的教科书，并转化为教学活动；课程转化 4 是学生将教师传递的教学活动转化为自己理解的内涵。吕立杰等人②整合了课程转化中涉及的各种因素，并根据课程转化落差理论和舒尔曼的教学知识转化理论，借鉴、修改和丰富了陈彦廷提出的不同层级课程转化所涉及的人、物与步骤的框架图，进而建构了课程转化层次间纵向传递的基本架构。与此同时，李刚和吕立杰③在研究中，还指出课程转化不仅存有层级间的纵向传递向度，还有层级内的横向扩展向度。所谓课程转化层级内的横向扩展向度，即对课程转化在每层间内的具体落实措施。例如，吕立杰和李刚④从横向上对核心素养在学校课程中的转化层级进行分析，得到了核心素养课程转化的三个层级，即基于学生核心素养的学校课程结构的“意向—计划”层级的转化，基于学生核心素养的教学理解的“文本—经验”层级的转化，以及基于学生核心素养的发展规划的“共通—个

① 陈彦廷. 课程转化实作促进“小学”师范生对数学课程理解之研究[J]. 当代教育研究季刊，2014，22(4)：1-54.

② 吕立杰，等. 核心素养的学校课程转化[M]. 北京：科学出版社，2022：41.

③ 李刚，吕立杰. 课程改革中的课程转化向度及分析[J]. 教育科学研究，2017(11)：12-18.

④ 吕立杰，李刚. 核心素养在学校课程转化的层级分析[J]. 课程 · 教材 · 教法，2016(11)：50-56.

性"层级的转化。不难看出,课程转化层级的纵向关联和横向扩展的整合向度已基本得到认可。

我国每次课程改革都会先颁布总的课程方案,然后不同学科的专家、学者会根据课程方案制定符合社会发展、学科本质、学生需求的学科课程标准和教科书,最后才会将物化形式的学科课程标准和学科教科书在课程教学中加以课程转化。这一转化过程涵盖了不同的课程层级,每个层级之间的转化均需要在横向维度上深度扩展,以及在纵向维度上有效关联。① 只不过,在本研究中,将课程文件作为数学建模素养的课程转化起点,以文本、教师和学生为研究对象,先从纵向关联的维度建构数学建模素养在预期课程、实施课程、获得课程中的转化体系,再从横向扩展的维度考察数学建模素养在不同课程层级中的落实情况,最后基于研究结果概括数学建模素养的课程转化特征。下面,将从横向扩展的角度具体说明数学建模素养在预期课程、实施课程和获得课程中的转化研究设计。

第二节 数学建模素养在预期课程中的转化研究设计

研究数学建模素养在预期课程中的转化,首先需要说明的是,这里所说的预期课程特指数学课程文件和数学教科书。也就是说,数学建模素养在预期课程中的转化研究包括两个方面:一方面,以课程文件为线索研究数学建模素养内涵的社会生成问题;另一方面以北师大版、苏教版、沪教版高中数学教科书必修课程内容为研究对象,从"外显—内隐"的双重视角研究数学建模素养在教科书中的转化。

一、数学建模素养内涵的社会生成研究设计

(一) 研究对象

研究数学建模素养内涵的社会生成过程,即梳理数学建模素养的发展历史,需要选择合适的角度和线索,综合前面建构的分析框架,将课程标准或教学大纲作为分析数学建模素养内涵的社会生成的线索和角度。因为课程标准或教学大纲作为我国正式的课程文件,是由教育行政部门统一制定,以教育主管部门的名义颁布的,主要规定了课程目标、课程内容和课程内容组织安排。以课程标准或教学大纲作为研究对象,分析中国现当代中小学数学课程的发展已成为一种趋势。例如,吕

① 崔允漷,郭华,吕立杰,等.义务教育课程改革的目标、标准与实践向度(笔谈):《义务教育课程方案和课程标准(2022年版)》解读[J].现代教育管理,2022(9):6-19.

世虎[①]选取了新中国成立以来，教育部或国家教育委员会颁布的具有代表性的 6 份中学数学教学大纲或课程标准为研究对象，分析了中学数学课程目标、课程内容、课程选择性和课程编排方式的发展历程和演变特征。

本研究在梳理数学建模素养发展历程中发现，1949 年以来，教育部或国家教育委员会共计颁布和修订了 18 份普通高中数学课程文件。但需要说明的是，1996 年以前，高中数学教学大纲与初中数学教学大纲是整合在一起的，统称为中学数学教学大纲，直到 1996 年 5 月，国家教育委员会针对高中阶段的课程内容而颁布了《全日制普通高级中学数学教学大纲(供试验用)》，普通高中数学课程文件才与初中数学课程文件分开而独立设置。另外，出于对课程文件颁布主体或施行情况的考虑，剔除了 6 份课程文件，本研究主要以剩下的 12 份课程文件为研究对象，具体见表 3.1。

表 3.1　选取的 12 份课程文件

颁布时间	名　　称
1950 年 7 月	供普通中学教学参考适用数学精简纲要(草案)
1953 年 3 月	中学数学教学大纲(草案)
1954 年 10 月	中学数学教学大纲(修订草案)
1956 年 5 月	中学数学教学大纲(修订草案)(1956—1957 学年度)
1963 年 5 月	全日制中学数学教学大纲(草案)
1978 年 2 月	全日制十年制学校中学数学教学大纲(试行草案)
1987 年 2 月	全日制中学数学教学大纲
1990 年 4 月	全日制中学数学教学大纲(修订本)
1996 年 5 月	全日制普通高级中学数学教学大纲(供试验用)
2000 年 3 月	全日制普通高级中学数学教学大纲(试验修订版)
2003 年 4 月	普通高中数学课程标准(实验)
2018 年 1 月	普通高中数学课程标准(2017 年版)

注：1951 年 3 月，《中学数学科课程标准草案》虽经颁布，但因当时教育部决定要全面学习苏联经验而未能正式施行。1960 年 1 月，教育部向国务院文教办呈报的《关于修订中小学数学教学大纲和编写中小学数学通用教材的请示报告》，随后被正式批准，作为过渡期间使用的教学大纲，主要微调了部分课程内容，其他部分与 1956 年 5 月颁布的《中学数学教学大纲(修订草案)》(1956—1957 学年度)没有太大区别。1980 年 5 月，颁布的《全日制十年制学校中学数学教学大纲(试行草案)》是在 1978 年《全日制十年制学校中学数学教学大纲(试行草案)》的基础上进行修订的，主要调整了教学内容，如将极坐标和参数方程内容由原先的高二年级教授调整为高一年级教授，其他方面与 1978 年的教学大纲相比没有变化。1982 年 11 月，人民教育出版社制定的《全日制六年制重点中学数学教学大纲(征求意见稿)》，未以教育部名义颁发。1983 年 11 月，颁布的《高

① 吕世虎. 中国中学数学课程史论[M]. 北京：人民教育出版社，2013：265.

中数学教学纲要(草案)》只提供了"基本要求"和"较高要求"的具体教学内容,在文本分析时发现未有"数学建模"相关的表述。2020 年修订的《普通高中数学课程标准》(2017 年版,2020 年修订)主要是根据党的十九届四中全会精神和全国教育大会精神,对前言部分的第一段进行了新的描述,相比《普通高中数学课程标准(2017 年版)》,其他方面未作变化。故此,这 6 份课程文件不作为研究对象。

(二) 研究方法和理论框架

上述 12 份课程文件是官方颁布的政策文本,基于研究对象的政策文本属性,本研究选用文本分析法研究数学建模素养内涵的社会生成问题。采用文本分析法对官方政策文件进行分析,在社会科学研究领域具有重要的地位。政策文本分析可分为三种类型:第一种是比较纯粹的文本定量分析,一般表现为对文本中某些关键词的词频统计,重在描述文本中的某些规律性现象或特点,属于传统的内容分析;第二种是对文本中词语的定性分析,更多地从某一视角出发对文本进行阐释,属于话语分析范畴;第三种是综合分析,即文本的定量分析与定性分析相结合,对政策文本既有定量描述,也有定性阐释,甚至还有预测分析。[①]

其实,已有研究[②]对 20 世纪以来中国数学课程标准中数学建模内涵的发展进行了文本分析,但是从研究方法的应用角度来看,该研究有几处值得商榷的地方。例如,该研究以词条中必须包含"模型"或"建模"为关键词进行定量文本分析,得出我国于 1996 年在《全日制普通高级中学数学教学大纲(供试验用)》中首次提到"数学模型"一词的研究结果。其实,这一研究结果与实际不符。因为应用数学知识解决实际问题一直是我国数学课程的目标之一,如在 1978 年 2 月颁布的《全日制十年制学校中学数学教学大纲(试行草案)》对教学的要求中就明确提到:在教学中……要注意从实际问题出发进行科学的抽象和必要的逻辑推理,得出数学的概念和规律,然后把这些知识应用到实际问题中去,逐步培养学生分析问题、解决问题的能力。[③] 由此可见,单纯以"模型""建模"为关键词进行文本定量分析,将陷入对数学建模的片面化认识的窘境。无论是对文本的描述、阐释还是预测,作为一种跨学科的研究方法,政策文本分析的深层内涵在于"走"出文本,将文本与其所处的历史脉络和社会实践进行"对话",以揭示政策文本的丰富内涵和内在逻辑。[①]单纯地以某词条为检索条件进行量化统计,不能反映某一教育现象的真实境况。为此,本研究将基于渐进决策理论,以 12 份课程文件为政策文本,梳理新中国成立以来数学建模素养内涵的发展过程,并分析数学建模素养内涵的渐进演变逻辑。

渐进决策理论是美国著名政治学家和经济学家查尔斯·林德布洛姆(Charles

---

① 涂端午.教育政策文本分析及其应用[J].复旦教育论坛,2009(5):22-27.

② 黄健,鲁小莉,王鸯雨,等.20 世纪以来中国数学课程标准中数学建模内涵的发展[J].数学教育学报,2019(3):18-23,41.

③ 课程教材研究所.20 世纪中国中小学课程标准·教学大纲汇编(数学卷)[M].北京:人民教育出版社,2001:454.

Lindblom)基于对理性概念及理性主义的批判而提出的。在他看来,政策的制定只能依据以往的经验实现现有政策的渐进变迁,在现有方案的基础上,进行局部范围内的调试,以适应环境不断变化的需要。① 政策决策遵循三条准则:一是在认识论上,体现按部就班的原则。决策者主张一切事物都是随着历史的发展而演进的,政策制定一般是以过去的经验为基础,专注于对新决策进行微小改变,以保持政策历程的阶段性和连续性。二是在目的论上,体现积小成大的原则。从形式上看,渐进决策的过程是缓慢的,然而这种缓慢渐进过程强调由量变引发质变的"小步子"政策改革路径,最终实现政策内容的继承性和发展性变革。三是在方法论上,体现稳中求变的原则。渐进决策理论侧重于政策的渐进调试过程,要求政策的实施过程需要随社会历史文化的变化进行及时调整,以实现政策目标的稳定性和同一性。② 基于渐进决策理论视角,已有研究对我国义务教育师资均衡配置、中外合作办学、劳动教育等政策进行了回顾与展望。

由此可见,渐进决策理论作为重要的政策文本分析模型之一,能够动态地呈现相关政策在不同历史阶段表现出的微观差异,在此基础上,总结出政策的演变过程和阶段特征。鉴于我国课程文件中数学建模素养内涵的社会生成过程与渐近决策理论呈现出的高度匹配性,运用渐近决策理论分析数学建模素养内涵的发展历程和演变逻辑具有独特优势。因此,本研究旨在探究不同历史时期颁布的课程文件对数学建模的定位与要求是如何渐近调试的,以及每个历史阶段的课程文件对数学建模的关注又有哪些变化。

(三)研究过程

首先,根据本研究"绪论"部分对数学建模的界定,对 12 份课程文件中有关数学建模的描述进行两轮独立的全文本研读、标注和摘录工作。要求第一轮和第二轮之间相隔一个月,两轮均由笔者一人独立完成,其目的在于比较两轮摘录的有关数学建模描述是否一致。例如,1956 年 5 月颁布的《中学数学教学大纲(修订草案)(1956—1957 学年度)》在总说明中写道:根据基本生产技术教育的任务,让学生完成培养他们解决实际问题所需的技能和技巧的练习,以及完成需要应用他们的数学知识的实习作业,都具有重大的意义。③ 这句话两次都有摘录,体现了对数学建模的描述。对两次摘录不一致的描述,通过与从事数学课程与教学论研究人员的商讨,确定是否符合摘录要求。例如,1953 年 3 月颁布的《中学数学教学大纲(草案)》在总说明中提到:学生课外活动的组织(数学小组……),对于发展学生学

① 卢晓梅,董泽芳.教育决策模型的分类比较及改良分析[J].国家教育行政学院学报,2012(8):18-22.

② 林德布洛姆.决策过程[M].竺乾威,胡君芳,译.上海:上海译文出版社,1988:42.

③ 课程教材研究所.20 世纪中国中小学课程标准·教学大纲汇编(数学卷)[M].北京:人民教育出版社,2001:397.

习数学的兴趣有重要的作用……作好课外作业，是每一个学生必须完成的工作。[①]对于这句话，第一轮未进行摘录，第二轮进行了摘录，通过多次商讨，再结合当时的语境，笔者认为数学课外活动在一定程度上可以视作数学建模的雏形，所以将其保留了下来。

其次，基于文本分析法和渐进决策理论的分析模式，对课程文件中有关数学建模的描述进行历史阶段划分。按照课程文件颁布的先后顺序以及对数学建模的关注，将数学建模素养内涵发展的历程划分为三个阶段：第一阶段为新中国成立到改革开放初期（1949—1978 年），共有 5 份课程文件颁布，划分的依据是注重数学建模思想的渗透；第二阶段为改革开放初期到 21 世纪初（1978—2000 年），共有 5 份课程文件颁布，划分的依据是注重培养学生数学应用意识和实际问题的解决能力；第三阶段为 21 世纪初至今（2000 年至今），共有 2 份课程文件颁布，划分的依据是数学建模概念的明确提出和数学建模教育的全面推进。对课程文件中有关数学建模的关注进行三阶段划分，体现了林德布洛姆论述的渐进决策中"有限连续渐进"的发展特征；同时，也体现了数学课程发展从注重社会本位的知识观到注重学科本质、学生发展、社会发展需求相统一的特点。

最后，基于渐进决策理论，在梳理数学建模素养内涵发展的过程时，从历史性视角对数学建模内涵的演变特征和动因进行概括分析，以及探寻数学建模素养内涵的渐进演变理路。在对数学建模素养内涵延拓进行历史分析时，参照凯撒（Kaiser）等人对不同数学建模观的分类，主要有现实性数学建模或应用性数学建模、认识论角度的数学建模或理论性数学建模、教育性数学建模、情境性数学建模、社会批判性数学建模、元认知数学建模等 6 种数学建模观。[②] 具体关于这 6 种数学建模观的描述与区分，该文献有详细阐述，这里不再赘述，重点在于分析不同历史时期颁布的课程文件对数学建模的关注体现了何种数学建模观，以及理清不同数学建模观发生动态变化的社会文化根源。

二、数学建模素养在教科书中的转化研究设计

前文介绍了数学建模素养内涵社会生成问题的研究设计，以此作为数学建模素养的课程转化起点。数学建模素养的第一次转化，是在教科书中的转化。这里需要说明的是，本研究中所说的数学建模素养在教科书中的转化是基于《高中新课标》的。即便目前已有研究指出《高中新课标》中的数学建模素养评价尚存一些问

---

① 课程教材研究所. 20 世纪中国中小学课程标准 · 教学大纲汇编（数学卷）[M]. 北京：人民教育出版社，2001：356-357.

② Kaiser G, Sriraman B. A global survey of international perspectives on modelling in mathematics education[J]. ZDM-Mathematics Education, 2006, 38(3): 302-310.

题①,但本研究的重点不在于对《高中新课标》中的数学建模内容进行批判性分析,主要从外显和内隐两个方面对数学建模素养在教科书中的转化进行考察,其基本假设是,《高中新课标》对数学建模的新定位,势必产生指向数学建模素养的教科书设计。具体看来,外显方面,主要关注指向数学建模素养发展的教科书是以怎样的方式组织和呈现数学建模主题内容的;内隐方面,主要关注教科书"函数"主题中数学建模问题的数量及其设计体现了怎样的特征。

(一) 研究对象

自《高中新课标》颁布之后,我国各大出版社相继出版了七个版本的普通高中数学教科书,现已全部投入使用。本研究选取其中三个版本的必修课程内容作为研究对象,分别为:北京师范大学出版社出版的《普通高中教科书　数学》(简称北师大版),包括必修和选择性必修 4 册②;江苏凤凰教育出版社出版的《普通高中教科书　数学》(简称苏教版),包括必修和选择性必修 4 册③;以及上海教育出版社出版的《普通高中教科书　数学》(简称沪教版),包括必修和选择性必修 7 册④。为什么选择这三个新版教科书作为研究对象?主要有二点考虑:一是这三个新版教科书都是依据教育部最新制定并颁布实施的《高中新课程》编制的,并经国家教材委员会专家委员会审核通过。尤其是沪教版数学教科书是基于上海两期课改的经验,首次按照国家课程标准编制,体现了沪教版高中数学教科书的"国家标准、上海特色、国际水平"特征。选取这三个新版教科书作为研究对象遵循了可比性原则。二是从编写人员来看,北师大版教科书主要由王尚志、张思明等人编写,苏教版教科书主要由单墫、徐嫁红等人编写,沪教版教科书主要由李大潜、徐斌艳、鲁小莉等人编写,这些编写人员对我国数学建模研究与实践起到了积极的推动作用。例如,21 世纪初,李大潜连同叶其孝、姜伯驹等数学家大力推行数学建模融入中学数学课程工作,使得数学建模教育取得了前所未有的成效;张思明在数学建模研究与实

---

① 邵光华,蒋周渠.数学建模素养评价模型与案例分析[J].中国数学教育,2020(8):3-10.

② 王尚志,保继光.普通高中教科书数学·必修第一册[M].北京:北京师范大学出版社,2019;王尚志,保继光.普通高中教科书数学·必修第二册[M].北京:北京师范大学出版社,2019;王尚志,保继光.普通高中教科书数学·选择性必修第一册[M].北京:北京师范大学出版社,2019;王尚志,保继光.普通高中教科书数学·选择性必修第二册[M].北京:北京师范大学出版社,2019.

③ 单墫,李善良.普通高中教科书数学·必修第一册[M].南京:江苏凤凰教育出版社,2020;单墫,李善良.普通高中教科书数学·必修第二册[M].南京:江苏凤凰教育出版社,2020;单墫,李善良.普通高中教科书数学·选择性必修第一册[M].南京:江苏凤凰教育出版社,2021;单墫,李善良.普通高中教科书数学·选择性必修第二册[M].南京:江苏凤凰教育出版社,2021.

④ 李大潜,王建磐.普通高中教科书数学·必修第一册[M].上海:上海教育出版社,2020;李大潜,王建磐.普通高中教科书数学·必修第二册[M].上海:上海教育出版社,2020;李大潜,王建磐.普通高中教科书数学·必修第四册[M].上海:上海教育出版社,2020;李大潜,王建磐.普通高中教科书数学·必修第三册[M].上海:上海教育出版社,2021;李大潜,王建磐.普通高中教科书数学·选择性必修第一册[M].上海:上海教育出版社,2021;李大潜,王建磐.普通高中教科书数学·选择性必修第三册[M].上海:上海教育出版社,2021;李大潜,王建磐.普通高中教科书数学·选择性必修第二册[M].上海:上海教育出版社,2022.

践方面笔耕不辍，著书立说，代表性著作有《中学数学建模教学的实践与探索》《从课程标准到课堂教学：中学数学建模与探究》等，被称为“中学数学建模的拓荒者”①；徐斌艳②、鲁小莉③等人近年来在国际权威期刊上发表了一系列与数学建模相关的研究成果；还有研究④发现，张思明、徐嫁红、王尚志等人是我国数学建模研究的高产作者。由此可见，这三个新版教科书的编者在数学建模研究与实践方面取得了卓越表现，而且他们对数学建模的思想、观念、价值观等势必会影响新版教科书的生产。选取这三个新版教科书作为研究对象兼具典型性与价值性。三是有研究报告显示，江苏、北京、上海三地在数学教育教学方面具有明显的优势。⑤ 另外，20 世纪 90 年代，上海、北京开始举办中学生数学知识应用竞赛，这称得上我国中学数学应用和建模活动的肇始。30 余年来，上海、北京两地在数学建模方面积累了丰富的实践经验，所以选取这三个新版教科书作为研究对象具有区域代表性。

（二）研究方法与理论框架

介于这部分以三个新版教科书为研究对象，为此选用内容分析法和个案比较法开展数学建模素养在教科书中的转化研究。

非介入性是教科书内容分析法的典型特征，即强调在不影响研究对象的前提下，研究者根据既有的理论框架对教科书内容进行静态的描述性分析。⑥ 这里所谓的内容分析法，是指先从整体上考察三个新版教科书对数学建模主题内容的编排，主要通过知识结构图的形式呈现，在于定位教科书中数学建模主题内容的组织和呈现方式。然后，对三个新版教科书中的数学建模主题内容进行系统性的内容分析。具体的分析指标如下所述。

吴康宁认为：“个案其实只是研究者用来窥探其自身与个案都安放于其中的那个世界的一个窗口而已。”⑦所谓的个案研究法，是指以三个新版教科书中“函数”主题为个案，分析“函数”主题中的诸多数学任务哪些可被称为数学建模问题（具体关于数学建模问题的判断标准如下所述），继而考查新版教科书中数学建模问题的设计特点。为什么选取“函数”主题为个案？一是函数模型是描述客观世界中变量

---

① 申炜，郑玉飞. 张思明：中学数学建模的拓荒者[M]. 北京：教育科学出版社，2009：1.

② Xu B, Lu X, Yang X, et al. Mathematicians', mathematics educators', and mathematics teachers' professional conceptions of the school learning of mathematical modelling in China[J]. ZDM-Mathematics Education, 2022: 1-13.

③ Lu X, Kaiser G. Can mathematical modelling work as a creativity-demanding activity? An empirical study in China[J]. ZDM-Mathematics Education, 2022,54(1): 67-81.

④ 牛伟强，张倜，熊斌. 中国中小学数学建模研究的回顾与反思：基于 1989—2016 年核心期刊文献的统计分析[J]. 数学教育学报，2017,26(5):66-70.

⑤ 蒋澍. 中小学数学教育教学研究报告(2016—2020 年)：基于人大复印报刊资料的转载数据[J]. 天津师范大学学报：基础教育版，2022,23(1):22-28.

⑥ 张倩，黄毅英. 教科书研究之方法论建构[J]. 课程·教材·教法，2016(8):41-47.

⑦ 吴康宁. 个案究竟是什么：兼谈个案研究不能承受之重[J]. 教育研究，2020,41(11):4-10.

关系和规律的重要数学语言和工具，也是普通高中最为常见、应用最为广泛的基本数学模型。二是《高中新课标》在教材编写建议中提到：应开发一些具有应用性、开放性、探究性的问题，解决这样的问题有助于学生数学素养的提升……通过特定设计的问题（非常规问题、开放性问题），引导学生展示数学理解力，满足学生自主探究的欲望，拓展学生的数学视野；也可以设定一些活动环节，让学生自己收集整理资料，形成研究成果等。① 可以肯定地说，教科书编者为了回应数学课程标准，除显性编排数学建模主题内容以外，还在其他主题中有意设计了契合数学建模素养发展的数学建模问题。

从既有研究来看，意识形态取向、工艺取向和教学取向构成教科书分析的三种主要价值取向。② 数学建模素养在教科书中的转化研究是基于教学取向的，主要是为数学建模素养在实施课程中的转化奠定基础，即为数学建模素养的教学转化服务。喻平③从知识的角度认为数学教科书主要是由知识构成的，知识可以分为显性的和隐性的，进而提出数学教科书分析包括显性知识分析和隐性知识分析两个层面。显性知识是指以文字、符号、图形等方式外显于教科书中的显性课程资源，隐性知识主要是指内隐于教科书中的隐性素材性课程资源。基于此，从"外显—内隐"双重视角考察数学建模素养在教科书中的转化。具体来说，就是从外显视角分析教科书中数学建模主题内容的编排结构特点，从内隐视角分析教科书"函数"主题中数学建模问题的设计特点。

（三）分析指标体系的构建

1. 外显视角下教科书中数学建模主题内容的编排分析指标体系的构建

已有研究对教科书中数学建模主题内容的编排进行了内容分析，所建构的分析维度都具有一定的理论意义。概况看来，其建构的分析维度见表 3.2。

由表 3.2 可以看出，已有研究所建构的分析维度既有共性，也有个性。共性方面表现为都有内容分布、问题情境、数学建模过程等维度，个性方面表现为有的研究关注了信息技术的使用，有的研究关注了问题的真实性和表征水平。应注意到，《高中新课标》在教材编写建议中提到：通过特定设计的问题（非常规问题、开放性问题），引导学生展示数学理解力，满足学生自主探究的欲望，拓展学生的数学视野；也可以设定一些活动环节，让学生自己收集整理资料，形成研究成果等。④ 为此，新版教科书不仅将数学建模主题内容同函数、几何、代数、统计、概率等显性的知识并列呈现，还在其他四个主题内容中通过渗透、设计一定数量的数学建模问题

① 中华人民共和国教育部. 普通高中数学课程标准（2017 年版 2020 修订）[M]. 北京：人民教育出版社，2022：93.

② 李祖祥. 教科书分析的三种取向[J]. 湖南师范大学教育科学学报，2007，6(5)：10-13.

③ 喻平. 数学教育基本问题研究[M]. 南京：南京师范大学出版社，2019：62.

④ 中华人民共和国教育部. 普通高中数学课程标准（2017 年版）[M]. 北京：人民教育出版社，2018：95.

来实现数学建模素养的培养目标。然而，上述研究主要聚焦于教科书中数学建模的外显内容进行文本分析，较少关注其他主题中的数学建模问题设计。另外，个别研究中所建构的情境问题维度，一定程度上可看作数学建模活动的展开方式，因为数学建模活动是以情境性的任务呈现的。换句话说，情境问题只是数学建模主题内容呈现的一种表征方式。

表 3.2 已有研究建构的教科书中数学建模内容的分析维度

作者	分析维度	研究对象
张维忠，徐佩雯①	整体结构、情境表述、问题表述、模型类型、建模过程	人教 A 版必修 1
李保臻，陈国益②	内容分布及编排、类型及数量、真实性水平、表征水平	人教 A 版、北师大版、湘教版
吴文斌，吕世虎③	内容分布与呈现、情境—问题、建模过程、信息技术使用	湘教版、人教 A 版选择性必修
董玉成，徐斌艳④	内容展开方式、建模的基本功能、所依循的建模流程、问题情境	人教版、湘教版、苏教版、北师大版

因此，外显视角下新版教科书中数学建模主题内容编排的分析指标体系的构建，是在综合已有研究的基础上，依据"绪论"中对数学建模素养概念的界定，以及课程标准对数学建模的定位与要求，将新版教科书中的数学建模主题内容分解为整体编排结构、展开方式、数学建模活动类型、数学建模过程、数学建模活动的情感性等 5 个维度。具体分析指标及其操作性说明如下：

(1) 维度 1：整体编排结构

整体编排结构，是指从整体上考察数学建模主题内容在三个新版教科书中的分布及其转化方式，体现了教科书编者对数学建模主题内容的设计风格。根据《高中新课标》的要求，新版教科书不仅将数学建模作为独立的主题内容而设置，还在其他主题有所侧重地编排了数学模型的实际应用内容。首先，按照张维忠和徐佩

① 张维忠，徐佩雯. 高中数学新教材中的数学建模[J]. 浙江师范大学学报(自然科学版)，2020，43(3)：349-354.

② 李保臻，陈国益. 高中数学教科书中数学建模问题情境的比较研究[J]. 数学教育学报，2022(3)：6-14.

③ 吴文斌，吕世虎. 湘教版与人教 A 版高中数学选择性必修教科书数学建模内容比较研究[J]. 当代教育与文化，2022，14(1)：55-59.

④ 董玉成，徐斌艳. 我国高中数学教材中数学建模的处理：以人教版、湘教版、苏教版和北师大版教材为例[J]. 课程·教材·教法，2014，34(12)：51-56.

雯[①]对人教版教科书中数学建模内容的处理，即提取教科书中有“应用”“模型”“建模”等文字表述且符合数学建模内涵的章节；然后，通过知识结构图的形式将数学建模主题内容呈现出来，再分析数学建模素养的教科书转化方式。具体的转化方式分为专题式、融入式和独立式。专题式，是指教科书以专题形式呈现数学建模主题内容，在编排方式上，通常编排于每册教科书不同章节的最后；融入式，是指教科书将数学建模主题内容以融入的方式与其他主题内容整合呈现，在编排方式上，通常以连续编排的章节呈现；独立式，是指教科书将数学建模主题内容单独成册，在编排方式上，独立设置数学建模活动，不与其他主题内容直接关联。具体见表3.3。

表 3.3 “整体编排结构”维度的分析指标与操作性说明

维 度	分析指标	操作性说明
整体编排结构	内容分布	通过知识结构图的形式，将教科书中有“应用”“模型”“建模”等文字表述且符合数学建模内涵的章节呈现出来
	转化方式	专题式：教科书以专题形式呈现数学建模主题内容 融入式：教科书将数学建模主题内容以融入的方式与其他主题内容整合呈现 独立式：教科书将数学建模主题内容单独成册，独立设置

例如，通过知识结构图的方式提取苏教版教科书中数学建模主题内容的分布情况，见表3.4。

从表3.4可以看出，苏教版教科书以多样化的方式呈现了数学建模主题内容。不仅以专题形式呈现了4个数学建模课例活动，还在部分章节中编排了应用数学知识解决实际问题的内容，如在必修课程第一册第7章“三角函数”和第8章“函数应用”中，编排了应用函数模型解决实际问题的内容；另外，通过设计7个“应用与建模”栏目，体现了数学建模的教育价值。从转化方式来看，苏教版教科书主要以“融入式＋专题式”实现数学建模素养在教科书中的多路径转化。

① 张维忠，徐佩雯．高中数学新教材中的数学建模[J]．浙江师范大学学报（自然科学版），2020，43(3)：349-354.

表 3.4　苏教版教科书中数学建模主题内容的分布

必修	第一册	第 7 章　三角函数/7.4 三角函数的应用 应用与建模　港口水深的变化与三角函数 第 8 章　函数应用/8.2 函数与数学模型 应用与建模　体重与脉搏 专题　数学建模与数学探究
	第二册	第 11 章　余弦定理、正弦定理的应用 应用与建模　拟柱体体积公式 应用与建模　阶梯电价的设计 专题　数学建模与数学探究
选择性必修	第一册	应用与建模　双曲线时差定位法 第 5 章　导数及其应用/5.3 导数在研究函数中的应用 应用与建模　三次样条模型 专题　数学建模与数学探究
	第二册	应用与建模　区分蠓蚊 专题　数学建模与数学探究

(2) 维度 2:展开方式

展开方式,是指对三个新版教科书提供的数学建模活动的呈现方式进行分析。数学建模活动与函数、几何与代数、概率与统计等主线具有同等课程定位。具体看来,主要从情境表述、问题表述、组织形式等维度,对三个新版教科书呈现的数学建模活动进行内容分析。情境表述,是指新版教科书在组织和呈现数学建模活动时所使用的现实情境的类型及其真实性情况,以及对数学建模活动的信息描述。现实情境的类型参照 PISA 2021 中的个人情境、职业情境、社会情境、科学情境四种类型进行划分;现实情境的真实性参照夏雪梅和刘潇的研究①,划分为虚假真实、净化真实、模拟真实、现实真实四种;对数学建模活动的信息描述参照徐斌艳的研究②,划分为完整(封闭)、冗余、不足三种。问题表述包含两个方面:一方面,是指教科书在提出问题时所使用的句式,参照徐斌艳的研究②,划分为陈述句和疑问句两种;另一方面,是指教科书呈现问题的类型,参照张维忠和徐佩雯的研究③,划分为封闭式和开放式两种。组织形式,是指新版教科书呈现的数学建模活动是要求

① 夏雪梅,刘潇.素养视角下中美数学项目驱动性问题设计的比较研究[J].全球教育展望,2022,51(7):45-61.

② 徐斌艳.高中数学教材探究内容的分析指标体系及比较研究[J].课程·教材·教法,2012(10):35-40.

③ 张维忠,徐佩雯.高中数学新教材中的数学建模[J].浙江师范大学学报(自然科学版),2020,43(3):349-354.

个人完成，还是团队合作完成。具体见表3.5。

表3.5　“数学建模活动展开方式”维度的分析指标与操作性说明

<table>
<tr><th>维度</th><th>分析指标</th><th colspan="2">操作性说明</th></tr>
<tr><td rowspan="7">数学建模活动展开方式</td><td rowspan="3">情境表述</td><td>情境类型</td><td>个人情境：聚焦于个体活动、个体家庭以及个体的同辈群体
职业情境：聚焦于真实世界中的工作
社会情境：聚焦于人类群体
科学情境：涉及自然界中的数学应用，以及与科学技术相关的问题与主题</td></tr>
<tr><td>情境真实性</td><td>虚假真实：为了某个数学知识而人为构造的假问题，情境与现实生活不相符
净化真实：基于真实的情境而提出的简化问题，为知识的习得设定、简化了特定的条件
模拟真实：模拟过去、现在或未来的现实情境中的各种因素和限制条件而提出的问题，提出模拟问题解决的成果
现实真实：源于现实世界的问题，在现实情境中可以应用和操作，面对真实的受众，形成可应用于现实世界的设计或方案，并接受真实世界受众或专家的检验</td></tr>
<tr><td>数学信息</td><td>完整（封闭）：所给的数学条件刚好用于解决该数学建模任务
冗余：给出了多余的数学信息或条件
不足：所提供的数学信息或条件不足以解决问题，需要学生自己收集补充</td></tr>
<tr><td rowspan="2">问题表述</td><td>句式</td><td>陈述句：直接陈述一个数学事实、任务或活动要求，句末一般用句号表示
疑问句：用询问或反问等方式表示问题要求，句末一般用问号表示</td></tr>
<tr><td>类型</td><td>封闭式：答案和解答方法都唯一
开放式：结论开放（没有预设的结论，学生得出的结论是多元的）或过程开放（没有规定使用某种模型或方法解决问题，学生解决的过程是多元的）</td></tr>
<tr><td rowspan="2">组织形式</td><td>个人</td><td>没有明确要求两人或以上合作完成的数学建模活动</td></tr>
<tr><td>团队</td><td>两人及以上合作进行的数学建模活动</td></tr>
</table>

例如，北师大版必修第一册第八章“数学建模活动(一)”的第 3 节“数学建模活动的主要过程”中有一道习题(第 233 页)，题目如下：

请到商场观察，选定一种随着大小(型号)不同而价格不同的商品。

(1) 找出这种商品随着大小(型号)不同而价格变化的规律；

(2) 根据规律预测这种商品不同大小(型号)的价格；

(3) 根据规律给消费者或生产者提出建议。

在上面解决问题的过程中，做了哪些假设？为什么这样假设？

根据表 3.5，上述习题在情境表述上体现的特征有：该情境发生于商场，聚焦于个人生活，其情境类型为个人情境；习题的设置在于强调数学建模过程中假设环节的重要性，可视作人为虚构的现实情境。因为现实生活中商场一般不会根据商品的体积或型号调整价格，主要是根据销量调整价格，其情境真实性可判定为虚假真实；所提供的已知条件较为开放，需要学生自行搜集商品单价、型号、销量等信息并作出合理假设等，其数学信息为不足。在问题表述上体现的特征有：前三个要求是通过“陈述句”呈现的，在此基础上，通过“疑问句”要求学生回顾数学建模过程中的假设简化环节；解决该问题的过程是多样的，习题并未要求使用特定模型，所得到的结论也是开放的，问题类型为开放式。在组织形式方面，该习题并未明确要求多人合作完成，因此认定为个人活动。

(3) 维度 3：数学建模活动类型

数学建模活动类型，是指三个新版教科书在设计数学建模活动时，为学生提供的活动条件和空间，参照徐斌艳的研究①，将数学建模活动类型改进、划分为解答活动、写作活动、项目活动和实验活动。具体见表 3.6。

例如，北师大版必修第一册第八章“数学建模活动(一)”的第二节“数学建模的主要步骤”中有一道习题(第 225 页)，题目如下：

在互联网上搜索一篇数学建模论文，并分析步骤，审视假设的合理性。

根据表 3.6，不难看出上述习题的设计在于强化学生对数学建模过程的认识，尤其是对数学建模过程的假设环节的认识，只不过是借助计算机和互联网工具搜集已有的数学建模论文的方式而设计的，属于信息技术类实验活动。

再如，苏教版必修第一册“应用与建模”栏目中的问题(第 229 页)，题目如下：

生物学家认为，睡眠中的恒温动物依然会消耗体内能量，主要是为了保持体温。研究表明，消耗的能量 E 与通过心脏的血流量 Q 成正比。根据生物学常识知道，动物的体重与体积成正比。表 1(略)给出了一些动物体重与脉搏率对应的数据。

(1) 根据生物学知识，给出血流量与体重之间的数学模型；

(2) 建立脉搏率与体重关系的数学模型；

---

① 徐斌艳. 高中数学教材探究内容的分析指标体系及比较研究[J]. 课程·教材·教法，2012(10)：35-40.

(3) 根据表1(略),作出动物的体重和脉搏率的散点图,验证所建立的数学模型。

表3.6 "数学建模活动类型"维度的分析指标与操作性说明

维度	分析指标	操作性说明
数学建模活动类型	解答活动	验证反思:对自己或他人已有的解答过程或结论进行验证或反思 计算证明:利用数学公式、定理等进行数学意义上的计算、证明 推测解释:根据问题情境对可能的解答过程或结论进行推测、判断或解释
	实验活动	信息技术类:借助信息技术实验性探索问题,经历数学化过程 跨学科类:设计或参与小型的跨学科类实验,如物理、化学、生物等实验,观察分析实验中的数学 日常生活类:通过日常生活活动,体验生活中的数学应用价值
	写作活动	对过程的写作:以语言文字或报告的形式呈现数学建模的过程与方法 对结论的写作:以语言文字或报告的形式呈现数学建模结论
	项目活动	文本式作品:围绕某一实际问题,以文本作品的形式呈现数学建模活动成果 技术式作品:围绕某一实际问题,以技术作品的形式呈现数学建模活动成果

上述问题要求学生根据生物学知识建立血流量与体重、脉搏率与体重之间的函数模型,第三问旨在要求学生验证所建数学模型的合理性。根据表3.6,不难看出该数学建模活动类型属于解答活动中的验证反思。

(4) 维度4:数学建模过程

数学建模过程,是指新版教科书中数学建模活动的开展步骤。其实,数学建模素养的生成或表现体现在学生经历数学建模活动的过程中,数学建模本身就是一个过程。因此,需要分析三个新版教科书设计的数学建模活动期望学生经历怎样的数学建模过程。应注意到,数学建模过程不存在固定的步骤,其过程是多样化的。在具体处理教科书中的数学建模活动时,本研究参照了鲁小莉等人[①]对学生数学建模素养的评价工具的研究,将完整的数学建模过程划分为理解现实情境,实际情境结构化为情境模型,再抽象转化为数学模型,并对建立的数学模型进行解答,结合实际情境解释解答、检验模型。若解释和检验合理,则完成数学建模过程;

① 鲁小莉,程靖,徐斌艳,等.学生数学建模素养的评价工具研究[J].课程·教材·教法,2019(2):100-106.

若解释和验证不合理，则重新经历数学建模过程。这一过程与《高中新课标》中给出的数学建模过程较为相似。在此基础上，本研究还参照布鲁姆（Blum）的七循环数学建模过程①，定义了教科书中的数学建模活动涉及的分析指标及其过程操作性，具体见表 3.7。继而，将三个新版教科书对数学建模活动过程的描述与学术界对数学建模循环的认识进行横向比较，概括不同版本教科书体现的数学建模过程特点。

表 3.7 “数学建模过程”维度的分析指标与操作性说明

维度	分析指标	操作性说明
数学建模过程	理解情境	对现实情境进行理解
	简化或结构化	根据对实际情境的理解，将实际情境结构化为情境模型，并简化情境中的一些影响因素，形成情境模型
	数学化	将被结构化的情境模型转化为数学问题，形成数学模型
	问题求解	通过数学方法解决提出的数学问题，获得数学解答
	解读数学结果	根据具体的现实情境解读并检验数学结果，并将所得结果返回到现实情境中进行检验，获得现实结果
	检验	进一步对现实结果的有效性进行检验、分析与思考
	反馈与优化	反馈给现实情境，对数学模型进行优化与重构

例如，沪教版必修第四册第 1 部分“数学建模活动案例”中的“红绿灯管理”数学建模活动，其设计过程为“提出问题—构建模型—求解模型—检验模型—总结”。从这一数学建模过程来看，“提出问题”就是表 3.7 中的“理解情境”分析指标，即对现实情境的理解、识别哪些变量、需要做哪些假设等；“构建模型”就是“数学化”分析指标；这一数学建模活动省去了“简化或结构化”过程；“求解模型”就是“问题求解”分析指标；“检验模型”就是“解读数学结果”分析指标，意在突出对已建数学模型的检验和对所得数学结果的解释；“总结”就是“反馈与优化”分析指标；对现实结果有效性的检验未能表现出来。

（5）维度 5：数学建模活动的情感性

数学建模活动的情感性，是指教科书中的数学建模活动蕴含的情感因素。数学建模素养是综合应用知识从数学的角度解决实际问题的素养，包括知识、能力和情感的综合。教科书中的情感同教师情感和学生情感一样，共同构成了教学中丰富而复杂的情感现象。对三个新版教科书中数学建模内容进行情感维度分析，将有益于系统化地认识数学教科书中的情感现象，深挖数学教科书中的情感资源，以

① Blum W. Quality teaching of mathematical modelling: what do we know, what can we do? [C]// The Proceedings of the 12th International Congress on Mathematical Education. Cham: Springer, 2015: 73-96.

进一步优化数学建模活动教学。其实，既有研究更多地关注了人的情感分析，如对教师和学生的情感分析。但是，教科书并非一般意义上的物，而是人化了的物。再者，数学建模是一种实践性活动，学生数学建模活动中自然而然地会伴随各种情感体验。因此，教科书不可避免地蕴含着情感因素。参照卢家楣的研究①，本研究将教科书中数学建模活动蕴含的情感因素划分为显性情感、隐性情感、悟性情感和中性情感四种类型。具体看来，显性情感是指教科书中的数学建模活动通过语言文字材料或直观形象材料等，使学生能够直接感受到的情感。隐性情感是指教科书中的数学建模活动主要在于反映客观事实，并不带有明显的情感色彩，但在反映客观事实的过程中仍然会无意识地让人感受到其中所隐含的情感。悟性情感是指教科书中的数学建模活动完全反映客观事实及其规律，本身不含显性或隐性情感因素，但具有引起情感的某种因素，主要包括非认知因素。中性情感是指教科书中的数学建模活动不含任何情感因素。具体见表3.8。

表3.8 “数学建模活动的情感性”维度的分析指标与操作性说明

维度	分析指标	操作性说明
数学建模活动的情感性	显性情感	数学建模活动通过语言文字材料或直观形象材料等，使学生能够直接感受到的情感
	隐性情感	数学建模活动反映的是客观事实，并不带有明显的情感色彩，但在反映客观事实的过程中仍然会无意识地让人感受到其中所隐含的情感
	悟性情感	数学建模活动完全反映客观事实及其规律，本身不含显性或隐性情感因素，但具有引起情感的某种因素
	中性情感	数学建模活动不含任何情感因素

例如，沪教版必修第四册第3部分“数学建模活动B”中的“外卖与环保”案例（第40页），题目如下：

请同学们组队讨论外卖对环境的影响，根据对周边区域的实地调研数据，估算上海地区由于外卖所产生的废弃物数量，结合《上海市生活垃圾处理条例》的实施，定理分析这些废弃物对环境的影响。

上述“外卖与环保”数学建模活动的题目表述，直接说明了由外卖包装废弃物而引起的环境污染问题，在于让学生通过建立数学模型来定量刻画废弃物对环境的影响。所以，“外卖与环保”数学建模活动的情感性属于显性情感。

再如，北师大版必修第一册第八章“数学建模活动（一）”的第一节“走进数学建模”中的哥尼斯堡七桥问题（第220页）。

哥尼斯堡七桥问题的设计在于让学生对数学建模及其过程产生直观认识，体会数学建模的意义。同时，教科书借助欧拉对实际问题的抽象概括，用数学模型把

① 卢家楣.教材内容的情感性分析及其处理策略[J].心理科学，2000，23(1)：42-47，125-126.

实际问题转化为数学问题，又用数学的思想方法分析、解决了这个问题的经典案例，能够引起学生对数学家科学精神和创新意识的尊崇，激发学生学习数学建模的兴趣。所以，哥尼斯堡七桥问题的情感性属于隐性情感。

综上所述，以上5个维度及其分析指标和操作性说明，构成了完整的数学建模主题内容编排的分析指标体系，如图3.3所示。通过建构的分析指标体系，对北师大版、苏教版和沪教版教科书中数学建模主题内容的呈现方式和组织形式进行文本分析。

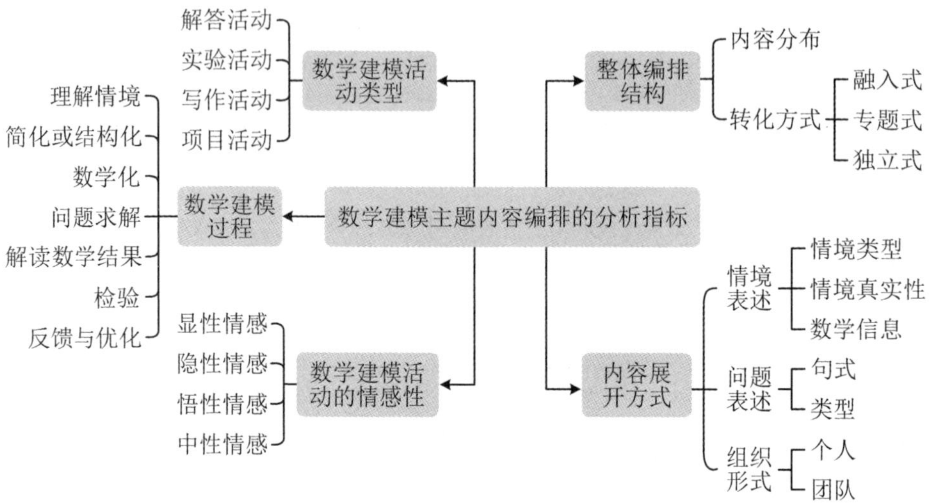

图3.3　数学建模主题内容编排的分析指标

2. 内隐视角下新版教科书“函数”主题中数学建模问题设计的分析指标体系的构建

对教科书中数学建模问题的设计进行分析，涉及两个方面：一方面，以“函数”主题为个案，梳理该主题一共包含多少个数学任务。数学任务是指将学生的注意力聚焦到与一个特定数学内容相关的一系列问题或一个较复杂问题上的数学活动。① 例如，苏教版必修第一册第7章“三角函数”第203页的习题6，题目如下：

心脏跳动时，血压在增加或减小。血压的最大值、最小值分别称为收缩压和舒张压，血压计上的读数就是收缩压和舒张压，读数120/80 mmHg为标准值。

设某人的血压满足函数式 $p(t)=115+25\sin(160\pi t)$，其中，$p(t)$为血压（单位：mmHg），$t$ 为时间（单位：min），试回答下列问题：

(1) 求函数 $p(t)$的周期；

(2) 求此人每分钟心跳的次数；

(3) 画出函数 $p(t)$的草图；

① 宋运明，张学杰．小学课堂中数学任务特征研究：基于G省小学数学优质课观摩交流活动[J]．课程·教材·教法，2018(11)：104-109.

(4) 求出此人的血压在血压计上的读数,并与标准值比较。

在本研究中,将如同这样的问题视作一个数学任务。另一方面,在所有的数学任务中,哪些数学任务称得上数学建模问题,就需要对数学建模问题的判定标准进行说明。有研究①以是否涉及现实情境,区分了数学建模与问题解决:数学建模必须涉及现实情境,而问题解决不要求涉及现实情境。与此观点类似的是,朱雁和范良火②以是否与现实生活关联,区分了数学教科书中的应用型问题和非应用型问题。他们提出应用型问题来源于现实生活情境,既可以是虚构的,也可以是真实的;而非应用型问题与现实生活无关。美国学者道格拉斯·A. 格劳斯(Douglas A. Grouws)将文字应用题分成三个部分:第一部分是处理教科书中传统的文字应用题,如年龄问题以及距离、速度、时间问题;第二部分是关于从函数角度来处理的问题;第三部分是关于无确定答案的一般化开放性问题。③ 其实,以往所说的文字应用题可以说是数学建模问题的雏形,因为"数学建模的对象确实有许多是应用题,但数学建模所涵盖的范围要大很多"④。

具体看来,教科书中的文字应用题往往表现出这样的特点:已知条件不多不少,待解决的问题清楚明确,数学化的过程通常只需要套用标准数学公式,所获的数学结果几乎不需要思考是否与实际相符,更不用调整和修改已建立的模型,答案存在且唯一,等等。例如,有研究⑤以"消防车调配问题"为例,比较了数学建模问题和数学应用题之间的区别,主要体现在问题呈现的方式不同、已知条件的清晰度不同、结果评判方式不同,以及问题解决的复杂性和综合性不同。以上几点往往反映了数学建模的独特之处,也是数学建模过程中尤为重要的环节。从数学建模的角度反观教科书中的传统文字应用题,发现它们在数学建模过程中是比较特殊的或简化的,还不能充分展现数学建模的完整过程。立足当下,素养导向下的数学建模活动教学,更多地需要转化教科书中体现数学建模过程、具有现实情境的文字应用题。

概而言之,数学建模问题与文字应用题既有相似之处,也有不同之处。相似之处在于,它们都是以现实情境为载体的数学问题,都需要构建数学模型进行求解,但二者的差异也是明显的。首先,文字应用题是在学生学习相关数学知识后用于练习巩固的,目的在于提高学生对数学知识的运用能力,即从数学知识指向数学问题;而数学建模问题一般是没有明确的知识导向的,一个数学建模问题往往有多种

① Vos P. What is 'authentic' in the teaching and learning of mathematical modelling? [J]. Trends in Teaching and Learning of Mathematical Modelling, 2011: 713-722.

② Zhu Y, Fan L. Focus on the representation of problem types in intended curriculum: a comparison of selected mathematics textbooks from Mainland China and the United States[J]. International Journal of Science and Mathematics Education, 2006,4(1): 609-626.

③ 格劳斯. 数学教与学研究手册[M]. 陈昌平,等译. 上海:上海教育出版社,1999:453.

④ 张思明. 中学数学建模教学的实践与探索[M]. 北京:北京教育出版社,1998:9.

⑤ 张文涛,林健. 在解决"消防车调配问题"过程中理解数学建模[J]. 数学通报,2022(3):56-60.

解决途径或数学模型，因此数学知识的运用并不唯一，学生可以根据需求选择任意数学知识，即从数学问题指向数学知识。[①] 其次，数学建模问题的情境更加真实，所使用的数据往往都是未修饰的，如文字应用题中可能会出现某人以 5 m/s 的速度快速奔跑的条件，而数学建模问题中更有可能出现的是某人跑 100 m 花了 19.2 s，至于奔跑速度是多少，需要学生自行假设：这个人可能是匀速直线运动，然后用路程=速度×时间的数学模型进行求解。最后，数学建模问题一般更加开放，包括条件开放（信息冗余或缺失）、思路开放（可用于多种数学模型或数学知识）和结论开放（一般没有绝对的标准答案，与提出的问题和假设有关），而文字应用题一般较为封闭。

从目的来看，数学建模问题更加贴近现实，问题提出和叙述往往是原始的、粗糙的、不规范的，其目的的表达比较笼统，而文字应用题叙述严谨、目标明确；从过程来看，数学建模问题往往面对的是没有已知条件的现实情境，需要建模者根据情况自己分析问题、提出假设，并对问题进行简化，而文字应用题的已知条件是明确的，不需要提出假设和简化；从结果来看，数学建模问题没有标准方法和标准答案，不同的人可能建构不同的数学模型，而文字应用题有确定性的唯一标准答案。数学建模问题更多的是一种复杂的实际问题，对数学建模者的综合能力要求更高、更全面。可以说，数学建模问题是融情境性、真实性、过程性和实践性于一体的文字应用题。从严格意义上说，数学建模问题是来自现实（情境不可被剥离）的包含完整数学建模过程的问题。也就是说，数学建模的现实情境所提供的信息不可能恰到好处，待解决的问题也不可能都是明确的，这才符合数学建模的真实情况。

考虑到教科书中完全的数学建模问题相对较少，学生在学习过程中遇到的多是“人为”的文字应用题，这些应用题与他们生活中遇到的实际问题之间存有较大差距。同时，教科书中的应用题和真正的数学建模问题之间又存在复杂的联系。其实，应用题教学虽然一直以来都发挥着数学的“应用功能”，但是还未能得到充分的反思与批判性的关注。可以说，应用题教学并没有达到培养学生数学建模素养的目标[②]，因为教科书中呈现的应用题大多数是人为“包装”的数学任务，剥离应用题背景完全不影响问题的解决。一般认为，如同北师大版必修第二册第一章“三角函数”的第八节“三角函数的简单应用”中的例题（第 64 页）便可称作数学建模问题，题目如下：

例 水车问题。

水车是一种利用水流的动力进行灌溉的工具，工作示意图如图 1-72（图略）。设水车（即圆周）的直径为 3 m，其中心（即圆心）O 到水面的距离 $b=1.2$ m，逆时

---

① Hankeln C. Mathematical modeling in Germany and France: a comparison of students' modeling processes[J]. Educational Studies in Mathematics, 2020, 103(2): 209-229.

② Verschaffel L, Schukajlow S, Star J, et al. Word problems in mathematics education: a survey[J]. ZDM-Mathematics Education, 2020, 52(1): 1-16.

针匀速旋转一周的时间是 $\frac{4}{3}$ min，水车边缘上一点 P 距水面的高度为 h(单位：m)。

(1) 求 h 与旋转时间 t(单位：s)的函数解析式，并画出这个函数的图像。

(2) 当雨季河水上涨或旱季河流水量减少时，所求得的函数解析式中的参数将会发生哪些变化？若水车转速加快或减慢，函数解析式中的参数又会受到怎样的影响？

从水车问题可以看出，要求数学任务符合数学建模内涵的基本特征，即问题应基于(不局限于)现实情境，或已知条件较为开放，或问题需要假设与简化，或需要建立数学模型，或解决思路不唯一，或需要进行评价反思，等等。例如，上面列举的水车问题，就需要将已知条件转化“翻译”成“数学语言”，进而建立三角函数模型并求得数学结果。在此基础上，具体在提取教科书中数学建模问题时，再根据顾泠沅提出的数学认知水平理论①，将契合第三层级的“领会——说明性理解水平”和第四层级的“分析——探究性理解水平”，即属于较高认知水平的数学任务视作数学建模问题。也就是说，教科书中的数学建模问题需要符合两个基本要求：一是在形式上，至少需要满足数学建模过程的一个环节；二是在内容上，需要满足较高的数学认知水平。另外规定，如果一个数学任务包含多个小问题，按一个题量计数。换言之，在统计题量时，按照大题计数，如上述列举的血压计问题或水车问题只算一个数学任务。为方便计数，按照教科书中标注“例”“习题”“练习”等字样的数学任务为计数对象。

在明确数学建模问题判定标准的基础上，以微观发生法为方法论基础，对三个新版教科书“函数”主题中的数学建模问题设计进行分析与比较。那么，何为微观发生法？所谓的微观发生法，是相对教科书研究的宏观取向而言的，既有的数学教科书更多的是从宏观视角聚焦于内容编排、例和习题的设计或呈现方式等方面的差异比较②，难以考察教科书中的数学建模问题是如何设计的，以及数学建模问题与数学知识之间是如何有机结合的。辛自强和林崇德③从认知变化的角度给出了微观发生法的定义，认为微观发生法是基于一般意义上的发生法演变而来的一种特殊的发生法，是对认知变化进行精细研究的一种比较有效的方法。在此基础上，首新和胡卫平等人④认为微观发生法是一种更加深入、更加细致地从微观视角探索某一现象背后的原因及其产生该现象的发展过程。可以看出，微观发生法为动

① 沈兰，郑润州．变革的见证：顾泠沅与青浦教学实验 30 年[M]．上海：上海教育出版社，2008：335.

② 汪飞飞，段乔雨．我国中小学数学教科书研究的回顾与反思[J]．现代基础教育研究，2020(2)：183-189.

③ 辛自强，林崇德．微观发生法：聚焦认知变化[J]．心理科学进展，2002，10(2)：206-212.

④ 首新，胡卫平，林长春，等．小学科学教科书“科学探究”设计的微观发生法比较：以中美日三国“磁”内容为例[J]．湖南师范大学教育科学学报，2017，16(5)：35-42.

态考察知识建构的精细过程提供了有力的工具，也为揭示教科书中数学建模问题设计的差异提供了新的方法论视角。参照辛自强等人的研究①，可以从变化路线、变化速率、变化广度、变化模式的多样性和变化来源等维度，对事物的发展过程进行微观详尽的描述。为此，基于上述对数学建模问题与应用题的横向比较，本研究从变化路径、变化速率、变化广度、变化来源等四个维度，对北师大版、苏教版和沪教版三个新版教科书中数学建模问题的设计特点进行微观比较分析，从而构建内隐视角下新版教科书"函数"主题中数学建模问题设计的分析指标体系。之所以没有考察"变化模式的多样性"维度，主要是因为这个维度更多地反映学生解决数学建模问题时的意识和行为变化，而教科书中的数学建模问题只是一种预期解决的数学任务，很难真实地反映学生解决数学建模问题所采用的策略、模式以及变化多样性。另外，从变化的角度分析教科书"函数"主题中的数学建模问题设计特点，发现教科书编者是秉持一个研究假设的，在于从必修内容到选择性必修内容的扩展，所以教科书"函数"主题中设计的数学建模问题会随之发生实质性的改变。例如，更加凸显数学建模的全过程，更加关注数学建模问题的较高表征水平，更加重视数学建模问题的跨学科融合程度，等等。具体的分析维度如下：

(1) 维度1：变化路径

变化路径，是指三个新版教科书中"函数"主题在数学建模问题的设计上，是否经历了不同阶段的数学建模过程及其存在哪些共性和差异。考虑到教科书中数学建模问题的设计意图，在于间接性、内隐性地表达"数学建模是一种过程"的观点，进而增强学生对数学建模及其过程的认识和理解。因此，根据本章中的表3.7，同样地，本研究将教科书中数学建模问题的设计划分为理解情境、简化或结构化、数学化、问题求解、解读数学结果、检验、反馈与优化等七个阶段。以上述界定的数学建模问题为分析单位，统计、比较三个新版教科书中"函数"主题在数学建模问题的设计上是否体现了数学建模过程的七个阶段，以及不同版本教科书在关注数学建模过程中有何不同倾向。

例如，沪教版必修第一册第5.3节"函数的应用"中的例3(第136页)就满足数学建模问题的判定标准，题目如下：

动物园要建造一面靠墙且面积相同的两间相邻的长方形熊猫居室，如图5-3-5(图略)。如果已有材料可建成的围墙总长度为30米，问当宽 x 为多少米时，才能使所建造的熊猫居室总面积最大？熊猫居室的最大面积是多少平方米？

分析此题：首先，需要理解情境，明确所建造的居室是一面靠墙且面积相等、相邻的两居室，这一限定要求是解决此数学建模问题的前提条件；然后，题目中已经呈现了居室的示意图，因此无需简化或结构化现实情境，只需根据题意把问题中的

① 辛自强，俞国良.问题解决中策略的变化：一项微观发生研究[J].心理学报，2003(6)：786-795.

有关变量及其关系表示出来，通过长方形面积公式表示宽和面积之间的函数关系；接着，根据所建立的函数模型求解这一问题，获得数学结果；最后，在此基础上，需要结合实际，考虑宽 x 的隐含限定条件（$0<x<10$），也即解读数学结果。至此完成这一数学建模问题的解答。故知，这一数学建模问题包含了数学建模过程中的理解情境、数学化、问题求解和解读数学结果这四个阶段。

（2）维度 2：变化速率

变化速率，是以单元为横坐标，以数学建模问题水平为纵坐标。具体的单元以《高中新课标》中对“函数”主题划分的单元为标准。其中，必修课程中“函数”主题包含“函数概念与性质”“幂函数、指数函数、对数函数”“三角函数”“函数应用”四个单元；选择性必修中“函数”主题包含“数列”“导数及其应用”两个单元。根据前文对数学建模问题的界定，考察三个新版教科书中每个数学建模问题的表征水平。借鉴徐斌艳等人的研究，将三个新版教科书中数学建模问题的表征水平划分为记忆与再现（水平 1）、联系与变式（水平 2）、反思与拓展（水平 3）这三个层次，具体的操作性说明见表 3.9，目的在于比较、分析三个新版教科书中数学建模问题的设计从低水平到高水平究竟是怎么发展的。

表 3.9　数学建模问题的表征水平及其操作性说明①

表征水平	操　作　性　说　明
记忆与再现（水平 1）	能够在熟悉的情境下识别出标准模型，直接将现实情境翻译为数学模型，即直接套用给出的标准模型
联系与变式（水平 2）	在情境熟悉但问题非常规，并且要求的变量、关系和约束清晰明确的问题情境中，需要将具体问题情境和自己熟悉的数学概念、结构、模型相联系，根据问题情境，对已有的数学模型进行适当的调整、修改、组合，建立模型，即在一定限制条件下进行常规的数学建模
反思与拓展（水平 3）	在复杂情境中，考虑情境中的各种因素，反思可以使用各种数学工具，重新定义假设、变量、关系和限制等，然后才能将具体问题情境和自己熟悉的数学概念、结构、模型相结合，创建数学模型，检验、评价且比较不同的数学模型，即复杂情境下进行的数学建模

例如，苏教版高中数学教科书必修第一册第 8 章“函数应用”中的第 8 题（第 228 页），题目如下：

（写作题）到学校附近的农村、工厂、商店、机关作调查，了解函数模型在生产生活中的应用，收集一些生活中的函数模型（指数函数、对数函数、幂函数、分段函数

① 徐斌艳．数学核心能力研究[M]．上海：华东师范大学出版社，2019：297．

等）实例，并作出分析，写成调查报告。

分析可知，这道写作题属于"函数应用"单元中的数学建模问题。根据数学建模问题的三种表征水平，此数学建模问题要求学生到农村、工厂、商店、机关等场所，通过收集有关函数模型在生产生活中的应用，从中分析数学建模的过程，学习如何数学建模，具有一定的反思性。因此，这道数学建模问题的表征水平应归属于"反思与拓展（水平 3）"。

（3）维度 3：变化广度

变化广度，是指比较、分析三个新版教科书中数学建模问题的设计，是否以及怎样体现 STEAM 教育理念的跨学科融合思想。数学建模素养是一种浸染在现实情境中融关键能力和必备品格于一体的综合性素养。解决数学建模问题不仅仅需要以数学知识为根本依托，还需要以其他跨学科知识为支撑保障，毕竟教科书中的数学建模问题关涉了一些其他学科的知识，如苏教版教科书在"数列"单元中呈现的零存整取数学建模问题，以及等额复利还款数学建模问题，其目的是借助经济学中不同储蓄方式和还款方式的知识，实现数学与经济学的融合，从而促使学生建立等差数列模型和等比数列模型求得数学结果。从 STEAM 跨学科视角，对三个新版教科书中"函数"主题的数学建模问题进行归类、统计分析。作为一个前提假设，数学建模问题是一种综合性问题，教科书编者在设计数学建模问题时理应合目的性地融合其他学科知识，以形成学生的跨学科思维。这里规定，数学建模问题所涉及的"M"不在考虑范围。因此，至少可以从两个方面进行教科书"函数"主题中数学建模问题的变化广度分析：一是分学科视角下 S、T、E、A 内容的融入；二是 STEAM 跨学科的整合情况，如 ST 整合型数学建模问题。综合借鉴格雷特·亚克曼（Georgette Yakman）提出的 STEAM 教育框架模型和张维忠等人[①]划分的教科书跨学科内容的来源维度，具体的分析指标及其操作性说明见表3.10，目的在于比较、分析三个新版教科书中数学建模问题多大程度地体现了 STEAM 跨学科融合思想。

例如，苏教版高中数学教科书必修第一册第 7 章"三角函数"中的一个例题（第 200 页），题目如下：

在图 7-4-2（图略）中，点 O 为做简谐运动的物体的平衡位置，取向右的方向为物体位移的正方向。已知振幅为 3 cm，周期为 3 s，且物体向右运动到距平衡位置最远处时开始计时。求：

（1）物体对平衡位置的位移 x（单位：cm）和时间 t（单位：s）之间的函数关系；

（2）该物体在 $t=5$ s 时的位置。

分析可知，本题的情境出于物理学中的简谐运动，属于跨学科内容。因此，按照上述跨学科内容的来源维度划分，这个数学建模问题体现出的跨学科思想是单一学科"S"。

① 张维忠，赵千惠. 澳大利亚初中数学教科书中的跨学科内容[J]. 浙江师范大学学报（自然科学版），2022(2)：233-240.

表 3.10 数学建模活动体现 STEAM 跨学科融合思想的分析指标与操作性说明

维度		操作性说明
单一学科	S(科学)	物理学、化学、生物学、地理学、生态学、空间科学、地球科学、科学史……
	T(技术)	应用技术、信息技术、医药技术、生物技术、医学、农业技术、电子信息、电力能源、智能制造、自动化……
	E(工程)	土木工程、建筑工程、海洋工程、材料工程、矿业工程、工业工程、机械工程……
	A(艺术)	音乐舞蹈、工艺美术、人文社会科学……
	M(数学)	基础数学、计算数数、应用数学……
整合学科		科学与技术、工程与技术……

(4) 维度 4:变化来源

微观发生法最大的特点是有助于解释发生变化或不变的可能来源问题。辛自强等人[①]认为,知识经验、提供知识经验的教育或环境特点会导致人的认知变化。首新等人[②]在对中国、日本和美国三国小学科学教科书中的探究内容进行微观发生法比较时,从教育文化、研究水平和课程理念三个方面分析了教科书产生微观差异的历史原因。综合已有研究,这里所说的变化来源,是指基于数学建模问题设计的变化路径、变化速率和变化广度三个维度的统计结果分析,通过归纳分析法,从中国数学教育文化和教科书编者价值取向两个方面,尝试解释三个新版教科书"函数"主题中数学建模问题设计产生变化或不变的原因。

综上所述,四个维度及其分析指标构成了完整的数学建模问题设计的分析指标体系,如图 3.4 所示。通过建构的分析指标体系,对北师大版、苏教版和沪教版三个新版教科书"函数"主题中数学建模问题的设计进行内容分析。

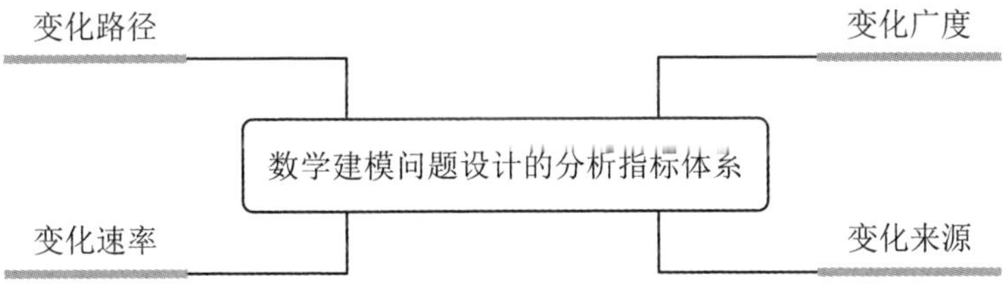

图 3.4 数学建模问题设计的分析指标体系

① 辛自强,俞国良.问题解决中策略的变化:一项微观发生研究[J].心理学报,2003(6):786-795.

② 首新,胡卫平,林长春,等.小学科学教科书"科学探究"设计的微观发生法比较:以中美日三国"磁"内容为例[J].湖南师范大学教育科学学报,2017,16(5):35-42.

第三节 数学建模素养在实施课程中的转化研究设计

前面两节重点介绍了分析框架的构建和数学建模素养在预期课程中的转化研究设计。在本研究中，数学建模素养的第二次转化是在课堂教学中的转化，主要涉及的研究对象为高中数学教师。虽然教学活动表现为师生交互主体性的关系①，但是在本研究中，数学建模素养在实施课程中的转化的研究对象主要是高中数学教师。因为这一转化过程涉及教师的数学建模观、教师对《高中新课标》中数学建模内容的准备度，以及教师使用新版教科书中数学建模内容的行为表现。为此，从意识和行为两个方面进行数学建模素养在实施课程中的转化研究。具体看来，意识方面主要关注教师的数学建模观现状，以及教师对《高中新课标》中数学建模内容的认知准备情况和情意准备情况；行为方面主要关注教师对《高中新课标》中数学建模内容的行为准备情况，以及教师对新版教科书中数学建模内容的使用实践情况。

根据“绪论”中提出的研究问题和研究目的，首先，调查教师对数学建模的认识与态度的总体分布样态；然后，从量化研究的角度，就性别、教龄、学历、接受有关数学建模的课程培训等不同维度的统计变量进行差异性分析；接着，调查教师对《高中新课标》中数学建模内容的准备度的现实表现，以及在认知、情意、行为三个准备度方面是否具有差异，同时对不同人口变量，如性别、教龄、学历、接受有关数学建模的课程培训等，在认知、情意、行为准备度上的表现差异进行分析；最后，从社会文化的角度，以个案研究的方法和叙事探究的方式，全景扫描两种不同取向（忠实型、调试型）的教师使用教科书中数学建模内容的现状，进而探讨数学建模素养的教学实现问题。

既然是研究数学建模素养在实施课程中的转化，为什么没有对教师开展数学建模教学的情况进行探讨呢？主要基于两点考虑：一是本研究所持的价值观念是，数学建模素养不是教师教出来的，而是在与活动的关联中表现出来的。素养与知识不同，不能将素养当作知识直接教授，素养是通过建构性学习而习得的。② 因为数学建模素养的核心在于强调学生如何运用数学知识而非掌握数学知识。如果将数学建模素养等同于新的学科知识来教授，那么就是将数学建模素养理解成了还原论思维下的实体知识要素。其实，指向数学建模素养的教学是要求教学方式的变革，而非简单意义上的教数学建模知识。现在大多数教师还是按照传统意义上

① 张华.试论教学认识的本质[J].全球教育展望，2005，34(6)：6-18.

② 李润洲.知识素养化的内在机制和实践路径[J].南京社会科学，2022(7)：138-144.

的陈述性知识来教授学生怎么数学建模，这是狭隘教学观使然的结果，其未能真正理解数学建模素养提出的本意。二是对于数学建模的理论知识，教师是有必要向学生解释、讲解清楚的，但这绝非真正意义的数学建模课。如果非要论及数学建模怎么教学的问题，倒不如说是指向数学建模素养发展的课堂教学该何去何从。①教师作为素养落地的行动主体，最为关键的是理应充分理解《高中新课标》对数学建模的要求；同时，做到基于课程标准的教科书理解和教学观变革，给予学生更多地参与数学建模活动的机会和方法指导。总的说来，数学建模课程知识只是形成数学建模素养的载体，数学建模活动才是形成数学建模素养的渠道。因此，这一部分主要关注的是教师的数学建模观、教师对《高中新课标》中数学建模内容的准备度，以及教师使用新版教科书中数学建模内容的能动表现。这三个问题直接反映了教师对指向数学建模素养的教学变革的重视程度和行动意愿，是数学建模素养在实施课程中转化落实的主要因素。

下面将介绍具体的研究设计。

一、教师对数学建模的认识与态度的调查研究设计

如何理解数学建模是数学建模素养得以有效落实的重要基础。普通高中数学课程标准研制组在修订课标时进行了一项调查，发现“教师普遍认同数学建模在培养学生数学素养过程中所起的作用，也了解数学建模的重要性，但是在教学过程中，重点仍然放在知识传授与方法技能上，对开展数学建模活动的重视程度不高”②的问题，教师对数学建模的课程定位缺失，以及对数学建模本质观的模糊性认识，妨碍了数学建模素养的发展和数学建模活动开展的进一步深化。国外有研究③指出，要想发展和培育学生的数学建模素养，必须批判性地思考何为真正意义上的数学建模问题。王尚志曾在访谈中提及，如何理解数学建模的本质是数学建模教育的核心。④ 然而，有研究发现，学生对数学建模的理解在一定程度上受到教师数学建模观影响。⑤ 因此，在关注学生数学建模素养发展与培养问题的同时，对教师数学建模观的研究亟待深入。

① 钟启泉. 课堂转型的指针：索耶(R. K. Sawyer)的“创意课堂”[J]. 全球教育展望，2023(1)：3-16.

② 史宁中，王尚志. 普通高中数学课程标准(2017 年版)解读[M]. 北京：高等教育出版社，2018：18.

③ Krawitz J, Schukajlow S. Do students value modelling problems, and are they confident they can solve such problems? Value and self-efficacy for modelling, word, and intra-mathematical problems[J]. ZDM-Mathematics Education, 2018: 143-157.

④ 路江江，王亚妮. 高中数学教育中如何培养学生的数学核心素养：王尚志教授访谈录[J]. 数学教育学报，2021，30(2)：67-70.

⑤ Greefrath G, Siller H S, Klock H, et al. Pre-service secondary teachers' pedagogical content knowledge for the teaching of mathematical modelling[J]. Educational Studies in Mathematics, 2022(2): 383-407.

教师对数学建模的理解，不仅关乎数学建模素养的发展和数学建模活动开展的成效，还影响学生对现实世界和数学世界的理解与认知，是个人从数学的角度理解现实、认识现实和解决现实问题的行为体现。鉴于当下关于数学建模观的量化研究相对较少，以及国内外教师数学建模本质观的实证研究相对稀缺的现状，这一部分旨在调查教师对数学建模的认识与态度。

（一）研究对象

本次调查采取便利抽样的方法，所选择的样本主要是笔者先前担任“国培”项目班主任培训班时认识的高中数学教师。选择笔者认识的教师作为研究对象，主要有两点考虑：一是这些教师有共同的组织（微信群或 QQ 群），方便研究数据的采取；二是从认识的教师入手，能够更准确地获取数据，也就是能够最大程度地确保所获数据的有效性。通过对样本数据的描述性分析、方差分析、独立样本 T 检验及多重比较，科学地估计教师对数学建模的认识与态度的基本情况。为了增强样本的代表性，在调查过程中，尽量做到省级示范、市级示范和普通高中三种类型的学校均有教师参与调查，共计 283 名教师参与本次问卷调查。样本的详细分布情况见表 3.11。

表 3.11 参与“教师对数学建模的认识与态度”调查问卷的教师信息

类 别	项 目	人数（人）	百分比
性别	男	197	69.6%
	女	86	30.4%
教龄	5 年及以下	3	1.1%
	6～10 年	126	44.5%
	11～15 年	82	29.0%
	16～20 年	61	21.6%
	20 年以上	11	3.9%
学历	专科及以下	2	0.7%
	本科	237	83.7%
	研究生	44	15.5%
接受相关数学建模课程培训的情况	经常	65	23.0%
	偶尔	203	71.7%
	没有	15	5.3%

（二）研究工具

本次调查的主要研究工具是问卷，参照2020年刊载于国际权威杂志《数学教师教育》(*Journal of Mathematics Teacher Education*)中的《数学教师数学建模态度量表的因子分析与心理测评》一文①，从中析取出"数学教师对数学建模的认识与态度"量表，具体见附录一，旨在调查教师对数学建模认识与态度的现状。根据该文报告的量表开发和评估过程，可以得到总体量表和4个维度量表的内部一致性系数均在0.9左右，这也说明此量表是一个可用、可靠、有效的量表。为此，确定此量表作为本部分的调查工具。

调查问卷分为两部分：第一部分用于调查教师的基本信息，主要包括性别、教龄、学历、接受相关数学建模课程培训的情况等信息；第二部分用于调查教师对数学建模的认识与态度，包括建构性、理解性、真实性与相关性、动机与兴趣等4个维度，共计28个项目。其中，"建构性"维度有6个题项(1～6)；"理解性"维度有5个题项(7～11)；"真实性与相关性"有7个题项(12～18)；"动机与兴趣"维度有10个题项(19～28)。"教师对数学建模的认识与态度"量表的所有题项，依据李克特5级量表进行赋分，即所调查的教师根据自己对每个项目的真实想法，在"非常同意""基本同意""不确定""基本不同意""非常不同意"5个选项中进行勾选。在数据录入过程中，"非常同意"赋5分，"基本同意"赋4分，"不确定"赋3分，"基本不同意"赋2分，"非常不同意"赋1分。量表的所有项目均为正向计分题，在某一维度上的得分越高，说明教师越认同这种数学建模观。

（三）实施过程

本次调查的实施过程可划分为三个步骤：第一步，对 *Factor analysis and psychometric evaluation of the mathematical modeling attitude scale for teachers of mathematics* 一文进行翻译，并从中析取调查问卷的项目，反复对照原文，对调查问卷的表述进行修改，确保翻译的问卷项目与原文一致，而且易于我国教师的理解，最终形成调查问卷。调查问卷见附录一。第二步，按照便利抽样方法、运用"问卷星"平台，通过"微信群""QQ群"的方式对先前担任"国培"项目班主任培训班时认识的教师进行问卷调查，调查时间为2022年7月28日—7月31日，从"问卷星"平台对作答时间不足2分钟的问卷进行剔除。最终获取有效问卷283份。第三步，对获取的283份问卷进行统计处理和数据分析。对调查数据的处理主要采用IBM SPSS Statistics 26.0.2软件进行录入，对调查数据的分析主要从描述性分析、方差分析、独立样本T检验以及多重比较等方面进行统计分析，以达到研究目的。

---

① Asempapa R S, Brooks G P. Factor analysis and psychometric evaluation of the mathematical modeling attitude scale for teachers of mathematics[J]. Journal of Mathematics Teacher Education, 2020: 1-31.

二、教师对《高中新课标》中数学建模内容的准备度调查研究设计

在调查了教师数学建模观的基础上，应注意到数学建模素养已被《高中新课标》列为六大数学学科核心素养之一和五大主线内容之一。指向数学建模素养的课程转化已成为当前普通高中数学教与学的重要议题。课程目标的转向、课程内容的调整、课程实施的推行以及课程评价的变化，都需要教师对《高中新课标》中数学建模内容进行全面把握与理解。一个现实的问题是，面对《高中新课标》对数学建模的新要求，教师准备好了吗？教师的准备度是影响新课程理念、目标、内容、评价等要素能否落实，以及能否产生预期目标的关键因素。作为一项教育部颁布、施行的《高中新课标》，要想在学校层面得到有效落实并非自然而然的过程，还牵涉与学校不同施行者（其中，最为明显的就是从事一线教学工作的高中数学教师）之间的相互影响、相互调试、相互适应的过程。《高中新课标》现在正处于实施的前期阶段，如果能够掌握教师对《高中新课标》中数学建模建模内容是否做好了准备，一定程度上可以进一步有效地实施指向数学建模素养发展的教学改革。数学建模素养的有效落实，有赖于教师真正意义上进行素养导向的数学建模活动教学。有学者①指出，准备度有两层含义：第一层意指组织成员对于课程改革是否需要的前提判断；第二层是在承认课程改革的存在价值基础上，意指个人与组织是否有能力执行课程改革所需要的信念、态度和意向。

纵观以准备度为主题的文献，更多地盛行于健康与医疗、心理学、管理学等学科领域。在我国教育领域中，鲜有研究直接探讨教师准备度的问题，更多的是探讨影响课程改革的教师情意因素，主要包括教师对新课程的认同感和关注阶段。例如，有研究建构了教师认同感的结构方程模型②，还有研究系统评价了课程改革中“关注为本采纳模式”的应用与发展问题③。教师的认同感研究和基于关注阶段理论的教师发展研究，对于调查教师对《高中新课标》中数学建模内容的准备度问题具有重要的启发意义。在调查之前，有两点需要说明：一是调查教师对《高中新课标》中数学建模内容的准备度问题，可以从个人层次或组织层次入手，但是毋庸置疑的是真正意义上实施、执行《高中新课标》还依赖于高中数学教师，因此这一部分从个人层次调查教师对《高中新课标》中数学建模内容的准备度情况。二是整体看来，既有文献主要从适切性、支持度、效能感和价值观等维度进行个人准备度的探讨。本部分在综合已有研究的基础上，参照准备度的概念，将认知准备、情意准备和行为准备作为调查教师对《高中新课标》中数学建模内容是否认同并投入实践的三个维度。

---

① Armenakis A A, Harris S G, Mossholder K W. Greating reading for organizational change[J]. Human Relations, 1993(6): 681-703.

② 尹弘飚，靳玉乐，马云鹏. 教师认同感的结构方程模型[J]. 教育研究与实验，2008(3)：62-66.

③ 姜荣华，马云鹏. 关注为本采纳模式的优点、限制与研究建议[J]. 外国教育研究，2012(10)：60-64.

（一）研究对象

为了与前文教师对数学建模的认识与态度的调查研究相联系，本部分的调查同样采取便利抽样方法，通过两步确定所选择的样本：第一步，选择笔者先前担任“国培”项目班主任培训班时认识的教师，这是确定性的研究对象；第二步，委托这些高中数学教师以“滚雪球”的方式转发问卷至他们的单位或他们认识的同事，这是不确定性的研究对象。选择确定性的和不确定性的教师作为研究对象，主要有两点考虑：一是这些确定性的教师有共同的组织（微信群或 QQ 群），方便采取数据；同时，在研究对象上，能够与前面的教师对数学建模的认识与态度的调查研究保持接续性和一致性。二是以这些认识的教师为纽带，让他们在本单位或朋友圈内转发问卷，这样的调查方式省时省力，不仅能够更便捷地扩大研究对象，还能够更全面地获取数据。通过对样本数据的描述性分析、方差分析、独立样本 T 检验以及多重比较，分析教师对《高中新课标》中数学建模内容的准备度情况。正式问卷的调查时间为 2022 年 7 月 28 日—7 月 31 日，也就是《高中新课标》颁布后的三年周期内的暑假，这个调查时间的确定主要考虑的是暑假期间教师有足够的休闲时间配合本次调查。另外，《高中新课标》2017 年颁布，2020 年修订，几乎大多数教师都持有《高中新课标》，而且部分教师经历了完整的高中三年教学过程，对《高中新课标》中数学建模内容有更深入的理解与把握。共计有 634 名教师参与本次问卷调查，全部作答的有效问卷 479 份，有效回收率为 76%。样本的详细分布情况见表 3.12。

表 3.12　参与“教师对《高中新课标》中数学建模内容准备度”调查问卷的教师信息

类别	项目	人数（人）	百分比
性别	男	351	73.3%
	女	128	26.7%
教龄	5 年及以下	13	2.7%
	6～10 年	292	70.0%
	11～15 年	122	25.5%
	16～20 年	41	8.6%
	20 年以上	11	2.3%
学历	专科及以下	2	0.4%
	本科	430	90.0%
	研究生	47	9.8%
接受相关数学建模课程培训的情况	经常	107	22.3%
	偶尔	356	74.3%
	没有	16	3.3%

（二）研究工具

1. 量表编制过程

本部分的调查工具为自编问卷，问卷的编制经历了初拟问卷、预测问卷和正式问卷三个过程。首先，根据本部分的研究问题，通过相关文献的整理、归纳和借鉴，结合《高中新课标》对数学建模的要求，以及王尚志、张思明等人①关于高中数学建模的网络在线学术报告的资料分析，进行初拟问卷的编制。其次，在形成初拟问卷的过程中，将初拟问卷电邮从事数学课程与教学论研究的 2 位副教授和 2 位博士研究生，进行同行商议、咨询，并请他们对初拟问卷的题项内容提出进一步完善的建议；与此同时，结合 4 位同行专家、学者的修改建议，进一步完善初拟问卷的题项表述与数量精减，从而形成预测问卷。最后，在形成正式问卷的过程中，对预测问卷进行小样本试测，试测时间为 2022 年 7 月 10 日，通过“问卷星”平台进行，试测人数为 29 人，根据试测问卷的调查数据，进一步修正问卷内容，主要是删除了几个主观题和调整了个别题项的顺序，最终形成正式问卷。正式问卷见附录二。

2. 量表的内容概述

（1）量表的题项

本部分的问卷分为两个部分。第一部分为“教师对《高中新课标》中数学建模内容的准备度”的基本资料，与前面“教师对数学建模的认识与态度”的基本资料一致，主要有性别、教龄、学历、接受相关数学建模课程培训的情况等 4 个称名变量内容。第二部分为“教师对《高中新课标》中数学建模内容的准备度调查问卷”，分为认知准备度、情意准备度和行为准备度 3 个子问卷，每个子问卷包含若干题项内容。其中，认知准备度包括“教育观”“课程观”“教学观”“评价观”4 个分量表，各有 4 个题项组成，分别对应于附录二中的第 1～4 题项、5～8 题项、9～12 题项、13～16 题项；情意准备度和行为准备度分别通过“喜好程度”和“意愿实践程度”2 个分量表体现，各有 5 个题项组成，分别对应于附录二中的第 17～21 题项和第 22～26 题项。在具体调查时，随机打乱了问卷的顺序。

（2）问卷的信效度说明

在问卷的信度方面，这一部分首先通过克朗巴赫系数（Cronbach's α）分析方法检验问卷的内部一致性。问卷的 26 道题项的内部一致性系数为 0.879，认知准备度（包括教育观、课程观、教学观、评价观）、情意准备度、行为准备度 3 个分量表的克朗巴赫系数在 0.598～0.697。其中，认知准备度的教育观维度为 0.697（课程观维度为 0.606，教学观维度为 0.598，评价观维度为 0.632）；情意准备度的教育观维度为 0.636；行为准备度的教育观维度为 0.630；问卷的分半信度为 0.816。根据吴

① 《高中新课标》修订组组长王尚志教授于中国教师研修网第 192 期作了题为《高中数学新课程中的建模和探究教学》的学术报告；张思明于 2020 年 8 月 7 日在北京师范大学出版社作了题为《北师大版高中数学建模教材解读》的学术报告。

明隆《问卷统计分析方法》一书中讲到的：一般说来，问卷的克朗巴赫系数在0.8以上说明问卷具有使用价值，达到0.85以上，表明问卷的信度良好。因此，本部分的调查问卷具有稳定性和可信性。

在问卷的效度方面，首先，本部分的调查问卷具有良好的内容效度。本部分的调查问卷通过前期的文献资料收集、整理和归纳，结合《高中新课标》对数学建模的要求，再通过与4位同行专家、学者的协商和咨询拟定了问卷的6个维度，然后根据6个维度进行了问卷题项的编制，以确保问卷能够有效反映本研究所要调查的内容。在初拟问卷形成的同时，邀请了4位同行专家、学者对初拟问卷进行了意见咨询，并根据他们的意见和建议，修改、删减了部分题项；在形成修改问卷的同时，再次将问卷的修改完善说明转发给4位同行专家、学者，以征求、确定他们的意见，询问是否符合他们的意图，以此建立本部分问卷的内容效度。

其次，本部分的调查问卷也具有良好的结构效度。表3.13的数据显示，本部分的调查问卷中各维度之间的相关性在0.418～0.626，呈现出低度、中度相关，这表明各维度之间具有一定的独立性。6个维度与总问卷之间的相关系数在0.734～0.799，达到中度、高度相关性。这也表明本部分调查问卷的6个维度较好地反映了本研究所要调查的内容，问卷结构合理，具有良好的结构效度。

表3.13 6个维度之间和6个维度与总问卷之间的相关分析

维度	教育观	课程观	教学观	评价观	喜好程度	意愿实践程度	总问卷
教育观	1.000						
课程观	0.551**	1.000					
教学观	0.418**	0.485**	1.000				
评价观	0.621**	0.509**	0.497**	1.000			
喜好程度	0.516**	0.626**	0.520**	0.542**	1.000		
意愿实践程度	0.454**	0.555**	0.539**	0.577**	0.545**	1.000	
总问卷	0.776**	0.799**	0.734**	0.797**	0.799**	0.774**	1.000

注：** 表示 $p<0.01$。

(3) 填答和计分方式

与上一调查问卷的填答方式和赋分方式相类似，这一部分以自编的“教师对《高中新课标》中数学建模内容的准备度问卷”为调查工具，共26个题项。问卷的所有题项都采用李克特5级量表的计分方式，根据教师的教育教学经验与看法，自行对每个题项的内容进行勾选。在数据录入过程中，“完全同意”赋5分，“基本同意”赋4分，“不确定”赋3分，“基本不同意”赋2分，“完全不同意”赋1分。调查问卷的所有题项均为正向计分题，在某个分量表上的均分越高，说明教师越认同这种表述。

3. 正式调查

正式调查时，采取便利“滚雪球”式的抽样方法，先是选择笔者先前担任“国培”项目班主任培训班时认识的教师，然后委托这些教师“滚雪球”式地转发问卷至他们的单位或他们认识的同事。在问卷的开头注明调查工具的目的，特意说明此问卷仅供研究所用，不做任何教育评定使用，以此消除被调查者的心理疑虑。正式问卷的调查时间为 2022 年 7 月 28 日—7 月 31 日。问卷通过“问卷星”平台发放和收取。本次问卷调查共计有 634 名高中数学教师参，其中有效问卷 479 份，有效回收率为 76%。

（三）资料分析

为了厘清教师对《高中新课标》中数学建模内容的准备度情况，这一部分利用 IBM SPSS Statistics 26.0.2 软件进行数据录入与分析。首先通过均值、标准差等描述性统计分析，呈现教师对《高中新课标》中数学建模内容在认知、情意与行为三个维度上的整体准备情况，并通过相关分析呈现各分维度之间的相关系数。为了比较认知准备度、情意准备度和行为准备度之间的差异，进一步通过 T 检验对认知准备度（主要包括教育观、课程观、教学观、评价观维度）、情意准备度（主要是喜爱程度）和行为准备度（意愿实践程度）进行差异比较。最后通过独立样本 T 检验，对不同变量（包括性别、教龄、学历、接受相关数学建模课程培训的情况）的教师在认知准备、情意准备和行为准备维度上的得分进行差异比较。

三、教师对新版教科书中数学建模内容的使用叙事研究设计

在《高中新课标》指导下，指向数学建模素养发展的教材建设取得了重大成就。根据《高中新课标》的要求和精神，我国相继编辑出版了七套高中数学教科书，现已在各省市全面使用。这七套新版高中数学教科书各具特色，都不同程度地强化了数学建模主题的内容设计。例如，北师大版教科书设计了“感悟数学应用、学习数学模型、学习数学建模、实践数学建模”四个层次的内容①；苏教版教科书将主题内容组织成问题情境、学生活动、意义建构、数学理论、数学运用、回顾反思的数学建模过程形式②；沪教版教科书独立编写了两册数学建模内容（必修第四册③和选择性必修第三册），强调了开展数学建模活动的实践价值和教育价值。数学建模主题内容已然成为高中数学教科书的重要组成部分。数学建模素养在实施课程中

① 王尚志，保继光，赵敏. 2019 版普通高中数学（北师大版）教材的整体设计与主要特色[J]. 基础教育课程，2019(15)：51-58.

② 李善良，徐稼红. 2019 版普通高中数学（苏教版）教材编写思路与体例[J]. 基础教育课程，2019(19)：53-59.

③ 李大潜，王建磐. 普通高中数学教科书数学・必修第四册[M]. 上海：上海教育出版社，2020：前言.

的转化，除前文提到的教师对数学建模的认识与态度，以及对《高中新课标》中数学建模内容的准备度以外，还包括教师对新版教科书中数学建模内容的使用实践。

尽管数学建模主题内容在新版教科书中普遍存在，但是已有研究更多地聚焦于产品取向的数学教科书研究，对接受取向的数学教科书研究较少。[①] 而且接受取向的教科书研究，主要是从宏观层面对教师使用教科书的理论问题进行探讨[②]，鲜有研究基于教师视角，探讨教师使用新版教科书中数学建模主题内容的实践问题。虽然既有研究论及了对教师使用教科书的理解，但是从研究对象来看，既有研究主要聚焦于教师对数学教科书使用情况的调查[③]，对教师使用新版教科书中数学建模内容的研究则非常薄弱；从研究视角来看，尽管有研究基于语言维度分析了数学教科书中的意识形态问题[④]，但几乎没有研究从社会文化视角探讨教师对新版教科书中数学建模内容的使用实践问题。这就使得对"教师是如何使用新版教科书中数学建模内容的"这一问题知之甚少，进而导致对数学建模素养在实施课程中的转化问题的理解较为狭隘。

根据《高中新课标》实施建议中对教师的要求，教师要抓住数学建模活动内容主线，数学建模活动是综合提升数学学科核心素养的载体，教师应整体设计、分步实施数学建模活动。[⑤] 因此，有必要对教师使用新版教科书中数学建模内容的实践问题展开深入的研究，这对改进指向数学建模素养发展的教学实践具有重要意义。这一部分将采用叙事研究方法，从社会文化视角探讨教师对新版教科书中数学建模内容的使用现状、动机、策略和遇到的问题及其解决策略。具体来说，本部分主要探讨两个问题：一是教师是如何使用新版教科书中数学建模内容的；二是分析影响教师使用新版教科书中数学建模内容的因素。具体的研究思路是：首先，从整体上概述教师对新版教科书中数学建模内容的总体认知，以及使用策略、使用动机、使用问题和解决策略；然后，从个案研究的角度对两种不同取向的教师（忠实型、调试型）使用新版教科书中数学建模内容的实践过程，进行全景扫描。具体的研究设计如下：

（一）研究对象

根据伯林纳（Berliner）提出的教师教学专业发展理论，将教师划分为5种阶段类型，分别为：新手阶段（教龄1～2年）、熟练新手阶段（教龄2～3年）、胜任阶段

① 汪飞飞，段乔雨．我国中小学数学教科书研究的回顾与反思[J]．现代基础教育研究，2020(2)：183-189．

② 张倩，陈晓宇．对教师教科书使用的再认识：基于对教师教科书使用研究脉络的梳理[J]．教师发展研究，2022，6(4)：95-104．

③ 张倩，宋萑，黄毅英．我国京港台三地数学教科书的教师使用情况及其启示[J]．湖南师范大学教育科学学报，2017，16(5)：43-50．

④ 褚小婧，张维忠．我国数学教科书语言维度的意识形态分析[J]．课程·教材·教法，2017(12)：50-56．

⑤ 中华人民共和国教育部．普通高中数学课程标准（2017年版）[M]．北京：人民教育出版社，2018：82．

（教龄3～5年）、业务精干阶段（教龄5～8年）和专家阶段（教龄8年以上）。从每个阶段选择2位高中数学教师作为研究对象，共对10位教师进行叙事探究，10位教师依次编号为T1、T2、…、T9、T10。这10位研究对象均为笔者结识的高中数学教师，主要考虑的是开展研究的便利性，因为这部分需要教师根据叙事框架自行填写使用新版教科书中数学建模内容的体会。另外，根据10份叙事报告，从中挑选能够代表两种类型，主要为忠实型和调试型的教师进行个案叙事，分别为T2和T4。这两种类型教师的界定，主要借鉴张倩等人①根据教师对教科书的满意度和使用教科书的忠诚度的划分来确定的。因为大多数教师对新版教科书提供的数学建模内容采取直接沿用或部分改编的方式进行教学，自主型教师在这一研究过程中并未发现，不考虑自主型教师的使用实践。

本部分研究对象的基本资料情况见表3.14。

表3.14 "教师使用教科书中数学建模内容的叙事探究"的研究对象情况

教师	性别	年龄	教龄	所教年级	学历	数学建模相关课程培训情况	使用新版数学教科书中数学建模内容情况
T1	女	24	1	高一	研究生	无	偶尔
T2	女	25	1	高二	研究生	无	偶尔
T3	男	27	2	高二	研究生	无	偶尔
T4	女	29	3	高一	研究生	无	偶尔
T5	男	30	6	高二	研究生	偶尔	偶尔
T6	男	31	6	高二	研究生	偶尔	偶尔
T7	女	33	7	高一	本科	偶尔	偶尔
T8	男	36	8	高三	本科	偶尔	偶尔
T9	男	34	11	高二	本科	偶尔	偶尔
T10	男	41	13	高二	本科	偶尔	偶尔

（二）理论框架

受社会文化理论、活动理论和情境认知理论的影响，国际视野下的数学教育研究发生了深刻的范式转变，开始关注和聚焦于数学课堂教学的社会情境。从诸多研究中可以看出，对数学教育研究必须考虑学校、个人和数学的社会、历史和文化环境已达成共识。② 把数学和数学教育与世界不同民族、不同文化、不同社会形态

① 张倩，黄毅英，石鸥．教科书的使用：教师与教科书的互动关系研究[J]．华东师范大学学报（教育科学版），2018(1)：77-84，162-163．

② 徐兆洋．"交流取向"的数学教育研究：背景、假设与概念框架[J]．外国教育研究，2018，45(3)：98-110．

的时代意识、民族精神和传统文化联系起来，揭示了数学与数学教育的社会属性和文化特征及其多样性、复杂性、区域性、历史性和民族性，是国际数学教育的社会文化研究的总体趋势。① 数学教育研究的社会文化转向的关注点是社会实践中人的行动，而非个体自身或其认知。数学知识社会学的一个基本理论也反映出知识的社会文化建构性，其定位在于肯定数学知识具有建构性、社会性和文化性特征。② 同样地，受情境理论和社会文化理论的影响，有关教师学习的研究则强调教师所处的文化与情境的影响。③ 换句话说，情境和文化对教师学习研究起到重要的作用。

教师对新版教科书中数学建模内容的使用实践，可看作教师学习的一个微观表现。教科书提供的数学建模内容资源的意义显现离不开社会文化情境的浸染；同时，教师具有数学建模内容选择和使用的能动性。为此，教师可被看作教科书中数学建模内容的接受者和学习文化的设计者，他们在创设数学建模教学活动时，能够有意识地选择、调整、整合具有不同版本教科书中的数学建模内容资源提供特征，这种对教科书中数学建模内容的使用实践能动性，不仅受到教师作为接受者自身动机的驱使，同时也受限于他们身处特定的社会文化历史条件。可以看出，这就是社会文化理论所倡导的中介概念。社会文化理论的集大成者维果斯基（Vygotsky）认为，人类是通过中介工具来改造物质世界和思维方式的，所有学习都是由文化意义系统所塑造并注入这一系统的社会过程。④ 根据社会文化理论观点，数学建模活动的教学一定程度上可视作通过中介工具调节的社会文化活动。中介工具涵盖物质工具和符号工具两种，新版教科书提供的数学建模内容为教师教学数学建模活动的符号工具。在数学建模活动开展过程中，教师使用教科书提供的数学建模内容的实践如图3.5所示。

由图3.5可以看出，新版教科书提供的数学建模内容资源，是教师开展数学建模活动教学不可或缺的中介工具，而且教师对新版教科书中数学建模内容的中介调节使用实践受到多方面的因素影响。其中就包括微观层面教师自身的因素，主要有教师对数学建模的认识、教师的数学建模知识，以及教师使用数学教科书中数学建模内容的动机等；还包括宏观层面的社会文化因素，主要有考试文化、数学课程标准的要求、学校管理等。本部分将综合教师自身和社会文化两方面的因素，从整合的视角强调教师对新版教科书提供的数学建模内容资源的使用实践，是在特定的社会历史文化背景下进行的。因此借鉴社会文化理论的主张，深度剖析教师

---

① 唐恒钧，张维忠. 多元文化数学及其文化意义[J]. 浙江师范大学学报（自然科学版），2014，37(2)：177-181.

② 刘达卓，黄秦安. 论数学知识社会学的研究对象、关联范畴与理论维度[J]. 科学技术哲学研究，2016，33(3)：23-26.

③ 郑鑫，刘源，尹弘飚. 文化与情境是如何影响教师学习的？——以中国教师学习共同体研究为例[J]. 华东师范大学学报（教育科学版），2022(10)：29-41.

④ 马雷特，等. 人是如何学习的Ⅱ：学习者、境脉与文化[M]. 裴新宁，王美，郑太年，译. 上海：华东师范大学出版社，2021：27.

使用教科书中数学建模内容的动机、策略、遇到的问题和解决策略及其影响因素。

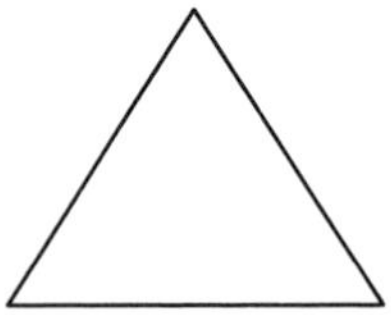

图 3.5 教师使用教科书提供的数学建模内容资源的概念框架

（三）研究方法

教师使用新版教科书提供的数学建模内容，是教师有效开展数学建模活动的重要资源，适合采用叙事方法进行研究。本部分将使用叙事框架和聚焦式半结构化访谈两种研究方法，对教师使用新版教科书中数学建模内容的使用过程进行探究。新西兰学者巴惠泽（Barkhuizen）和维特（Wette）最早提出叙事框架的研究方法，我国有学者利用叙事框架研究方法探讨了教师使用教材图片资源的问题，发现这一研究方法的优点在于能够从大规模样本中获取叙事数据，并能够从整体上对样本群体的主观认识有概括性的把握；同时，这一研究方法也伴随着叙事数据的非个性化风险。① 为此，在叙事框架作为主研究方法的同时，以聚焦式半结构化访谈作为辅助研究方法，旨在全面了解教师使用新版教科书提供的数学建模内容的实践过程。在叙事框架研究方法的应用方面，本部分提供一个包含 14 句以第一人称开头（作为提示语）的叙事框架，用以引导教师对新版数学教科书中数学建模内容使用实践进行自我反思与连续叙述，叙事框架从 5 个方面进行建构，主要包括教师的基本信息、数学课程标准对数学建模的要求、新版教科书中数学建模内容的关注与使用、使用新版教科书提供的数学建模内容的动机与态度，以及使用新版教科书中数学建模内容遇到的问题和解决策略。具体的叙事框架见附录三。叙事框架形成后，笔者通过微信联系认识的诸多高中数学教师，与他们说明研究意图和填写注意事项，在征求被访者同意后，将电子版叙事框架转发被访者微信中，要求匿名填写，共计收集 10 份叙事框架，先后历时 5 天。

另外，还通过电话与微信的形式，对愿意接受访谈的个别教师进行聚焦式半结构化的访谈。访谈在教师填写叙事框架后同步进行，共计有 7 位教师接受访谈。根据叙事框架和个别访谈的内容，借鉴张倩等人②根据教师对教科书的满意度和使用教科书的忠诚度的界定，最后确定了两位教师作为受访对象，并对这两位教师

① 蒋联江，何琛，赵以．教师使用教材图片资源的叙事研究[J]．全球教育展望，2020，49(4)：68-84.

② 张倩，黄毅英，石鸥．教科书的使用：教师与教科书的互动关系研究[J]．华东师范大学学报（教育科学版），2018(1)：77-84，162-163.

使用新版教科书中的数学建模内容进行个案描述。在访谈过程中，受访者首先需要详述所填写的叙事框架，接着谈论他们在教学过程中使用教科书提供的数学建模内容的实践体会。具体的半结构化访谈提纲见附录四。笔者还主动提供了北师大版、苏教版和沪教版三个新版教科书中的数学建模主题内容的编排结构图，就这三个新版教科书中数学建模内容的编排结构，让受访者进行有声思维，目的在于深入了解他们对数学建模主题内容的教材编写的所思所想。同时，笔者还委托受访者提供了部分数学建模内容的教学设计(拍照版)和PPT课件，从中可以更大可能地丰富本部分的研究资源。每次访谈历时20～30分钟，征求受访者同意后，对访谈内容进行了录音。之后，通过科大讯飞语音系统进行文字转录，在笔者根据访谈内容进行多次完善的基础上，返回受访者核对，确保访谈内容的真实性。最后，对以上获取的资料进行归纳和概括分析。

第四节 数学建模素养在获得课程中的转化研究设计

前几节重点介绍了数学建模素养在预期课程和实施课程中的转化研究设计。毋庸置疑的是，数学建模素养的课程转化，不仅需要预期课程的教科书供给和实施课程的教师作为，还需要具体落实于获得课程中的学生表现。唯有在学生中显现，方可认为数学建模素养得到了有效落实。数学建模素养的第三次转化是在学生中的转化，主要涉及的研究对象是高中学生，也就是分析学生数学建模活动中的具体表现。应清楚地看到，每次课程改革的根本目标都是促进学生的发展。然而，在指向数学建模素养发展的课程实施过程中，作为最重要的角色，也是关注度最弱的角色，学生的想法和观点往往被无情忽视。从教学方式来看，目前大多数中学对数学建模活动的教学同其他数学知识类教学不无二样。有研究者[①]提出，数学教育教学活动应关注学生声音的观点。不管是理论层面还是实践层面，很少有研究真正关注数学建模活动中学生的想法是如何产生的，以及不同学生提出的想法是如何推进数学建模活动完成的。其实，关注学生在数学建模活动中多样性的行为表现，是一种表现性评价取向使然。深描学生数学建模活动中的集体论证过程，分析学生数学建模活动中的会话互动特点，观察学生数学建模活动中的行为变化，将有助于数学建模素养在获得课程中的转化与落实。

过去，学者更多地从结果性取向对学生数学建模能力抑或数学建模素养进行纸笔测验。如有研究[②]基于江苏省中小学生学业质量监测试题，对与数学建模相

① 陈碧芬，王维花. 关注学生“声音”：数学教研活动的新视角[J]. 教育学术月刊，2015(10)：99-104.

② 李贺，张卫明. 基于质量检测的初中学生数学建模发展状况的调查研究[J]. 数学教育学报，2017，26(1)：19-21.

关的题目得分和水平分布做了统计分析。近年来，有学者认识到数学建模素养过程性评价的重要性，开始从学理层面提出了改革学生数学建模素养评价的方式。如有研究[①]从过程性和结果性两种取向建立了数学建模素养的评估框架，一种是测评学生在测试中经历的数学建模步骤，另一种是评估学生达到的数学建模水平。国外也有学者[②]提出"基于数学建模过程和结果"的整体性评估体系。蔡金法和刘启蒙对此评估方法进行了全面的介绍，该评估体系兼顾了数学建模的过程和结果，采用一种反思、渐进的评分方式，对发生在某一小组活动中学生个体或群体表现出的数学建模能力进行评估。[③] 虽然数学建模在过去20年里发生了巨大变化，也成为国内外数学教育领域的热点话题之一，但是一个不争的事实是，很少有研究从微观视角分析学生数学建模活动中的行为表现。从横向比较看来，国外有诸多研究以案例研究的质性分析方法，对学生数学建模活动的过程进行描述性研究。[④] 为此，本部分更多从过程性取向探讨学生数学建模素养的实然表现，也就是从微观层面聚焦学生数学建模活动中集体论证的会话互动和行为变化。

诸多学者普遍认同，数学建模活动是以小组合作的方式开展的，学生数学建模活动的过程可看作学生在实践共同体中的合作建构过程。学生参与数学建模活动可视作一种浸染于社会文化中的学习过程，因为社会文化限定性，是学习的本质属性。学习的社会文化限定性，是指学习始终是在特定的社会和文化场域中发生的实践活动。[⑤] 每个个体的学习深受其所处的特定境脉影响，学习并不以同样的方式发生在每个人身上，因为文化影响从生命的开端便渗入到人的发展之中。[⑥] 学习所面临的重要挑战是对不同文化实践的整合，而文化不仅仅关系到人学习什么，还关系到人如何学习。理解人如何学习，其核心在于理解学生在发展、文化、境脉和历史上的多样性。[⑦] 学习是一个主动动词，是人做的事，而不是发生在人身上的事。[⑧] 基于学习的社会文化基本属性，本部分主要将学生数学建模活动的过程看作学生在小组内的完整文化实践过程，尤其关注学生数学建模活动中集体论证的

---

① 鲁小莉，程靖，徐斌艳，等.学生数学建模素养的评价工具研究[J].课程·教材·教法，2019(2)：100-106.

② Kit Ee Dawn N G. Towards a professional development framework for mathematical modelling: the case of Singapore teachers[J]. ZDM-Mathematics Education, 2018(2): 287-300.

③ 蔡金法，刘启蒙.数学建模的评估："基于建模过程和结果"的整体性评估[J].小学数学教师，2019(5)：8-14.

④ 黄健，徐斌艳.国际视野下数学建模教与学研究的发展趋势：基于第14届国际数学教育大会的分析[J].数学教育学报，2023，32(1)：93-98.

⑤ 焦尔当.学习的本质[M].杭零，译.上海：华东师范大学出版社，2015：42-43.

⑥ 马雷特，等.人是如何学习的Ⅱ：学习者、境脉与文化[M].裴新宁，王美，郑太年，译.上海：华东师范大学出版社，2021：3.

⑦ 马雷特，等.人是如何学习的Ⅱ：学习者、境脉与文化[M].裴新宁，王美，郑太年，译.上海：华东师范大学出版社，2021：12.

⑧ 马雷特，等.人是如何学习的Ⅱ：学习者、境脉与文化[M].裴新宁，王美，郑太年，译.上海：华东师范大学出版社，2021：23.

会话互动和行为变化，也就是分析学生数学建模活动中的会话呈现何种互动特征，学生的会话互动是如何推进数学建模活动完成的，哪些学生在数学建模活动中有可能获得发展、获得怎样的发展，哪些学生在数学建模活动中遇到困难，以及与日常课堂教学相比，学生数学建模活动中呈现出怎样的典型行为变化。

以上研究问题将以一次完整的数学建模活动为个案进行详尽的深描。王鉴[①]认为深描是通过详尽的描述，呈现事件的细节，还原真相，让读者有身临其境的感觉，深描常常和解释结合使用。为此，数学建模素养在获得课程中的转化研究具体将围绕以下三个子研究展开：一是对学生数学建模活动中的集体论证过程进行深描；二是对学生数学建模活动中集体论证的会话互动进行图景分析；三是对学生数学建模活动中的典型行为变化进行个案研究。

下面将介绍具体的研究设计。

一、学生数学建模活动中的集体论证过程研究设计

（一）数学建模活动的呈现

本部分所选择的数学建模活动来源于沪教版教科书必修第四册中的“诱人的优惠券”。其内容如下：

近年来，“双十一”演变成一年一度的购物狂欢节。从2009年开始，“双十一”购物规则的复杂度不断增大，而面对商家复杂的优惠规则，消费者都尝试用足优惠。最近，某商家推出了三种优惠券，分别是满199元减20元、满299元减50元、满499元减110元。这些优惠券之间不可叠加使用，但它们可以与满400元减50元的购物津贴同时使用(图略)。此外，这两类优惠券有使用顺序，必须先使用商家优惠券，再使用购物津贴。

可以看出，教科书提供的“诱人的优惠券”数学建模活动，涉及分段函数及其性质的内容和分类讨论思想。从表述来看，此数学建模问题对学生的挑战是问题叙述中没有明确的问题，给出的已知条件比较模糊，需要学生作出假设，自行搜集资料设定参数，提出问题、建立分段函数模型、求解数学模型，检验数学模型、数学表达与反思等数学建模过程。

需要说明的是，在这一部分的研究过程中，笔者只是观察者和资料收集者，讲授“诱人的优惠券”的Z老师扮演着指导者的角色，在课堂上，只会提出“为什么”“然后呢”“怎么做呢”等启发性提示语。因为本班学生前期有过利用函数模型解决实际问题和“红绿灯管理”数学建模活动的学习经历，对于“诱人的优惠券”数学建

---

① 王鉴. 深描是一种什么样的方法？兼论深描在教育研究中的应用[J]. 山西大学学报(哲学社会科学版),2022(2):123-130.

模活动，Z老师的主要任务有三：一是结合刚过去的618狂欢节，S市的市场购买力自疫情以来再次复苏等情境，将教科书中的“诱人的优惠券”双十一情境改为618狂欢节情境，并播放媒体报道的相关视频，之后以诙谐幽默的方式提出几个吸引学生注意力的问题：“你家今年囤货了吗？”“如何囤货可以少花钱而买更多的东西呢？”“从中能发现什么数学问题？”。事后访谈得知，Z老师这样做的意图是激发学生对数学建模活动的兴趣，增强学生对现实情境的亲近感以及对数学建模过程的深度理解。正如Z老师在访谈中所说：“希望学生不要在开头就失去开展数学建模活动的兴趣。”二是将班级随机分成10个小组，要求学生按照之前经历的数学建模过程进行“诱人的优惠券”数学建模活动，并要求：“每个同学先独立思考10分钟，将自己的想法草拟在纸上”“根据数学建模过程进行小组讨论”“形成统一方案并做心得交流汇报”。三是不同于以往知识课教学，这次数学建模活动Z老师不做传统上的讲解，而是让学生参与其中，Z老师只是在班级巡回观察并于适当的时机做一些启发性提示。笔者与Z老师课前还会就学生数学建模活动中的表现进行讨论，预测学生可能的行为变化和应对策略，这样做的目的在于后面确定个案学生对其行为变化进行分析，课后笔者及时展开了对这节课的回忆、转录和记录等工作，但不对这次数学建模活动进行评价。

（二）研究对象

本部分将以S市CMSY中学高一年级5班的4名学生组成的数学建模小组为研究对象，这4名学生习惯于封闭性问题的解决，但是对数学建模过程也比较了解，分别记作S1、S2、S3、S4。这一研究对象的选取完全是随机的。

（三）研究方法与理论框架

本部分主要采用观察法对选取的数学建模小组进行细致的观察，并记录这4名学生在“诱人的优惠券”数学建模活动中的细节。数学建模活动是一种浸染在现实情境中的集体性的论证活动。为此，本部分将利用集体论证理论框架来观测学生数学建模活动中想法的产生过程。那么，集体论证何以成为观测学生数学建模活动的方法论基础？这是因为集体论证的5个原则属性是相互作用的，与完成数学建模活动具有内在一致性。具体看来：一是关联性。关联性是指鼓励学生关联先备知识，思考完成数学建模活动所需要的数学概念和数学知识，即便一开始学生对先备知识的关联不够紧密，但经过小组讨论后，便可增强他们对数学建模活动所涉及的数学知识的关联。二是直观性。直观性是指学生在数学建模活动中所提出的想法或观点能直观形象地表达出来。三是一致性。一致性是指小组成员之间对有争议的或相互矛盾的观点能够通过讨论的方式加以解决。四是共识性。共识性是指小组成员需要一致同意本组取得的数学建模成果，如果有成员不理解，那么其他成员有必要进行解释说明。五是分享性。分享性是指小组成员对所取得的数学建模成果能够在班级进行交流与汇报，以供其他小组讨论与评价。因此，本部分将以集体论证的原则属性和数学建模活动的过程属性为前提，对学生数学建模活动中的集体论证过程进行深描，为后面对学生数学建模活动中的会话互动分析和学生数学建模活动中的行为变化分析奠定逻辑基础。

二、学生数学建模活动中集体论证的会话互动研究设计

（一）研究对象

本部分基于前文学生数学建模活动中的集体论证过程的分析，主要从社会文化的视角勾画学生数学建模活动中的会话互动图景，以深度分析不同学生在数学建模活动中想法的产生过程，以及这些想法是如何推动小组完成数学建模活动的。因此，研究对象还是前面选取的S市CMSY中学高一年级5班的4名学生组成的数学建模小组。

（二）研究方法与理论框架

本部分采用会话分析的研究方法，对这4名学生在“诱人的优惠券”数学建模活动中的会话过程进行录音，通过科大讯飞语音系统进行文字转录，从中探讨学生数学建模活动中的会话互动特征。有研究①指出，探索性对话是一种高效的讨论方法和集体思考的对话策略。将探索性对话引入学生数学建模活动中的实然表现分析，有助于不同学生之间深度思考可能遇到的问题，推进学生有效地完成数学建模活动，因为探索性对话具有问题明确性、观点循证性、批判性认识他人观点等特点。虽然学生几乎没有听说过什么是探索性对话，但是他们在数学建模活动中若隐若现地接触过或正在通过探索性对话进行小组讨论。例如，“他说用优惠率来刻画优惠程度我觉得有道理”就是对他人想法的赞成，“我认为还要站在消费者的角度来考虑，任何一个消费者都想得到最大优惠”，则是就某一问题提出了自己的看法，等等。上述两个示例分别属于“同意”“不同意”类型。借鉴已有研究将学生的会话划分为观念、理解、同意、不同意、争论、维持、经验、总结、社会化、评价等10个类别①，在具体对学生“诱人的优惠券”数学建模活动中的会话进行标注时，遇到一个棘手的问题，那就是很难单独将某一会话判定其属于哪个类别。如“我有个想法，现实中的因素太复杂，商场都是有专门收钱的，有的优惠券还能跨店使用，这里不必考虑跨店使用的情况，可以按照题目要求尽量简化，就假设只在一家店购物，不然做不完的”。如果独立标注，分不清是“不同意”类别，还是“争论”类别。因此，结合了学生会话的前后语境来标注会话类型，上述这句话属于“提出假设”环节的

① 吴媛媛，杨向东．集体创造性写作中学生讨论过程的会话分析[J]．全球教育展望，2019(2)：95-105.

“观念”类别。由于学生在“诱人的优惠券”数学建模活动中的会话过程太长，因此研究时选取了“情境理解、简化或结构化、数学化”三个数学建模子过程，主要考虑的是这三个子过程是数学建模活动的关键环节，往往完成这三个环节，后面对数学问题的解决就比较简单了。

三、学生数学建模活动中的行为变化研究设计

（一）研究对象

学生数学建模活动中的行为变化研究的对象，包括教授“诱人的优惠券”一课的教师（记作 Z 老师），以及在数学建模活动中行为表现相对比较典型的三名高一学生，分别记作 MH、LSH、HYY。需要说明的是，笔者与 Z 老师和该班学生已经建立友好的朋友关系，这也方便笔者在跟随 Z 老师学习的过程中，开展数学建模素养在获得课程中的转化研究。Z 老师为学科教学（数学）专业教育硕士毕业，已经从事高中数学教育教学工作 8 年多，从伯林纳教师教学专业理论对教师发展的阶段划分来看，Z 老师是业务精干型数学教师，在数学教育教学过程中也获得了很多奖项。在与 Z 老师为期一个月的跟班听课和向 Z 老师详细说明了笔者的研究意图后，辅助于“诱人的优惠券”数学建模活动的观察，作者与 Z 老师共同确定了这 3 名学生，代表了三种不同的类型。其中，MH 是一名数学成绩一般、平时在课堂上很少发言的学生，但在数学建模活动中却表现异常优秀，不仅大胆地进行现实问题的假设，还积极通过网络收集商场促销活动的各种信息，在研究过程中，将其称作“令人惊喜者”；LSH 是一名数学成绩较好的学生，平时在课堂上也积极发言，在数学建模活动中表现也较为突出（其实班里有很多与 LSH 类似的学生），将其称作“保持者”，也就是在数学建模活动中的表现与平时的课堂表现不无二样；HYY 是一名数学成绩优秀的学生，其他各科成绩也比较优秀，但是在数学建模活动中却不怎么合群，也不怎么发表观点，很难融入小组讨论中，相比“令人惊喜者”，这样的学生在班级中也相对较多，他们一般擅长于解题和考试，将其视作“令人失望者”。

（二）研究方法

对学生数学建模活动中的行为变化的探讨，主要采用访谈法和观察法。访谈法主要以日常聊天的形式进行，没有明确的访谈提纲。例如，在观察“诱人的优惠券”数学建模活动时，笔者会在课上或课下及时以“Z 老师，您觉得今天学生在数学建模活动中的表现怎么样？”“你觉得今天的数学建模活动相比以往的数学课，最大的不同是什么？”“你喜欢这样的活动吗？”“你觉得开展这样的数学建模活动对你认识数学有什么改变吗？”“这个时候你想到了什么数学概念？”“你为什么想到了分段函数？”“你为什么选择用图像表征你的想法？”等问题进行访谈。换言之，访谈内容

主要根据笔者观察到的关键事件，再结合笔者的研究目的有意识地对 Z 老师和班级同学进行访谈。观察法主要是记录“诱人的优惠券”数学建模活动中的关键事件。例如，Z 老师在提出“诱人的优惠券”问题后，让同学们独立思考后相互讨论、交流，回想自己在商场购物的场景，并抛出研究问题“如何囤货可以少花钱而买更多的东西呢？从中能发现什么数学问题?”。同时，在研究过程中，会结合 Z 老师提供的 PPT 和教学设计进行“诱人的优惠券”数学建模活动的回忆。

（三）研究过程

首先，笔者因个人关系联系到 Z 老师，Z 老师非常热衷于在课堂上开展数学建模活动。其次，根据 Z 老师的授课表和笔者的时间，确定了 2022 年 6 月 24 日（星期五）的下午 3:30—5:00 开展“诱人的优惠券”数学建模活动。在这之前，笔者跟随 Z 老师（一个月）观摩了 17 节数学课例。期间，笔者对 Z 老师的教学进度和教学设计不做任何干预，确保笔者观察到的“诱人的优惠券”数学建模课例能够反映高中数学建模课的真实样态。但是在开展“诱人的优惠券”数学建模活动之前，笔者向 Z 老师说明了作者的研究意图，目的在于寻求 Z 老师的协助，获取学生数学建模活动中的行为变化资料。

本 章 小 结

如同数学建模过程中的“建立数学模型”环节，本章首先对课程转化层级理论进行了概述，并总结了这一理论对本研究的启示。课程转化层级理论启示我们，可以从纵向关联和横向扩展的整合视角对数学建模素养的课程转化进行实然考察。其次，通过理论建立了本研究的分析框架，并对分析框架进行了合理性论证。基于此，分别对数学建模素养在预期课程、实施课程和获得课程中的转化进行了研究设计的建构。

数学建模素养在预期课程中的转化研究可以细分为三个方面：一是从渐进决策理论的角度，考察了数学建模素养内涵的社会生成问题；二是从外显视角，考察了数学建模主题内容在北师大版、苏教版、沪教版三个新版教科书中的编排问题，其分析维度包括整体编排结果、展开方式、数学建模活动类型、数学建模过程以及数学建模活动的情感性；三是从内隐视角，考察了数学建模问题在北师大版、苏教版和沪教版三个新版教科书中的设计问题，其分析维度包括数学建模问题的占比、变化路径、变化速率、变化广度以及变化来源。

数学建模素养在实施课程中的转化研究可以细分为三个方面：一是调查了教师对数学建模的认识与态度，其分析维度包括建构性、理解性、真实性与相关性以及动机与兴趣；二是调查了教师对《高中新课标》中数学建模内容的准备度，其分析维度包括认知准备、情意准备和行为准备；三是调查了教师对三个新版教科书中数学建模内容的使用实践情况，其分析维度包括总体认知、使用态度、使用频率、使用策略、使用动机以及遇到的问题与解决策略。

数学建模素养在获得课程中的转化研究可以细分为三个方面：一是探寻了集体论证何以成为学生数学建模活动的一种有效方式；二是基于学生数学建模活动中的集体论证过程，勾画了学生数学建模活动中的会话互动图景，目的在于分析不同会话类别是如何推动学生完成数学建模活动的；三是基于三个典型个案深描了不同类型的学生在数学建模活动中的行为变化，目的在于为数学建模教学的有效性和数学建模素养的高质量落实提供行动思考。

第四章 数学建模素养在预期课程中的转化研究结果分析

数学建模不仅是数学走向应用的必经之路，还是启迪数学心灵的必胜之途。

——中国数学家、科学院院士　李大潜

第一节 数学建模素养内涵的社会生成研究

作为学科本质和时代特征并存的数学素养之一，数学建模素养的提出并非偶然。考究数学建模素养内涵的当代社会生成过程，可以发现，数学建模素养内涵是渐进演变的，从主要渗透现实性的数学建模思想，到后来更多地凸显情境性的数学建模能力，再到21世纪前20年出现的教育性数学建模素养概念。数学建模素养内涵的社会生成，不仅符合数学课程的“知识—能力—素养”的价值取向转变过程，还反映出社会发展与中学数学课程内容和人才培养目标之间的互动影响。

一、数学建模素养内涵的渐进演变历程

数学建模是数学应用的直观表现形式，可以说，综合运用数学知识解决实际问题是数学建模的雏形。数学课程文件具有继承性和发展性。作为全球教育的共同呼唤，数学建模素养的提出对培养21世纪创新型人才和促进数学课程改革发挥了重要的作用。新中国成立以来，一系列数学课程文件相继颁发、实施，形成了较为系统的、完善的数学课程体系。在课程文件的推行下，数学建模教育在实践中得到不断深化。按照新中国成立以来教育主管部门颁布的12份课程文件的先后顺序，以及通过对这12份课程文件中有关数学建模描述的梳理，可以将数学建模素养的社会生成历程划分为三个阶段：第一阶段为1949—1978年，划分的依据是该阶段注重现实性数学建模思想的渗透；第二阶段为1978—2000年，划分的依据是该阶

段注重培养学生数学应用意识和实际问题解决能力；第三阶段为 2000 年至今，划分的依据是该阶段数学建模素养概念的明确提出和数学建模教育的全面推进。

（一）1949—1978 年：现实性数学建模思想的滥觞

1949 年 12 月，教育部召开了第一次全国教育工作大会，提出教育改革的基本方针要"以老解放区新教育经验为基础，充分吸收旧教育的有用经验，建设新民主主义教育"。在此背景下，我国中学数学课程的发展面临着是继承、改造民国时期的数学课程体系，还是借鉴苏联的数学课程体系，抑或探索建立一套满足我国社会发展需求的数学课程体系的艰难选择。[①] 1950 年 7 月，教育部根据全国各地对中学数学教材的使用意见，印发了《供普通中学教学参考适用数学精简纲要（草案）》，要求全国各地在选择、使用中学数学教材时参照这个精简纲要。这是新中国成立以来第一个关于中学数学教学的课程文件，标志着我国普通高中数学课程改革由此拉开帷幕。

这一阶段，数学课程建设事业刚刚起步，出台了 5 份课程文件，有关数学建模的要求处于萌而未发的状态。新中国成立初期，课程文件主要针对数学教材内容过于抽象而不切合实际的问题进行精简，要求"数学教材尽可能与实际结合，与经济建设需用的科学知识相结合"[②]。从内容来看，仅仅作为宏观的指导性意见，其关键性作用在于强调数学教材要更多地体现数学知识的应用性。5 份课程文件都在算术、几何、代数、三角科目中强调了数学知识的应用性。

在课程目标上，应用数学知识解决实际问题是这一阶段的价值追求。一定程度上，应用数学知识解决实际问题可以视作数学建模思想的滥觞。1953 年 3 月颁布的《中学数学教学大纲（草案）》和 1954 年 10 月颁布的《中学数学教学大纲（修订草案）》都在总说明中提到：教给学生数学的基础知识，并且培养他们应用这种知识来解决各种实际问题所必需的技能和熟练技巧。[③] 1956 年 5 月颁布的《中学数学教学大纲（修订草案）（1956—1957 学年度）》在延续了前 2 份课程文件总要求的基础上，补充说明了开展实习作业的重要性：根据基本生产技术教育的任务，让学生完成培养他们解决实际问题所需的技能和技巧的练习，以及完成需要应用他们的数学知识的实习作业，都具有重大的意义。[④] 可以看出，当时的数学课程文件在价值取向上表现出现实性的数学建模观念。

在课程内容上，不仅在代数、几何、三角科目中强化数学知识与社会的关联。

---

① 吕世虎. 中国中学数学课程史论[M]. 北京：人民教育出版社，2013：63.

② 课程教材研究所. 20 世纪中国中小学课程标准·教学大纲汇（数学卷）[M]. 北京：人民教育出版社，2001：285.

③ 课程教材研究所. 20 世纪中国中小学课程标准·教学大纲汇（数学卷）[M]. 北京：人民教育出版社，2001：355，376.

④ 课程教材研究所. 20 世纪中国中小学课程标准·教学大纲汇（数学卷）[M]. 北京：人民教育出版社，2001：397.

例如，1956 年 5 月颁布的《中学数学教学大纲（修订草案）（1956—1957 学年度）》在三角科目中提到“关于三角函数的初步知识……高中一年级学生学到了各种相似形，就会在解决实际问题中立刻加以应用”①，主要表现为可以利用锐角三角函数测量可以接近的物体和不能接近的物体的高及距离的应用问题；还在数学知识之外添加了课外作业、实习作业等课程内容，删减了一些过程繁杂、少应用的习题，其目的在于强调数学知识的实践性和应用性。另外，1963 年 5 月颁布的《全日制中学数学教学大纲（草案）》在应用题设计方面更是要求，数学教科书的编写应注意适当地选择一些富有教育意义的事例作为应用题的内容。可以看出，这一阶段的课程内容的设计充分体现了社会发展驱使下的知识本位价值取向的主导地位。

在课程实施上，这一阶段的前 4 份课程文件并没有对课程实施作明确的要求，直到 1963 年 5 月颁布的《全日制中学数学教学大纲（草案）》在第四章“教学中应该注意的几点”中，才提到用实际事例来讲清数学概念、法则、定理等，并对教师提出一些要求，强调了数学教学应适当联系实际：为了使学生能够运用所学的知识去解决工农业生产中的一些实际问题，在数学教学中必须适当地联系实际。② 相对课程目标和课程内容来说，这一阶段关注应用数学知识解决实际问题的教学要求只是蜻蜓点水式地提及，未能达到系统化的课程实施层面。

在课程评价上，这一阶段的 5 份课程文件对数学建模未有相关的要求。

总的看来，这一阶段课程文件更多地传达了应用数学知识解决实际问题的要求，反映了现实性的数学建模观念，主要呈现了社会发展驱动的综合运用数学知识解决实际问题的数学课程图景，为数学应用意识和实际问题解决能力的提出奠定了坚实的基础。

（二）1978—2000 年：情境性数学应用意识和实际问题解决能力的发轫

伴随着改革开放的深入发展，情境性数学建模观念开始在全国范围内如雨后春笋般涌现出来。1976 年以后，在积累了前期数学课程体系建设经验的基础上，结合当时的社会背景，国家提出了“教材要反映出现代科学文化的先进水平，同时要符合我国的实际情况”的指导思想。由此，国家开始意识到培养学生的数学应用意识和解决实际问题能力的重要性。基于这一历史文化背景，这一阶段，教育部先后颁布了 5 份课程文件，情境性数学建模观念进入了我国中学数学课程话语体系之中。1978 年 2 月教育部印发《全日制十年制学校中学数学教学大纲（试行草案）》。这个教学大纲采取“精选、增加、渗透”原则，在内容选取方面，精选了一些工

① 课程教材研究所. 20 世纪中国中小学课程标准 · 教学大纲汇（数学卷）[M]. 北京：人民教育出版社，2001：297.

② 课程教材研究所. 20 世纪中国中小学课程标准 · 教学大纲汇（数学卷）[M]. 北京：人民教育出版社，2001：440.

农业生产和学习现代科学技术所必需的基础知识和基本技能。而且在其后颁布的4份课程文件中,不断丰富了数学应用广泛性的内涵。不仅如此,课程文件还在中学阶段增加了微积分、概率等初步知识,把集合、对应等现代数学思想适当地渗透到数学教材中。在"精选、增加、渗透"六字原则的指导下,课程文件的内容和结构发生了很大变化,日益凸显了培养学生的数学应用意识和解决实际问题能力的课程要求。总的看来,这一阶段的课程文件的关键词有"数学应用意识""分析问题能力""解决实际问题能力""实习作业""数学知识的综合运用""创新意识"等。数学建模已由单一的"运用数学知识解决实际问题"课程话语,逐步转向综合化的"数学应用意识、分析实际问题、解决实际问题、创新意识"课程话语。

在课程目标上,培养学生运用数学知识分析和解决实际问题的能力成为这一阶段的主要教学目标。在历史进程中,课程文件还不断丰富发展了这一培养目标的内涵。例如,1978年2月颁布的《全日制十年制学校中学数学教学大纲(试行草案)》用"培养"行为动词描述教学目标,到了1990年4月颁布的《全日制中学数学教学大纲(修订本)》,则变化为"逐步形成"这个行为动词来描述教学目标。可以看出,"培养"处于意识层面,而"形成"更具有执行、实施、强制的意涵。从"培养学生分析问题和解决问题的能力"到"逐步形成运用数学知识来分析和解决实际问题的能力"的课程话语转变中,课程文件在理念上越来越强调数学问题的现实性、情境性,以及更加重视数学应用意识和解决实际问题能力的形成与发展。不仅如此,1996年5月颁布的《全日制普通高级中学数学教学大纲(供试验用)》,还在"教学目的"中首次明确地界定了何为"解决实际问题的能力",主要是指"会提出、分析和解决带有实际意义的或在相关学科、生产和日常生活中的数学问题;会使用数学语言表达问题、进行交流,形成用数学的意识"①。在此基础上,2000年3月印发的《全日制普通高级中学数学教学大纲(试验修订版)》在"教学目标"中还提到了解决实际问题的创新意识培养要求,并明确指出:创新意识是指会从数学的角度发现问题和提出问题,进行探索和研究。② 由此可见,这一阶段的课程文件已经初步形成了数学建模能力的课程目标雏形,只是未能以明确的"数学建模能力"概念加以描述,其实质内涵与当下提出的数学建模素养内涵如出一辙。追溯历史可以发现,我国于20世纪90年代才开始区域化地探索开展数学知识应用竞赛,这种区域化的数学知识应用竞赛可以说是数学建模的雏形。

在课程内容上,这一阶段的5份课程文件都是从宏观层面提出教学内容的确定和安排要求,在现代社会生活和生产中有着广泛应用的知识。例如,课程文件明确要求利用二次曲线、等差和等比数列、三角函数、圆锥曲线、排列组合和二项式定

① 课程教材研究所.20世纪中国中小学课程标准·教学大纲汇(数学卷)[M].北京:人民教育出版社,2001:633.

② 课程教材研究所.20世纪中国中小学课程标准·教学大纲汇(数学卷)[M].北京:人民教育出版社,2001:673.

理、导数和微分、线性规划等基础知识解决一些实际问题。1994 年以后，国家再次对普通高中课程的内容、体系和结构进行改革，于 1996 年正式印发《全日制普通高级中学数学教学大纲(供试验用)》。这个教学大纲突破性地将高中数学课程分为必修课、限定选修课和任意选修课三个模块，分为理科、文科和实科三种要求，并在不同课型、不同科目中强化了以实习作业的形式来反映数学知识的实际应用。实习作业的设置，实质上就是数学建模活动。① 不仅如此，为了全面实施素质教育，教育部于 2000 年 3 月颁布了《全日制普通高级中学数学教学大纲(试验修订版)》，新修订的教学大纲突出了培养学生的创新意识和实践能力，在高中必修课和选修课中增加了研究性课题，还赋予研究性课题具体的课时要求。实习作业和研究性课题为学生的数学应用意识、解决实际问题能力、创新意识、实践能力的培养提供了很好的机会。研究性课题是指从数学角度对某些日常生活和其他学科中出现的问题进行探究，充分地体现学生的自主活动和合作活动。② 不难看出，研究性课题的基本意涵就是当下提出的数学建模活动。

在课程实施上，这一阶段的课程文件不仅要求加强数学知识的实际应用教学，还注意培养学生获得数学知识和运用数学知识的能力，使学生逐步掌握数学中的一些思想方法，培养学生把实际问题转变为数学问题并加以合理解决的能力。例如，1987 年 2 月颁布的《全日制中学数学教学大纲》在“教学中应注意的几点”中提到，在教学中，要注意从生活、生产和其他学科的实际问题出发进行科学的抽象和必要的逻辑推理，得出数学的概念和规律。还要注意把数学知识运用到实际中去，分析、解决力所能及的实际问题。③ 1996 年 5 月颁布的《全日制普通高级中学数学教学大纲(供试验用)》在任意选修课的教学建议中，首次以“数学模型”的课程话语表达了“增强用数学的意识，运用数学模型解决某些实际问题”的数学建模思想，并在教学中，要求教师“从学生所熟悉的生活、生产和其他学科的实际问题出发，使学生受到把实际问题抽象成数学问题的训练”。④ 相比前一阶段，这一阶段有关情境性数学建模观念有了质的突破，开始关注数学建模过程的教学和数学建模能力的培养，因为上述课程文件中讲到的将现实问题抽象为数学问题其实就是数学建模的一个子过程。

在课程评价上，直到 1996 年 5 月颁布《全日制普通高级中学数学教学大纲(供试验用)》，才开始明确提出课程评价的话语。对学生综合应用数学的能力测评成为情境性数学建模观念课程话语的直观表达。同样地，2000 年 3 月颁布的《全日

① 杨骞. 从数学的广泛应用性角度谈高中数学教材的编写[J]. 课程·教材·教法，2000(3)：31-34.

② 课程教材研究所. 20 世纪中国中小学课程标准·教学大纲汇(数学卷)[M]. 北京：人民教育出版社，2001：680.

③ 课程教材研究所. 20 世纪中国中小学课程标准·教学大纲汇(数学卷)[M]. 北京：人民教育出版社，2001：527.

④ 课程教材研究所. 20 世纪中国中小学课程标准·教学大纲汇(数学卷)[M]. 北京：人民教育出版社，2001：644.

制普通高级中学数学教学大纲(试验修订版)》,在“教学测试和评估”中更是大篇幅地要求注重学生的创新意识和实践能力的评价。例如,该课程文件提到,鼓励学生积极参加形式多样的课外实践活动。① 可以看出,这一阶段只是有意识地开始探索与数学建模相关的数学应用意识、解决实际问题能力、创新意识以及实践能力的评估等,对后来出现的多元化方式评价学生的数学建模素养起到了有力的推动作用。

总的看来,这一阶段的课程文件更多地表达了数学应用意识、创新意识和实践能力的要求,反映了情境性的数学建模观念,不仅在基础知识中强化运用数学知识解决实际问题能力的培养,主要呈现了社会发展和学科本质双重逻辑驱动的数学课程发展图景,还对数学建模素养概念的提出和数学建模教育的全面推进起到了良好的推动作用。

(三) 2000 年至今:数学建模概念的明确提出和数学建模教育的全面推进

21 世纪以来,我国数学教育面临新一轮课程改革,在数十年数学建模理论创新和实践探索的基础上,以及在姜伯驹、李大潜、叶其孝、丁石孙等数学家的广泛认可和大力推行下,数学建模正式以课程要求的形式出现于课程文件中。在 2003 年 3 月颁布的《普通高中数学课程标准(实验)》中首次出现了“数学建模”的词汇,从此,数学建模的概念以课程话语的形式被正式提出,数学建模教育在全国各地区普通高中得到了全面推进。

在课程目标上,这一阶段颁布的 2 份课程文件均不同程度地提出了数学建模的教育价值。例如,2003 年 3 月颁布的《普通高中数学课程标准(实验)》不仅在“课程理念”中提到“设立数学建模学习活动,为学生形成积极主动的、多样的学习方式创造了有利的条件”②,还在“课程目标”中提到“发展数学应用意识和创新意识,力求对现实世界中蕴含的一些数学模式进行思考和作出判断”③。其实,我国大学和中学的数学建模实践表明,开展数学应用的教学活动符合社会需求,有利于增强学生的应用意识,提高提出、分析和解决问题的能力,形成理性思维和创新意识。20 余年来,数学建模在理论创新和实践探索中得到飞速发展,尤其是 2018 年 1 月颁布的《普通高中数学课程标准》(2017 年版)更是将数学建模视作数学学科核心素养之一而提出,明确界定了数学建模是什么和数学建模的主要表现,这是我国普通高中数学课程改革的一次伟大创举。

---

① 课程教材研究所. 20 世纪中国中小学课程标准·教学大纲汇(数学卷)[M]. 北京:人民教育出版社,2001:684.

② 中华人民共和国教育部. 普通高中数学课程标准(实验)[M]. 北京:人民教育出版社,2003:3.

③ 中华人民共和国教育部. 普通高中数学课程标准(实验)[M]. 北京:人民教育出版社,2003:11.

在课程内容上,与前面两个阶段类似的是,《普通高中数学课程标准》(2017 年版)同样在 5 个必修课程和 4 个选修系列的内容标准中,以“内容和要求”和“说明与建议”的形式,强调了数学知识的应用性和运用数学知识解决实际问题的内容要求,并要求数学建模以不同的形式贯穿、渗透在各模块和专题内容之中。例如,必修数学 4 的“三角函数”在“内容与要求”中明确提及“会用三角函数解决一些简单实际问题,体会三角函数是描述周期变化现象的重要函数模型”①,以及在“说明与建议”中提到“在三角函数内容中可以插入数学建模活动”②。此外,还要求高中阶段至少应安排一次较为完整的数学建模活动。不同于以往的课程文件,《普通高中数学课程标准》(2017 年版)更是将数学建模活动与函数、几何与代数、概率与统计共同作为高中数学课程的四条主线,贯穿于必修、选择性必修和选修课程中而提出的。可以看出,数学建模内容在高中阶段越来越被重视,不单单在函数、几何与代数、概率与统计中强调数学知识的应用性,还独立地将数学建模活动作为课程内容以发展学生的数学建模素养和推进数学建模教育。

在课程实施上,这一阶段颁布的 2 份课程文件都明确地提出了实施建议。其中,《普通高中数学课程标准(实验)》从教学、评价和教材编写三个方面对数学建模提出了相关建议,《普通高中数学课程标准》(2017 年版)从教学与评价、学业水平考试与高考命题、教材编写、地方与学校实施课程标准的角度,对数学建模提出了相关建议。需要说明的是,这里将 2 份课程文件共有的评价建议作为课程评价维度进行独立的内容分析。从教学建议的角度来看,《普通高中数学课程标准(实验)》建议教师教学“应通过数学建模活动引导学生从实际情境中发现问题,并归结为数学模型,尝试用数学知识和方法去解决问题”③。从考试建议的角度来看,《普通高中数学课程标准》(2017 年版)建议命题时“应有一定数量的应用问题和开放性问题,重点考查学生的思维过程、实践能力和创新意识,问题情境的设计应自然、合理”④。从教材编写建议的角度来看,《普通高中数学课程标准(实验)》建议教材编写“应注意创设现实情境,使学生能够从中发现问题、提出问题,设置具有启发性、挑战性的问题,把数学建模活动恰当地穿插安排在有关的教学内容中”⑤。由此可见,这一阶段的课程文件从多角度对数学建模的课程实施作了指导、建议和要求,为数学建模活动的开展和学生数学建模素养发展指明了实践方向。

在课程评价上,这一阶段的 2 份课程文件对数学建模的评价出现了明确的课程话语。相比以往的课程文件,这是一次有益的、大胆的尝试,必将成为落实学生

① 中华人民共和国教育部. 普通高中数学课程标准(实验)[M]. 北京:人民教育出版社,2003:31.
② 中华人民共和国教育部. 普通高中数学课程标准(实验)[M]. 北京:人民教育出版社,2003:33.
③ 中华人民共和国教育部. 普通高中数学课程标准(实验)[M]. 北京:人民教育出版社,2003:109.
④ 中华人民共和国教育部. 普通高中数学课程标准(2017 年版)[M]. 北京:人民教育出版社,2018:88.
⑤ 中华人民共和国教育部. 普通高中数学课程标准(实验)[M]. 北京:人民教育出版社,2003:117-119.

数学建模素养的有力保障和开展数学建模活动的根本遵循。从评价原则来看，重视对学生数学建模活动过程的发展和变化的评价，如《普通高中数学课程标准（实验）》要求评价"应特别重视考查学生能否从实际情境中抽象出数学知识，以及能否应用数学知识解决问题"[①]。从评价方式来看，尤为重视数学建模素养的多样化评价，如《普通高中数学课程标准》（2017 年版）提到"除了传统的书面测验外，还可以采用课堂观察、口头测验"[②]的方式来评价学生在数学建模活动的表现。从评价取向来看，重视对学生数学建模素养的评价，如《普通高中数学课程标准》（2017 年版）单独以学业质量的模块划分了数学建模素养的三个水平与四个层次。

总的看来，这一阶段的课程文件直观地提出了数学建模素养的概念，反映了教育性数学建模观念由此而生。正如史宁中[③]指出，从核心素养的角度认识数学建模，特别要注意第一句话所揭示的数学建模素养的属性，把握其在"属性"上的定位。这句话包含了三层意思：一是对现实问题的数学抽象；二是用数学语言表达问题；三是用数学方法构建模型解决问题。结合第二句话对数学建模素养的外显行为（过程、步骤）的描述，不难看出，数学建模素养实则数学学科核心素养的集中反映。数学建模素养概念的明确提出和数学建模教育的全面推进，主要呈现了社会发展、学科本质、育人目标三重逻辑驱动的融知识、能力、素养为一体的数学课程发展图景，由此走向了指向数学建模素养的课程建设、教材设计和教学变革的中国道路。

二、数学建模素养内涵的渐进演变逻辑

数学建模素养内涵的社会生成过程，是立足于学科本质、学生发展和社会发展各类主体需求之上，并受制于课程实施的渐进调试过程。基于林德布洛姆的渐进决策理论，数学建模素养内涵的演变具有发展历程阶段性与连续性、内容体系继承性与发展性、目标导向稳定性与同一性的特征，主要通过课程目标、课程内容、课程实施和课程评价四个方面的变化，来实现数学建模素养内涵的渐进演变。在演变过程中，不同阶段的数学建模素养内涵呈现出不同的课程话语形式，并且受到社会文化和考试制度等外部因素的多重影响。

（一）数学建模素养内涵的渐进演变特征分析

新中国成立以来，我国根据社会发展需求、数学课程建设、教育目标转向等因素的变化，逐步建立了符合国际视野、具有中国特色的数学建模课程话语体系。数

① 中华人民共和国教育部. 普通高中数学课程标准（实验）[M]. 北京：人民教育出版社，2003：113.

② 中华人民共和国教育部. 普通高中数学课程标准（2017 年版）[M]. 北京：人民教育出版社，2018：86.

③ 史宁中.《普通高中数学课程标准（2017 年版）》解读[M]. 北京：人民教育出版社，2019：98.

学建模素养内涵的演变过程主要呈现出表 4.1 中的特征。

表 4.1　数学建模素养内涵演变的总体特征

历史阶段	课程目标	课程内容	课程实施	课程评价
1949—1978 年	应用数学知识解决实际问题	代数、几何、三角的实际应用	数学教学适当联系实际	—
1978—2000 年	运用数学知识分析和解决实际问题的能力、创新意识	数学基础知识的实际应用、实习作业、研究性课题	数学知识的实际应用教学、运用数学知识的能力教学	多样化的课外实践活动对创新意识、实践能力的评估
2000 年至今	数学应用意识和创新意识、四能、数学建模素养	数学建模活动主题内容	教学、教材编写、考试命题、地方和学校	书面测验、课堂观察、口头测验

根据表 4.1 可知：首先，从数学建模素养内涵的发展历程来看，三个阶段之间是渐进连续的。从“1949—1978 年”这一历史时期现实性数学建模思想的滥觞，到“1978—2020 年”这一历史时期情境性数学应用意识和实际问题解决能力的发轫，再到“2000 年至今”这一历史时期教育性数学建模素养概念的明确提出和数学建模教育的全面推进，数学建模课程话语体系的发展过程充分体现了林德布洛姆的渐进决策主义思想。从数学建模思想到数学建模能力，再到数学建模素养的不断发展，数学建模素养内涵在每个历史阶段的演变都是在遵循社会发展、数学本质和育人目标三重逻辑前提下，结合了不同历史时期的社会发展需求和经济建设需求，在变化中逐步调整已有的课程话语，切实解决数学建模教育实践中出现的新挑战和新问题，努力通过渐进调试的小步子不断推进。

其次，从课程目标来看，从最初的应用数学知识解决实际问题，到后来运用数学知识分析和解决实际问题的能力和创新意识，再到当下大力推行四能、数学建模素养教育，从数学建模的无意识状态到多样化实践，数学建模的课程目标转换实现了从被动地适应社会需求到主动的学科作为和育人目标使然的逻辑转向。从价值取向来看，数学建模素养内涵的演变始终在寻求社会发展、学科本质、育人方向的统一，以及从知识到能力再到素养的价值超越。这也体现了课程设计者在数学建模课程话语体系建构中的价值观。目标的延续性和发展性，不仅加强了数学建模的课程体系建设，还全面推进了数学建模教育的实践。

然后，从课程内容来看，其关注点由代数、几何、三角的实际应用到实习作业和研究性课题的有益尝试，再到数学建模活动主题内容的独立设置，数学建模的课程内容在形式上由单一向多元转变，在内容上由分散性向独立化、体系化的方向发展。数学建模课程内容的变化是基于前一阶段的逐步调整和扩展,具有一定的继承性,以满足适应未来社会需要培养什么样的人的学科思考。

最后,从课程实施和课程评价来看,数学建模的教学实施由原先的与实际相联系,到如今在考试命题、教材编写中的硬性规定。课程实施的话语转变推动数学建模教与学的大势不可逆转,指向数学建模素养发展的教学变革指日可待。另外,在课程评价上,从无意识状态到多元化作为,融合书面测验、课堂观察、口头测验、有声思维的学生数学建模素养的评价方式将越来越受关注。

总之,数学建模素养内涵的演变呈现出温和的渐进发展过程。受到社会发展、学科本质、育人目标等多方面影响,我国数学建模的课程话语发生着与时代相符、与人才培养相契合的变化,使得三个历史阶段的数学建模课程话语体现出一种渐进升华的变迁逻辑,充分体现出我国对数学建模促进 21 世纪创新型人才培养的总体把握。

(二) 数学建模素养内涵的渐进演变动因分析

随着未来人才培养目标的素养化趋向,数学建模对提升学生的科学精神、创新意识、批判性思维、跨学科素养,以及满足学生对多样化的学习需求起到了重要作用。由于数学建模素养内涵的渐进演变历程受到社会发展、学科本质和育人目标等因素的共同作用,为了数学建模教育实践的有力推行,总体上呈现出一种渐进的、连续的、发展的变化逻辑,具体如图 4.1 所示。

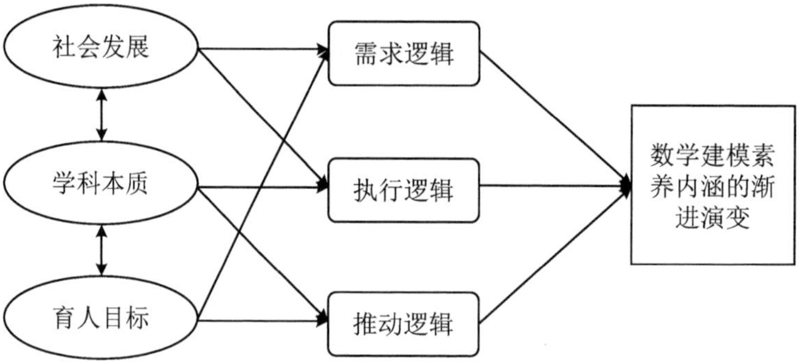

图 4.1 数学建模素养内涵的渐进演变逻辑

具体看来:一是社会发展为主要影响的需求逻辑。新中国成立初期,社会对数学教育的需求仅仅停留在"量"的层面,通过强化数学知识的应用性来适应社会发展。随着经济社会发展和社会文化的高度繁荣,由此推动了数学建模教育"质"的转变。学习数学知识,不仅仅在于解决实际问题,更重要的在于解决实际问题中创新意识、实践能力、批判性思维等品质的提升。在不同的历史时期,社会需求的转变进一步促进了数学建模素养内涵的演变,为数学建模素养课程体系的建立提供了内在动力。二是学科本质为主要影响的执行逻辑。严谨性、抽象性和应用性构成数学学科的三大基本特征。随着不同时代的社会认识和范式转换，数学的本质发生了历史动态性的演变，数学建模作为“形式—建构—模型”整合性数学观的直观反映逐渐被学术界认可，其内涵“既凸显了数学的形式化、抽象性特点，又体现了数学知识的社会文化建构性的特点，还反映了数学与现实世界的内在关联”①。数学课程以数学建模的形式反映学科本质，进而不断丰富数学建模素养的内涵。三是育人目标为主要影响的推动逻辑。教育要面向学生的未来，就必然需要思考什么样的人能够适应未来社会的发展。数学建模素养的提出基于不确定的现实世界，能够从数学的角度发现问题、提出问题、分析问题、解决问题，这也正是 21 世纪创新型人才培养的目标指向。数学建模素养的培养成为当下核心素养教育的一种学科实践方式；同时，人才培养目标的素养化进一步推动了数学建模教育的全面推进。

整体观之，数学建模素养内涵的渐进演变过程表现出强劲的路径依赖性，三个阶段的数学建模内涵演变不同程度地受到社会发展、学科本质和育人目标的影响，从一开始主要受社会发展的影响，到后来主要受社会发展和学科本质双重影响，再到当下受社会发展、学科本质和育人目标三重影响，遵循着数学建模课程话语的需求逻辑、执行逻辑和推动逻辑。这促使数学建模素养由原先的现实性数学建模思想的滥觞，逐渐发展为情境性数学应用意识和解决实际问题能力的发轫，再到如今教育性数学建模素养概念的明确提出和数学建模教育的全面推进的话语体系建立。

三、数学建模素养内涵的渐进演变理路

通过对新中国成立以来的 12 份课程文件中数学建模描述的梳理，划分了数学建模素养内涵演变的三个发展阶段。从中可以发现，借鉴林德布洛姆的渐进决策理论，分析数学建模素养内涵的渐进演变过程具有很好的适切性。为此，可以将数学建模素养内涵的渐进演变过程看作遵循了按部就班的内容原则、积小成大的目标原则、稳中求进的方法原则。

（一）按部就班：构建了从解决实际问题到培育数学建模素养的内容体系

根据渐进决策理论，可以将课程文件的颁布与修订视作前后衔接的不间断过程，每次课程文件的颁发都会结合前期课程文件的实施情况进行不断的修订、实施。我国在长期的数学建模理论创新和实践探索下，指向数学建模素养的课程改

① 黄秦安.作为形式—建构—模型的数学：关于数学研究对象的一个新阐释[J].自然辩证法研究，2013，29(1)：122-127.

革态势业已形成，数学建模课程内容发生了由解决实际问题到培育学生数学建模素养的话语转变。数学建模教育所关涉的课程建设、教材编写、教学方式和评价改革等问题，以课程文件为依据。课程文件与课程话语具有内在一致性，因而可以将课程话语的转变视作数学建模课程内容演变的历史缩影。新中国成立以来，数学建模课程内容围绕社会发展、学科本质和育人目标三重逻辑，建构了具有阶段连续性的数学建模课程话语体系，从解决实际问题到培育学生数学建模素养的转变，表现出数学建模课程话语演变的渐进性、连续性和发展性特点。

历次颁布的课程文件都强调了运用数学知识解决实际问题的价值指向。根据数学建模素养内涵的渐进演变历程的划分来看，数学建模课程话语的转变经历了运用数学知识解决实际问题、从数学的角度建立数学模型分析和解决问题的能力、数学建模素养三个阶段的课程话语倾向，彰显了数学建模课程内容和体系的逐步完善与发展。同时，12 份课程文件越来越多地关注数学建模，数学建模课程内容由分散式向独立式发展，课程文件对数学建模的描述也越来越丰富，将数学建模活动视作高中数学课程主线之一和数学学科核心素养之一，足以见得课程文件提高了数学建模的定位。

（二）积小成大：实现了由数学建模思想到数学建模素养的目标转向

渐进决策理论认为，渐进决策是通过小步子的变化来实现大的变化。从 12 份课程文件对数学建模的关注不难看出，数学建模素养作为课程目标的提出，并不是横空出世的，而是经历了数学知识的实际应用、培养运用数学知识解决实际问题的能力以及数学建模素养的转变过程。这个过程以积小成大的目标原则，是通过历次课程文件的修订、实施而逐步形成的，最终确立了发展学生数学建模素养作为培养目标，是一种由量的积累到质的飞跃的过程。

新中国成立以来，数学建模教育得到了越来越多的研究者和实践者的关注，数学建模的课程目标也随着社会的发展而渐进地发生变化。从起初对数学知识应用性的重视，到后来运用数学知识解决实际问题能力的培养，再到现在数学建模素养的提出，我国不断探索数学建模教育的改革道路，使之最终实现了数学建模素养课程目标的确立。在这一历史进程中，指向数学建模素养的课程目标与时俱进，由知识立意到能力立意再到素养立意，数学建模素养课程目标发生了历史性突破。同时，数学建模课程内容逐渐多样化，从数学知识的应用到实习作业和研究性课题的设置再到数学建模活动的独立编排。课程文件对数学建模的关注也随社会历史文化的变化而更为凸显，从新中国初期的数学知识运用，到改革开放初期的分析和解决问题能力的培养，再到当下数学建模素养的提出。数学建模素养课程目标的变化反映了不同历史时期我国对数学建模的诉求，小步子实现了数学建模课程目标的变化，既满足了不同历史时期数学建模教育的需求，也推进了数学建模素养课程目标的现代化发展。

（三）稳中求进：形成了多种评价方式推动了数学建模教育的方法向度

受渐进决策理论的启思，课程设计者在制定、修订课程文件时应充分考虑课程文件所处的社会文化背景，并根据社会发展的需求和历史文化因素的变化及时进行修订，以达到课程文件的可实施目的。12 份课程文件对数学建模的关注，就是从先前的课程文件中汲取实践经验渐进变化的。数学建模活动是落实数学建模素养的前提和基础，而数学建模课程实施的范围和水平，一方面取决于数学建模课程内容的丰富程度，另一方面还取决于数学建模课程评价的制约。

渐进式数学建模素养课程目标的确立是在数学建模教育实践中积累经验而提出的，而多元化的评价取向为数学建模素养的发展指明了方向。从一开始的无意识状态，到后来着重对分析和解决现实问题能力、创新意识和实践能力的关注，再到现在对数学建模的过程性评价，数学建模素养评价的内涵在不断丰富和发展。除此之外，多样化的评价方式为数学建模素养的发展提供了有力的工具支持。当下，流行的口语报告、有声思维、档案袋、作品展示等评价方式，给数学建模素养评价提供了可能的保障机制。

第二节　外显视角下教科书中的数学建模主题内容编排研究

一、数学建模主题的整体编排结构

根据第三章“研究设计”中表 3.3 的分析框架，通过知识结构图的形式分别对三个新版教科书中数学建模主题内容的编排结构进行梳理，结果见表 4.2～表 4.4。

表 4.2　北师大版教科书中数学建模主题内容的编排结构

必修	第一册	第一章　预备知识/4.3 一元二次不等式的应用 第五章　函数应用/2.1 实际问题的函数刻画 2.2 用函数模型解决实际问题 第七章　概率/2.2 古典概型的应用 第八章　数学建模活动(一)/1 走进数学建模 2 数学建模的主要步骤 3 数学建模活动的主要过程

续表

必修	第二册	第一章　三角函数/8 三角函数的简单应用 第二章　平面向量的应用/6.1 余弦定理与正弦定理 6.2　平面向量在几何、物理中的应用举例 第三章　数学建模活动(二)/1 建筑物高度的测量 2 测量和自选建模作业的汇报交流
选择性必修	第一册	第四章　数学建模活动(三)/1 数学建模实例 2 数学建模结题交流/2.1 重温“结题” 2.2 整理数学建模研究成果 第五章　计数原理/1.2　计数原理的简单应用 第七章　统计案例/3. 3　独立性检验的应用
	第二册	第一章　数列/4　数列在日常生活中的应用 第二章　导数及其应用/7.2　实际问题中的最值问题

表 4.3　苏教版教科书中数学建模主题内容的编排结构

必修	第一册	第 7 章　三角函数/7.4　三角函数的应用 应用与建模　港口水深的变化与三角函数 第 8 章　函数应用/8.2　函数与数学模型 应用与建模　体重与脉搏 专题　数学建模与数学探究
	第二册	第 11 章　余弦定理、正弦定理的应用 应用与建模　拟柱体体积公式 应用与建模　阶梯电价的设计 专题　数学建模与数学探究
选择性必修	第一册	应用与建模　双曲线时差定位法 第 5 章　导数及其应用/5.3 导数在研究函数中的应 应用与建模　三次样条模型 专题　数学建模与数学探究
	第二册	应用与建模　区分蠓蚊 专题　数学建模与数学探究

表 4.4　沪教版教科书中数学建模主题内容的编排结构

必修	第一册	第 2 章　等式与不等式/2.3　基本不等式及其应用 第 5 章　函数的概念、性质及应用/5.3　函数的应用
	第四册	引论(什么是数学建模、如何开展数学建模活动、关于本册教材) 第 1 部分　数学建模活动案例(1. 红绿灯管理,2. 诱人的优惠券,3. 车辆转弯时的安全隐患,4. 雨中行) 第 2 部分　数学建模活动 A(5. 出租车运价,6. 家具搬运、7. 登山行程设计) 第 3 部分　数学建模活动 B(8. 包装彩带,9. 削菠萝、高度测量,10. 外卖与环保) 附录(1. 数学建模活动报告的写作,2. 数学建模活动报告样例,3. 有关数学建模活动中数学内容的说明)
选择性必修	第二册	第 5 章　导数及其应用/5.3.5　利用导数解决实际问题 第 6 章　计数原理/计数原理在古典概率中的应用
	第三册	引论 第 1 部分　数学建模活动案例(1. 刹车距离,2. 易拉罐的设计,3. 珠穆朗玛峰顶上有多少氧气,4. 水葫芦的生长) 第 2 部分　数学建模活动 A(5. 铅球投掷,6. 电梯调度) 第 3 部分　数学建模活动 B(7. 存款计划,8. 民生巨变 40 年,9. 教室里的照明) 附录(1. 数学建模活动报告的写作,2. 数学建模活动报告样例,3. 有关数学建模活动中数学内容的说明)

由表 4.2～表 4.4 可知,北师大版、苏教版、沪教版三个新版教科书在必修和选择性必修中均有编排数学建模主题内容,而且对数学建模主题内容的编排设计各具特色。

从内容分布来看,三个新版教科书中的数学建模主题内容体现了“既与其他主题相结合,又专门独立编排”的共同特征。例如,三个新版教科书都在“函数应用”“导数及其应用”等章节设置了利用数学模型解决实际问题的内容。区别之处在于,不同版本的教科书通过与其他主题相结合编排数学建模主题内容的倾向程度具有一定的差异性。相比而言,北师大版教科书更大范围地体现了这种融合理念,如在不等式、概率、三角函数、平面向量、计数原理、统计案例、数列等章节中,编排了利用数学模型解决实际问题的内容;而苏教版和沪教版则较小范围地体现了这种融合理念。究其原因,从文本分析中便可得知,苏教版和沪教版教科书在内容编排上更多关注数学知识应用性的体现,取而代之的是,以多样化、特色化的形式编排了数学建模主题内容,如苏教版以 7 个“应用与建模”栏目的形式,介绍了利用数学模型解决实际问题的案例。

教科书中数学建模主题内容是落实数学建模素养的最佳沃土。从转化方式来看，不同编者对数学建模素养的教科书转化体现了多样化的特征。

北师大版教科书主要以“融入式”编排数学建模主题内容，分别设置三个相互关联的数学建模活动，目的在于通过认识数学建模、学习数学建模、实践数学建模的渐进过程，实现数学建模素养在教科书中的层次性转化。其中，第一个活动以“哥尼斯堡七桥”问题为案例，介绍了数学建模的定义、过程和活动步骤；第二个活动具体呈现了“建筑物高度测量”的实例，目的在于让学生感悟数学建模的步骤，体验数学建模的过程，分享数学建模的经验；第三个活动以“结题交流”的形式，意在让学生回顾、反思、强化对数学建模完整过程的再认识。可以看出，北师大版教科书中数学建模主题内容的编排体现了层级性、参与性和分享性的特点。

苏教版教科书主要以“专题式”编排数学建模主题内容，通过 7 个“应用与建模”栏目和 4 个数学建模案例，实现数学建模素养的多路径转化。其中，7 个“应用与建模”栏目分别从三角函数、函数应用、立体几何、统计、圆锥曲线、导数等角度，介绍了利用数学模型解决实际问题的意义，意在凸显数学知识与现实生活的联系，增强学生的数学应用意识；还设置了 4 个数学建模案例，目的在于多方面、分层级地介绍数学建模过程及其活动开展的形式，为学生数学建模活动的实践起到指导作用。其中，第一个案例是停车距离问题，重点从理论角度介绍数学建模的过程和开展数学建模活动的形式，目的在于巩固学生对数学建模的深入认识；第二个案例是测量学校内、外建筑物的高度，主要从实践角度说明开展数学建模活动的“选题—开题—做题—结题”过程，目的在于培养学生“学数学、做数学、用数学”的实践能力；第三个案例是理财问题，主要从评价的角度比较了等额本金和等额本息两种还款方式的异同，目的在于强化学生对所建数学模型的改进、优化与评价，以及培养学生在数学建模活动中的表达能力和反思能力；第四个案例是报亭问题，设置意图是借助信息技术提高数学建模活动的有效性。可以看出，苏教版教科书中数学建模主题内容的编排体现了理论性、实践性和工具性的特点。

沪教版教科书主要以“独立式”编排数学建模主题内容，通过物化形式独立设置两册内容，实现数学建模素养的特色化转化。试想，沪教版教科书的编者将数学建模主题内容独立分册编写的可能意图，在于强调数学建模不是依附于特定的数学内容而存在，也不是新增的数学知识，而是在数学教学过程中可以随时随地开展的实践活动。基于此，应注意到，虽然沪教版将两册数学建模内容编排于必修和选择性必修课程内容的最后，但绝不表明两册数学建模内容是前三册或前两册的后继，而是包含比《高中新课标》规定的课时要求更多的内容。① 分析发现，沪教版教科书必修第四册和选择性必修第三册共计提供了 20 个数学建模活动，都是分成三个部分呈现的。其中，第一部分通过 8 个案例展示完整的数学建模过程，旨在对数

① 李大潜，王建磐. 普通高中教科书数学必修第四册[M]. 上海：上海教育出版社，2020：前言.

学建模活动的开展起到指导作用；第二部分通过5个半开放式的数学建模活动，旨在进一步加深学生对数学建模过程的认识与理解；第三部分通过7个全开放的数学建模活动，为践行“不同的学生在数学上得到不同的发展”的课程理念提供了更多的学习机会。另外，沪教版教科书还通过附录的形式介绍了数学建模活动报告写作的原则、方法与实践案例。可以看出，沪教版教科书中数学建模主题内容的编排体现了系统性、选择性和指导性的特点。

在揭示研究结果之前，有必要澄清的是，下面四个维度的统计结果是基于三个新版教科书中以显性直观的形式呈现的数学建模活动为考察对象，也就是教科书中明确标注的数学建模活动。其中，北师大版教科书提供了23个，苏教版教科书提供了22个，沪教版教科书提供了20个。在数量上，三个新版教科书中的数学建模活动高度相似，本部分主要对这些数学建模活动展开多角度分析。对于教科书在其他数学内容中融入数学模型解决实际问题的内容，一定程度上是一种隐性的数学建模内容，将在下一部分中给予探讨。在编码过程中，笔者结合第三章建构的数学建模素养在教科书中的转化分析框架，独立进行了两次编码，两次编码时间相隔三周，旨在确保编码具有较高的一致性。经分析，两次编码一致性达90.50%。相较而言，对教科书中数学建模活动的展开方式、类型、情感性等维度的编码，具有高度一致性，分别达到90.33%、98.67%、96.33%。而对教科书中数学建模活动的过程编码，一致性略低，只有76.67%，究其原因，在于教科书提供的数学建模活动并未呈现完整的数学建模过程，笔者在编码过程中，主要结合教科书上下文内容，考虑编者的设计意图而进行的。

二、数学建模活动的展开方式

根据第三章“研究设计”中表3.5的分析框架，对三个新版教科书中数学建模活动的展开方式进行对应的归类、统计分析，结果见表4.5。

（一）相似之处：注重数学建模活动的开放性及其组织形式的个人化倾向

由表4.5中的数据可知，三个新版教科书中的数学建模活动的展开方式，在问题表述类型、情境信息和组织形式上具有较高的一致性，均体现出数学建模活动的问题开放性和完成数学建模活动的个人倾向性。

问题表述开放性是数学建模活动的典型特征，也是我国普通高中数学课程改革的价值追求。三个新版教科书对数学建模问题表述的开放性取向，在于不断提高学生发现问题、提出问题、分析问题、解决问题的能力，以及综合应用数学知识的能力。数学建模问题表述的开放性，与数学建模情境提供的数学信息有直接的关系，已知条件的开放和待解决问题的开放，在于增强学生数学建模活动中的创新精神和创造意识。这一点从统计结果中便可看出，三个新版教科书主要通过“不足”的数学信息呈现数学建模情境。除苏教版教科书以外，北师大版和沪教版的教科书很少提供“完整”或“冗余”的数学信息，这也进一步提升了数学建模活动的开放程度，使得不同的学生在数学建模活动中得到不同的发展。那么，为什么苏教版教科书中的数学建模活动却呈现了较多的“完整”数学信息呢？进一步分析发现，苏教版教科书设置的7个“应用与建模”栏目，实际上与北师大版和沪教版的教科书在其他内容中设置的有关数学模型的实际应用内容非常相似，只不过苏教版教科书直观地以“应用与建模”的栏目呈现而已，如苏教版教科书必修第一册在“三角函数”的章末呈现了“港口水深的变化与三角函数”数学建模活动，旨在强调正弦函数模型的实际运用，其问题本质就是应用题。另外，苏教版和沪教版的教科书各提供了一个“冗余”数学信息的数学建模情境。通过分析发现，这两个“冗余”数学信息都呈现了大量的数据，目的在于让学生通过数据拟合方法加深对建立数学模型解决实际问题的认识。因此，一定程度上三个新版教科书中数学建模情境提供的数学信息高度相似，都体现了数学建模情境的开放性。

表4.5　三个新版教科书中数学建模活动的展开方式统计

分析指标	维　度	观测点	北师大版	苏教版	沪教版
情境表述	情境类型	个人情境	13	4	9
		职业情境	0	3	2
		社会情境	2	8	8
		科学情境	2	7	1
	情境真实性	虚假真实	5	9	3
		净化真实	3	8	2
		模拟真实	4	4	5
		现实真实	5	1	10
	数学信息	完整	0	9	2
		冗余	0	1	1
		不足	23	12	17
问题表述	句式	陈述句	17	13	6
		疑问句	6	9	14
	类型	封闭式	0	9	0
		开放式	23	13	20
组织形式	个人活动		18	19	17
	团队活动		5	1	3

于学生而言，编者在设计数学建模活动时理应倾向于以团队合作的形式，完成教科书中提供的开放性数学建模活动。然而，这与本研究的结果不相符合。究其原因，在于笔者对教科书中数学建模活动的组织形式归类编码时，考虑到如果编者在设计数学建模活动时有意通过团队合作的形成来完成，那么会在教科书中明确提出，如三个新版教科书都明确建议以2～3人的小组形式完成“高度测量”数学建模活动，这也是苏教版教科书对数学建模活动的合作组织形式的唯一明确说明。因此，凡是教科书中未明确标注小组、合作等话语的团队组织形式的数学建模活动，在本研究中均将其视为个人活动。而且，数学建模活动的个人化组织形式反映了三个新版教科书的共同价值取向。

（二）不同之处：数学建模活动的情境类型和真实性以及问题表述方式不尽相同，各具特色

三个新版教科书中数学建模活动的情境表述各具特色，体现在以下三个方面：

1. 情境类型

根据表4.5中的数据结果，将三个新版教科书中数学建模活动的情境类型绘制成堆积柱形图，如图4.2所示。

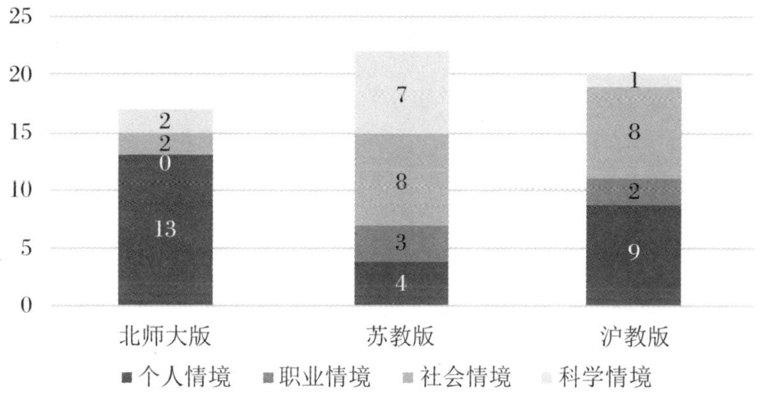

图4.2 三个新版教科书中数学建模活动的情境类型堆积柱形图

由图4.2可知，整体看来，苏教版教科书最为重视数学建模活动的情境渗入，沪教版教科书次之，北师大版教科书最弱。值得注意的是，由图4.2可直观地看出北师大版教科书中数学建模活动的情境类型与数量并不匹配（北师大版教科书提供了23个数学建模活动）。进一步分析发现，北师大版教科书在数学建模主题内容中编排了6个无任何情境的数学建模活动，如必修第二册第三章第二节中的“总结自己参加数学建模活动的具体收获、体会、经验和问题”“评价一下自己或班里其他同学的建模成果”等。可以看出，北师大版教科书更加注重学生实践数学建模活动的展示、汇报、交流与评价，目的在于通过自评与互评的方式展现“学数学、做数

学、用数学、爱数学”的过程,进一步培养学生的数学眼光、科学态度和创新精神。

那么,三个新版教科书中数学建模活动在不同情境类型上究竟具有哪些不同?为了直观地比较三个新版教科书中数学建模活动情境类型的横向差异,根据表4.5中的数据,再将三个新版教科书中数学建模活动的情境类型绘制成百分比柱形图,如图4.3所示。

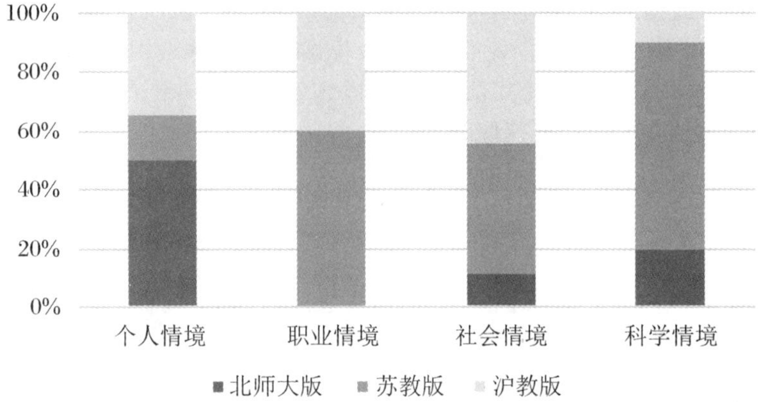

图4.3　三个新版教科书中数学建模活动的情境类型百分比柱形图

由图4.3可知,三个新版教科书中数学建模活动的个人情境类型占比,由高至低依次是北师大版、沪教版、苏教版。其中,北师大版教科书中数学建模活动的个人情境类型相对较多,沪教版教科书和苏教版教科书相差无几。进一步分析发现,三个新版教科书均设置了与个人生活密切相关的现实情境。相较而言,三个新版教科书中数学建模活动的个人情境类型各有倾向:北师大版教科书主要关注如“礼品捆扎方式”等日常生活问题,苏教版教科书主要关注如“等额本金还款法和等额本息还款法”等经济生活问题,沪教版教科书主要关注如“登山行程设计”等健身生活问题。

苏教版教科书中数学建模活动的职业情境类型占比略高于沪教版教科书,北师大版教科书中没有职业情境类型的数学建模活动。结合表4.5中的数据,可以看出,职业情境是三个新版教科书中数学建模活动最少的类型,这说明三个新版教科书中的数学建模活动未能很好地发挥职业导向功能。教育要面向学生的未来,而非过去。[①] 再者,数学建模素养的提出是对未来社会需要“培养什么样的人”的学科思考。所以,三个新版教科书中数学建模活动对职业情境的关注缺失,值得我们进一步深思。通过分析发现,苏教版教科书中的3个数学建模活动分别呈现了“教室桌椅与学生身高”的教育学情境、“双曲线时差定位法测定航行位置”的地理学

① 施莱希尔.教育面向学生的未来,而不是我们的过去[J].宋晓凤,陈钰童,译.华东师范大学学报(教育科学版),2020(5):1-21.

情境，以及“不同还款方式比较”的经济学情境等类型；沪教版教科书中的两个数学建模活动分别呈现了“铅球投掷”的体育学情境和“教室里的照明”的教育学情境类型。

社会性是数学建模教学的本质属性①，促使三个新版教科书中的数学建模活动都不同程度地呈现了社会情境类型。其中，沪教版教科书和苏教版教科书中的社会情境占比相差不大，而北师大版教科书相对较少。进一步分析发现，三个新版教科书中数学建模活动的社会情境类型倾向略有不同。沪教版教科书不仅关注如“红绿灯管理”“车辆转弯安全”等社会民生问题，还关注如“外卖与环保”“水葫芦的生长”等社会生态问题。可以看出，沪教版教科书中数学建模活动的社会情境类型较为多样。苏教版教科书主要关注如“停车距离问题”“阶梯电价的设计”等社会生活问题；相对而言，北师大版教科书中的社会情境类型较为单一，两个数学建模活动主要关注“红绿灯通行量”“暖瓶保温效果”等日常生活问题。

三个新版教科书中数学建模活动的科学情境差异明显。相比而言，苏教版教科书更加关注数学建模活动的科学情境，北师大版教科书和沪教版教科书则较少关注数学建模活动的科学情境。进一步分析发现，三个新版教科书中数学建模活动的科学情境分别与生物学、地理学、化学等自然科学相关，如北师大版教科书中“蠓虫标本的分类”的生物学情境，苏教版教科书中“潮汐现象”的地理学情境，以及沪教版教科书中“珠穆朗玛峰顶的含氧量”的化学情境。可以看出，三个新版教科书中数学建模活动的科学情境更加注重数学与其他自然科学的交融，也表明了普通高中开展数学建模活动不仅有助于培养学生的跨学科思维，也有助于教师开展跨学科教学。

概括看来，北师大版教科书和沪教版三个新版教科书较为关注数学建模活动的个人情境，说明北师大版教科书和沪教版教科书比较注重数学建模活动与学生日常生活的联系；北师大版、苏教版和沪教版教科书均对职业情境关注不足，说明三个新版教科书还有待加强与未来社会发展的有机互动；苏教版教科书和沪教版教科书较为关注数学建模活动的社会情境，说明苏教版教科书和沪教版教科书比较注重数学建模活动与现实社会的关联；苏教版教科书较为关注数学建模活动的科学情境，说明苏教版教科书比较注重数学建模活动与科学技术的联系。

2. 情境真实性

根据表 4.5 中的数据，将三个新版教科书中数学建模活动的情境真实性绘制成簇状柱形图，如图 4.4 所示。

由图 4.4 可知，整体看来，三个新版教科书中数学建模活动的情境真实性在虚假、净化、模拟和现实等四个方面均有体现，反映了教科书提供的数学建模活动在于让学生具身认知数学世界与现实世界的紧密联系，深入体会数学建模的应用价值和教育价值。这也符合《高中新课标》对数学建模的理念要求。

① 汪飞飞，张维忠. 中国中学数学建模研究的历程与论题及其启示[J]. 数学教育学报，2022(2)：63-68.

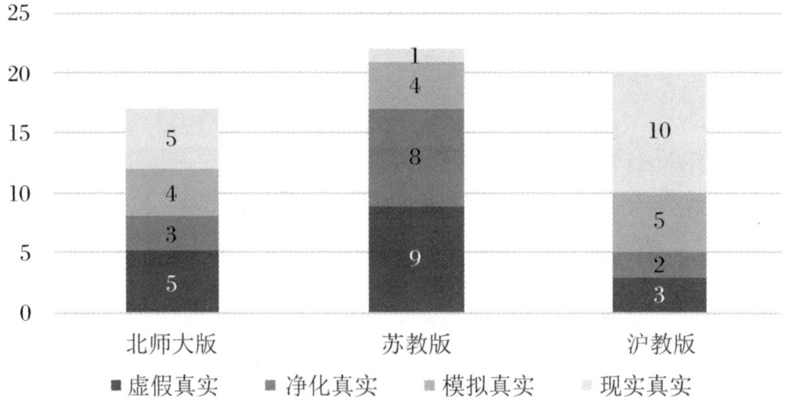

图 4.4 三个新版教科书中数学建模活动的情境真实性簇状柱形图

为了更加直观地比较三个新版教科书中数学建模活动的情境真实性差异，根据表 4.5 中的数据，同样地将三个新版教科书中数学建模活动的情境真实性绘制成百分比柱形图。如图 4.5 所示。

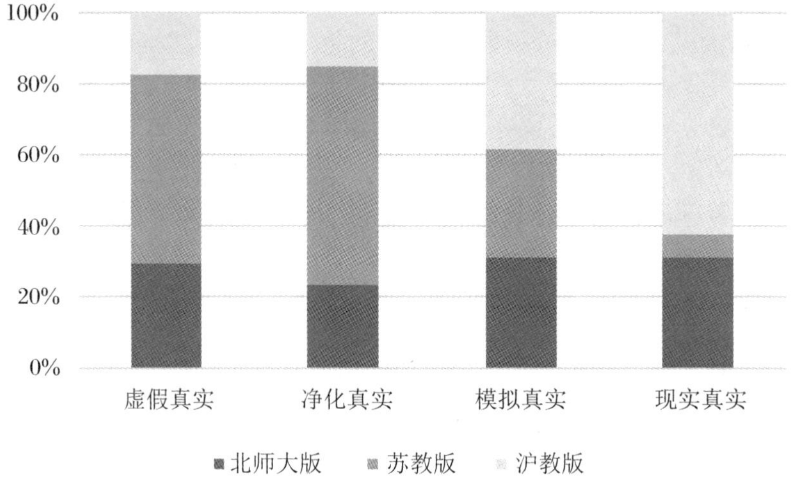

图 4.5 三个新版教科书中数学建模活动的情境真实性百分比柱形图

结合表 4.5 中的数据和图 4.5 可知，三个新版教科书中数学建模活动的情境真实性，在虚假真实和净化真实上的占比由高到低依次是苏教版、北师大版和沪教版。这说明苏教版和北师大版教科书比沪教版教科书更注重“虚假真实”“净化真实”情境的设置，如北师大版教科书中“驾驶摩托车飞跃黄河”数学建模活动的设置，就是典型的“虚假真实”数学建模情境。与此设计意图相似的是，沪教版教科书则呈现了“铅球投掷”数学建模情境。加以比较，不难发现，编者在考虑数学建模活动的情境真实性时，具有不同的价值取向。进一步分析发现，苏教版教科书在编排数学建模活动时更加注重对数学模型的建构和数学问题的求解，如选择性必修二中的“报亭收益问题”；北师大版教科书在编排数学建模活动时则更加注重对数学建模过程的介绍，如“在互联网上搜索一篇数学建模论文，并分析步骤，审视假设的合理性”等。

三个新版教科书中数学建模活动的情境真实性，在模拟真实上的占比较为相似，说明不同编者都意识到通过模拟真实的情境能够更好地提升学生的数学应用意识和实践能力。例如，三个新版教科书都设置了“刹车距离”的模拟情境。为何将“刹车距离”数学建模活动的情境编码为“模拟真实”？主要考虑的是，高中生绝大多数尚未满 18 周岁，没有驾驶汽车的经验，与学生实际不符；另外，在高速公路行驶中，如果真的遇到紧急情况，也不会立马采取急刹车的方式来降低车速，因为汽车高速行驶状态下急刹车的危害性最大。所以诸如此类的模拟真实情境，编者在设计教科书中的数学建模活动时还有待进一步斟酌与改进。

与虚假真实和净化真实相反的是，三个新版教科书中数学建模活动的情境真实性，在现实真实上的占比由高到低依次是沪教版、北师大版和苏教版。这说明沪教版教科书比北师大版和苏教版教科书更加注重“现实真实”情境的设置，如沪教版教科书中的“红绿灯管理”“诱人的优惠券”“家具搬运”等。其实，现实生活中充满了大量的真实情境，只要将那些“净化真实”“模拟真实”的数学建模情境稍加转化，就是一个很好的数学建模活动。例如，同样的“易拉罐设计”数学建模活动，苏教版教科书只是轻描淡水地呈现“易拉罐中的数学问题”几个字，而沪教版教科书则通过详细的案例完整地展示了易拉罐包装成本最低的数学建模过程。

概括看来，北师大版教科书较为均衡地呈现了数学建模活动的四种真实性情境，或许是一种有意为之，说明北师大版教科书比较注重数学建模活动情境的均匀分布；苏教版教科书更为关注虚假真实和净化真实两种类型的数学建模活动情境；沪教版教科书则恰恰与苏教版教科书相反，更为关注现实真实和模拟真实两种类型的数学建模活动情境。由此可知，三个新版教科书中数学建模活动的情境真实性，由高到低依次是沪教版、北师大版、苏教版。蔡金法和刘启蒙①认为，数学建模活动不一定要在学生熟悉的情境中进行，但提供熟悉的情境能够让学生更容易将数学与现实问题建立联系。因此，数学建模活动的实践性要求，促使教科书在对数学建模情境的真实性问题上还有待不断改进与转化那些虚假真实，抑或净化真实的数学建模情境，目的在于更加有益地提高学生完成数学建模活动的可能性。

3. 问题表述方式

三个新版教科书中的数学建模问题都是通过陈述句和疑问句的方式表述的。不同之处在于，北师大版教科书和苏教版教科书更加注重通过陈述句的表述方式呈现数学建模活动，如苏教版教科书中的“下表(表略)给出了八大行星与冥王星离

---

① 蔡金法，刘启蒙. 数学建模的内涵与意义[J]. 小学数学教师，2018(11)：4-9.

太阳的距离和它们运行的周期，试建立这两组数据之间的关系”等。同样的陈述表述方式，北师大版教科书也有很多，如“选择你熟悉的十字路口，具体调查它的通行能力，采用本节的方法尝试数学建模”等。诸如这样的陈述语气或祈使语气，说明北师大版教科书和苏教版教科书更加注重信息的给予，学生更多地处于被动状态；沪教版则更加注重通过疑问句的表述方式呈现数学建模活动，高达 70%，如在“削菠萝”中通过“在品尝香甜的菠萝肉时，你是否想过水果店员工为什么这样削菠萝?”这样的疑问句来表述数学建模问题。可以看出，沪教版教科书更加注重信息的索取，学生更多地处于主动状态。数学建模问题表述的陈述句式，能够更大程度地提高学生发现问题、提出问题的能力。同时，也应注意到，学生开展数学建模活动的实践表明，数学建模问题表述的疑问句式具有很强的指导功能，更易于学生理解现实情境、简化或结构化现实问题，从而引发学生对数学建模问题的深度思考。一定程度上，这一研究结果可以促使编者对教科书中数学建模活动的选择、设计与呈现的实践性反思。

三、数学建模活动类型

三个新版教科书中的数学建模活动主要包括解答、实验、写作和项目四种活动类型。对三个新版教科书中的数学建模活动类型从数量及占比上进行统计，结果见表 4.6。

表 4.6　三个新版教科书中数学建模活动类型的统计

维度	观测点	北师大版($n=23$)		苏教版($n=22$)		沪教版($n=20$)	
解答活动	验证反思	4		3		2	
	计算证明	1	30.43%	3	36.36%	2	50.00%
	推测解释	2		2		6	
实验活动	信息技术类	3		7(+2)		2	
	跨学科类	0(+1)	17.39%	2	54.54%	0	25.00%
	日常生活类	1		3		3	
写作活动	对过程的写作	1	34.78%	0	0%	2	15.00%
	对结论的写作	7		0		1	
项目活动	文本式作品	4	17.39%	2	9.10%	2	10.00%
	技术式作品	0		0		0	

由表 4.6 可知，从三个新版教科书中数学建模“解答活动”类型的占比来看，北师大版、苏教版和沪教版教科书分别为 30.43%、36.36%、50%，即沪教版教科书中解答类数学建模活动最多，苏教版教科书次之，北师大版教科书最少。进一步分

析发现，三个新版教科书在“验证反思”和“计算证明”类数学建模解答活动上数量相差无几；沪教版教科书中“解答活动”最多的原因主要是其设计了很多“推测解释”类的数学建模活动，如在“民生巨变 40 年”数学建模活动中要求学生根据国家统计局提供的统计数据，预测中国在未来 5 年、10 年、20 年的发展趋势，进而解释“我国居民的人均可支配收入及消费支出分别达到什么水平”，而北师大版和苏教版教科书对“推测解释”类数学建模活动的设计相对不多。

三个新版教科书中数学建模“实验活动”类型的占比分别为 17.39%、54.54%、25%，即苏教版教科书中实验类数学建模活动最多，沪教版和北师大版教科书相差不大。进一步分析发现，三个新版教科书在“日常生活”类数学建模活动上差异不大。苏教版教科书中“实验活动”最多的原因主要是其设计了较多的“信息技术”和“跨学科”类的数学建模活动，在教科书中有 7 处直接呈现利用信息技术开展数学模型的建构，如“阶梯电价的设计”，还有 2 处通过辅助的方式渗透信息技术支持下数学建模活动的开展，如在“港口水深的变化与三角函数”中用旁白的形式介绍了利用 Excel 绘制函数图像的注意事项；另外，还设计了 2 个“跨学科”类数学建模活动，如在“体重与脉搏”数学建模活动中融入了生物学知识。这说明苏教版教科书更加注重学科融合理念，也符合《高中新课标》中的数学教育与信息技术和其他学科的深度融合理念。而北师大版和沪教版教科书对“信息技术”类数学建模活动的设计相对不多，更没有设计“跨学科”类数学建模活动。需要说明的是，表 4.6 中“(+1)”表示北师大版教科书只是在“蠓虫标本分类”数学建模活动中引入了生物学的背景，其实质是对数据的拟合。

三个新版教科书中数学建模“写作活动”类型的占比分别为 34.78%、0%、15%，即北师大版教科书“写作活动”类数学建模最多，苏教版教科书次之，而沪教版教科书没有此类数学建模活动。进一步分析发现，北师大版教科书“写作活动”类数学建模最多的原因主要体现在“对结论的写作”上，该版教科书提供了 7 个“对结论的写作”类数学建模活动，如“总结自己参加数学建模活动的具体收获、体会、经验和问题”“评价一下自己或班里其他同学的建模成果”等，说明北师大版教科书更加注重学生对开展数学建模活动的选题、开题、做题、结题过程的把握；而三个新版教科书中的数学建模活动类型在“对过程的写作”上相差不大，苏教版教科书甚至没有设计对过程写作的数学建模活动。这一结果与前面发现的苏教版教科书提供的多为数学信息完整的、问题表述封闭的数学建模活动研究结果相一致。

《高中新课标》建议数学建模活动以课题或项目的形式开展，但三个新版教科书中数学建模“项目活动”类型的占比分别为 19.39%、9.1%、10%，即北师大版教科书更加关注对“项目活动”类数学建模的设计，沪教版和苏教版教科书相差并不明显。整体看来，三个新版教科书对数学建模活动的项目化设计，是最为薄弱的。进一步分析发现，在项目形式上，三个新版教科书都没有技术类数学建模项目活动，主要还是聚焦于文本类项目。相较而言，北师大版教科书对项目类数学建模活动的较多关注，在于教科书通过开题报告表和研究报告表的形式，多样化地呈现了“驾驶摩托车飞跃黄河”“暖瓶保温效果”等数学建模活动，其目的是进一步加强学生对开展数学建模活动的选题、开题、做题和结题过程的熟悉掌握。

总体看来，沪教版教科书“解答活动”类数学建模最多，苏教版教科书“实验活动”类数学建模最多，北师大版教科书“写作活动”和“项目活动”类数学建模最多。其原因在于：沪教版教科书的设计意图主要是通过“解答活动”类型实现学生对数学建模过程的认识与理解，苏教版教科书的设计意图主要是通过“实验活动”类型实现数学教育与信息技术和其他学科的深度融合，北师大版教科书的设计意图主要是通过“写作活动”和“项目活动”类型实现学生对开展数学建模活动的选题、开题、做题和结题过程的把握。可以看出，不同版本教科书的侧重点不尽相同，各具特色。

四、数学建模过程

《高中新课标》明确指出：数学建模过程主要包括在实际情境中从数学的视角发现问题、提出问题，分析问题、建立模型，确定参数、计算求解，检验结果、改进模型，最终解决实际问题。[①] 可以看出，《高中新课标》用了“主要”一词来描述数学建模的过程。另外，学术界虽然对数学建模是一个过程性活动的认识已达成共识，但对数学建模到底涉及哪些环节一直热议不减。也就是说，数学建模的过程是复杂的、多样的、变化的，不存在固定的、唯一的、确定的数学建模过程。为了更加直观地看出三个新版教科书对完整数学建模过程的考察特征，根据第三章“研究设计”中的表 3.7，对三个新版教科书中数学建模过程进行归类、统计，将其绘制成散点趋势图，如图 4.6 所示。

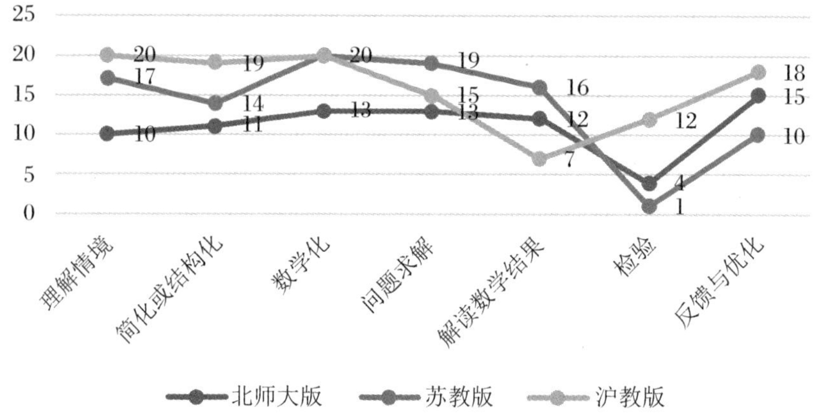

图 4.6　三个新版教科书中数学建模过程分布的散点图

① 中华人民共和国教育部. 普通高中数学课程标准(2017 年版)[S]. 北京：人民教育出版社，2018：5-6.

由图4.6可知，三个新版教科书提供的数学建模活动都不同程度地体现了数学建模的七个子过程。理论上说，数学建模各个子过程的体现应该与教科书提供的数学建模活动数量相一致，也就是说，教科书在设计数学建模活动时应当最大可能地涉及完整的数学建模过程。但是实际上，三个新版教科书对完整数学建模过程的考察体现了“同中有异”的特征。具体不同之处在于：

在“理解情境”“简化或结构化”数学建模子过程中，沪教版教科书更为突出，苏教版教科书次之，北师大版教科书最弱。进一步分析发现，沪教版教科书较为关注学生对真实情境的理解、现实问题的提出、相关因素的假设，以及数学模型的建立。如在“雨中行”数学建模活动中，需要学生对“有什么方法可以减少淋雨”现实情境的充分理解后，提出用淋雨程度来刻画淋雨量而非淋雨时间，进而可以从降雨量的大小、路程的远近、行走的速度、人体的形状等多个角度，思考影响淋雨程度的因素，并通过“降雨强度保持不变”“行走速度保持不变”“人体结构类似长方体”等假设简化或结构化现实问题，从而将现实问题“减少淋雨”转化为“在相同的降雨强度下，如何选择策略达到减少淋雨的目标”，最后进行数学模型的建构、改进和分析等。

从现实问题到数学问题的转化，即数学化是数学建模过程的最重要环节，也是建立数学模型的前提条件。在“数学化”子过程中，苏教版和沪教版教科书均较为关注数学模型的建构。相比之下，北师大版教科书较弱。进一步分析发现，北师大版教科书的设计意图主要在于从理论上让学生感受数学建模的过程和开展数学建模活动的过程，如必修第一册、第二册、第三册分别通过三个数学建模活动的设置，加深学生对数学建模过程的理解，这一结果与前面数学建模活动的整体编排结构相一致。

在“问题求解”和“解读数学结果”上，苏教版教科书最为重视数学模型的求解与数学结果的解读，北师大版和沪教版教科书相差无几。这从前面各维度的结果分析中便可得到进一步的解释。苏教版教科书中数学建模活动所涉及的数学信息较为完备，情境真实性程度较为薄弱，解答类问题较为多样，其目的在于从多个方面体现对学生建立数学模型解决实际问题的重视。

“检验”和“反馈与优化”是数学建模活动不同于其他数学问题的特色之处。然而一直以来，“对数学模型的检验、改进与优化”的关注与要求都是历次普通高中数学课程改革发出的“最强音”。在“检验”和“反馈与优化”上，沪教版教科书表现最为突出，其中有60%的数学建模活动涉及“检验”过程和90%的数学建模活动涉及“反馈与优化”过程，其次是北师大版教科书，苏教版教科书对数学建模的“检验”和“反馈与优化”过程则关注最弱。进一步分析发现，沪教版教科书均以“模型检验与改进”“总结”等方式强调数学建模过程中的检验、反馈和优化的重要性，说明沪教版教科书更加注重学生批判性反思能力、创新意识的培养；相比之下，苏教版教科书在得到数学结果之后，便结束了数学建模活动。数据结果显示，苏教版教科书只有一小部分（不到一半）的数学建模活动涉及“反馈与优化”过程，甚至只有一个数学建模活动涉及对“检验”过程的关注。这也进一步说明苏教版教科书更加注重对学生数学应用意识和实践能力的培养。

严士健曾用直白的话语——“掐头去尾烧中断”来形容我国过去对数学应用的关注情况。[①] 如今看来，新版教科书已经开始意识到数学建模中理解情境、简化或结构化、数学化等(所谓的“头”)过程的重要性，但是对检验模型、反馈现实等(所谓的“尾”)过程仍然未能做到足够关注。接下来，不管是编者修订教科书还是教师教授数学建模活动，都亟待对数学建模的检验、反馈、评价等过程加以行为跟进。

五、数学建模活动的情感性

数学建模素养是融知识、能力和情感于一体的综合性素养。教科书中的数学建模活动主要蕴含显性、隐性、悟性和中性四种因素的情感。根据表3.8，对三个新版教科书中数学建模活动所蕴含的情感因素进行归类、统计，结果如图4.7所示。

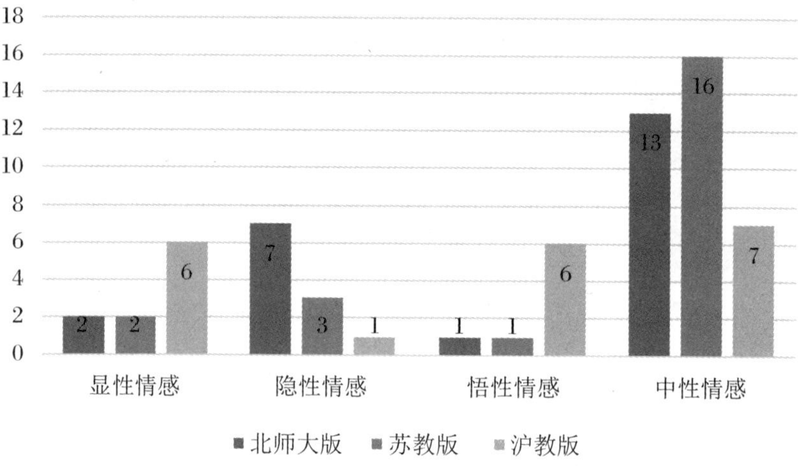

图4.7　三个新版教科书中数学建模活动蕴含的情感因素柱形图

由图4.7可知，整体看来，三个新版教科书都不同程度地彰显了数学建模活动所蕴含的四种情感因素。其中，“中性情感”是三个新版教科书中数学建模活动所蕴含最多的因素。也就是说，三个新版教科书中提供的数学建模活动绝大多数不含任何情感因素，这一结果与指向数学建模素养发展的教材建设不相符合。究其原因，或许受制于教育领域中对“素养”内涵的认识不同，数学教育也不例外。崔永漷形象地指出“素养是一个让人欢喜让人忧的概念”[②]。虽然学术界对“素养”内涵的讨论热议非凡，但是知识、能力与情意成为“素养”的基本构成要素已达成共

① 严士健. 严士健谈数学教育[M]. 大连：大连理工大学出版社，2010：63.

② 崔允漷. 素养：一个让人欢喜让人忧的概念[J]. 华东师范大学学报(教育科学版)，2016(1)：3-5.

识。[①] 数学建模活动是情感表达的最佳方式。值得肯定的是，统计结果显示，三个新版教科书已经为之发生改变，通过显性、隐性和悟性等多种方式来观照数学建模活动中的必备品格情感因素的显现。

具体看来，在显性情感因素上，沪教版教科书尤为突出，北师大版和苏教版教科书区别不大。进一步分析发现，沪教版教科书通过语言文字和图片等多种直观的、直接的方式传递数学建模活动所蕴含的显性情感（共有 6 处），如“外卖与环保”“水葫芦的生长”等数学建模活动，旨在增强学生的生态环境保护意识，“民生巨变 40 年”等数学建模活动，旨在让学生感受繁荣昌盛的伟大祖国形象。

在隐性情感因素上，北师大版教科书更为凸显，苏教版和沪教版教科书相差不大。进一步分析发现，北师大版教科书主要编排了有关数学建模过程及其活动开展步骤等理论知识，本身不带有明显的情感色彩，但是学生实践数学建模活动过程中仍然会无意识地感受到其中隐含的情感，如通过对“暖瓶中的水灌得越满保温效果越好”和“衣服漂洗次数越多越干净”等常识型数学建模活动，提升学生的理性精神和科学意识。

在悟性情感上，沪教版教科书最为突出，北师大版和苏教版教科书各有一个符合悟性情感的数学建模活动。进一步分析发现，沪教版教科书一共设有 6 个数学建模活动，让学生感悟其中的情感因素，如在“登山行程计划”“珠穆朗玛峰顶上有多少氧气”等数学建模活动中，通过呈现黄山、珠穆朗玛峰图片的方式让学生走进祖国大好河山领略自然风貌，在于进一步让学生体悟以爱国主义为核心的民族精神力量。

概而言之，沪教版教科书最为关注数学建模活动的情感显化，高达 65%；北师大版教科书次之，占比 43.48%；苏教版教科书最弱，只有 27.27%。为此，指向数学建模素养发展的课程设计与教学变革，还需编者进一步改进、强化教科书中数学建模活动的情感含化。教科书中数学建模活动充满着情感因素，势必对学生数学建模素养的发展产生积极影响。同时，教师也应当积极转化教科书中的“中性情感”数学建模活动，更好地发挥教师对教科书使用实践的能动性，从而用数学建模活动培养学生的关键能力和必备品格。

第三节　内隐视角下教科书“函数”主题中的数学建模问题设计研究

一、数学建模问题的来源与数量及其占比

在对三个新版教科书“函数”主题中数学建模问题的设计特点进行研究时，首

① 张华.论核心素养的内涵[J].全球教育展望，2016(4)：10-24.

先，需要从整体上把握教科书中“函数”主题的内容分布，在于缩小范围精准确定教科书“函数”主题所包含数学任务的总量，其分布情况见表 4.7。其次，以《高中新课标》对“函数”主题划分的单元为标准，将必修课程中的“函数概念与性质”“幂函数、指数函数、对数函数”“三角函数”“函数应用”四个单元，以及选择性必修课程中的“数列”“导数及其应用”两个单元，作为教科书“函数”主题中数学建模问题的内容来源。最后，根据第三章“研究设计”对数学建模问题的界定标准，分别提取三个新版教科书“函数”主题中数学任务和数学建模问题的数量，进而计算不同版本教科书“函数”主题中数学建模问题的占比，统计结果见表 4.8。

表 4.7　三个新版教科书中“函数”主题的内容分布

内容来源	北师大版	苏教版	沪教版
必修第一册	第二章　函数/1. 生活中的变量关系；2. 函数（2.1 函数；2.2 函数的表示法）；3. 函数的单调性和最值；4. 函数的奇偶性与简单的幂函数（4.1 函数的奇偶性；4.2 简单幂函数的图像和性质） 第三章　指数运算与对数运算/1. 指数幂的拓展；2. 指数幂的运算性质；3. 指数函数（3.1 指数函数的概念；3.2 指数函数的图像和性质） 第四章　对数运算与对数函数/1. 对数的概念；2. 对数的运算；3. 对数函数（3.1 对数函数的概念；3.2 对数函数 $y=\log_2 x$ 的图像和性质；3.3 对数函数 $y=\log_a x$ 的图像和性质）；4. 指数函数、幂函数、对数函数增长的比较 第五章　函数应用/1. 方程的存在性及方程的近似解；2. 实际问题中的函数模型	第 4 章　指数与对数/4.1 指数；4.2 对数 第 5 章　函数的概念与性质/5.1 函数的概念和图像；5.2 函数的表示方法；5.3 函数的单调性；5.4 函数的奇偶性 第 6 章　幂函数、指数函数和对数函数/6.1 幂函数；6.2 指数函数；6.3 对数函数 第 7 章　三角函数/7.1 角与弧度；7.2 三角函数概念；7.3 三角函数的图像和性质；7.4 三角函数的应用 第 8 章　函数应用/8.1 二分法与求方程近似解；8.2 函数与数学模型	第 3 章　幂、指数与对数/3.1 幂与指数；3.2 对数 第 4 章　幂函数、指数函数与对数函数/4.1 幂函数；4.2 指数函数；4.3 对数函数 第 5 章　函数的概念、性质及应用/5.1 函数；5.2 函数的基本性质；5.3 函数的应用；5.4 反函数

续表

内容来源	北师大版	苏教版	沪教版
必修第二册	第一章　三角函数/1. 周期变化;2. 任意角;3. 弧度制;4. 正弦函数和余弦函数的概念及其性质;5. 正弦函数、余弦函数的图像与性质再认识;6. 函数 $y=A\sin(\omega x+\varphi)$ 的性质与图像;7. 正切函数;8. 三角函数的简单应用 第四章　三角恒等变换/1. 同角三角函数的基本关系;2. 两角和与差的三角函数公式;3. 二倍角的三角函数公式	第10章　三角恒等变换/10.1 两角和与差的三角函数;10.2 二倍角的三角函数;10.3 几个三角恒等式 第11章　解三角形/11.1 余弦定理;11.2 正弦定理;11.3 余弦定理、正弦定理的应用	第6章　三角/6.1 正弦、余弦、正切、余切;6.2 常用三角公式;6.3 解三角形 第7章　三角函数/7.1 正弦函数的图像与性质;7.2 余弦函数的图像与性质;7.3 函数 $y=A\ \sin(\omega x+\varphi)$ 的图像
选择性必修第一册	—	第4章　数列/4.1 数列;4.2 等差数列;4.3 等比数列;4.4 数学归纳法 第5章　导数及其应用/5.1 导数的概念;5.2 导数的运算;5.3 导数在研究函数中的应用	第4章　数列/4.1 等差数列;4.2 等比数列;4.3 数列;4.4 数学归纳法;4.5 用迭代序列求$\sqrt{2}$的近似值
选择性必修第二册	第一章　数列/1. 数列;2. 等差数列;3. 等比数列;4. 数列在日常生活中的应用;5. 数学归纳法 第二章　导数及其应用/1. 平均变化率与瞬时变化率;2. 导数的概念及其几何意义;3. 导数的计算;4. 导数的四则运算法则;5. 简单复合函数的求导法则;6. 用导数研究函数的性质;7. 导数的应用;8. 数学探究(二):探究函数性质	—	第5章　导数及其应用/5.1 导数的概念及意义;5.2 导数的运算;5.3 导数的应用

整体看来，三个新版教科书中“函数”主题的设计路径基本相似，都是在必修课程中引入函数概念与性质等基本知识之后，分章编排幂函数、指数函数、对数函数、三角函数的内容，最后在选择性必修课程中分别编排了“数列”和“导数及其应用”的内容。可以看出，三个新版教科书对“函数”主题内容的编排和设计，与《高中新课标》对“函数”主题的要求具有内在一致性。

考虑到“数列”和“导数及其应用”两个单元都在选择性必修课程中呈现，只是在形式上略有差异，北师大版教科书将其统一编排在选择性必修第二册中，苏教版教科书将其统一编排在选择性必修第一册中，沪教版教科书将其分章编排于选择性必修的两册中，且三个新版教科书在这两个单元中所包含的实质内容及其设计思路基本相同，因此分别将北师大版教科书选择性必修第二册中的第 1 章和第 2 章，苏教版教科书选择性必修第一册中的第 4 章和第 5 章，沪教版教科书选择性必修第一册中的第 4 章和选择性必修第二册中的第 5 章的完整内容作为“数列”和“导数及其应用”这两个单元的内容来源。

值得注意的是，三个新版教科书在指数函数、对数函数、幂函数、指数函数和三角函数内容的编排设计上具有较大的差异。由表 4.7 可知，三个新版教科书都在必修第一册指数函数和对数函数内容之前，分别编排了指数运算和对数运算的相关内容，在必修第二册中分别不同程度地编排了三角恒等变换和解三角形的相关内容。其实，这些内容的设计与编排体现了教科书编者共同的价值取向，在于为后续学习奠定知识基础。但是，实质上这些内容并不属于“函数”主题下的内容，将其视为“代数”主题内容可能更为适切。因此，在本研究中，这些内容不作为“函数”主题中数学任务的内容来源，并在表 4.7 中用斜体横线的形式标注出来。另外，沪教版教科书将函数概念、性质及应用编排于一章，为了与前面确定的六个单元相一致以及可比较性的体现，这里将函数概念、性质及应用分成两个单元：一个是函数概念与性质；另一个是函数应用。至此，新版教科书“函数”主题所涉及的全部内容基本确定，同时为教科书“函数”主题中数学任务的统计确定了内容来源。经统计，三个新版教科书“函数”主题中的数学任务、数学建模问题及其占比见表 4.8。

表 4.8 中的数据显示，从数学任务总量来看，北师大版、苏教版和沪教版教科书中“函数”主题分别提供了 616 个、818 个和 498 个数学任务。可以看出，苏教版教科书中“函数”主题设置的数学任务最多，北师大版教科书次之，而沪教版教科书最少。究其原因，这可能与教科书编者的价值取向有关。例如，相比其他两个版本，苏教版教科书不仅以例题、习题、练习题、复习题、思考题等形式呈现数学任务，还在每章最后以“本章测试”的形式提供多样化、层次化的数学任务，这是苏教版教科书数学任务之多的一个最直观表现。

表 4.8 三个新版教科书“函数”主题中的数学任务、数学建模问题及其占比

内容来源	必修				选择性必修	
	函数概念与性质	函数应用	幂函数、指数函数、对数函数	三角函数	数列	导数及其应用
北师大版	14/74 (18.9%)	14/26 (53.8%)	5/88 (5.7%)	6/181 (3.3%)	12/134 (9.0%)	10/113 (8.8%)
苏教版	8/116 (6.9%)	14/76 (18.4%)	8/100 (8.0%)	7/174 (4.0%)	17/203 (8.2%)	14/149 (9.4%)

内容来源	必修				选择性必修	
	函数概念与性质	函数应用	幂函数、指数函数、对数函数	三角函数	数列	导数及其应用
沪教版	1/55 (1.8%)	8/22 (36.4%)	5/92 (5.4%)	4/98 (4.1%)	6/121 (5.0%)	5/110 (4.5%)

注：14/74(18.9%)表示北师大版教科书在“函数概念与性质”单元中共计设置了 74 个数学任务，其中数学建模问题有 14 个，数学建模问题占比 18.9%。

从数学建模问题的数量来看，北师大版、苏教版和沪教版教科书中“函数”主题分别提供了 61 个、68 个和 29 个数学建模问题。可以看出，与数学任务数量相似，苏教版教科书中“函数”主题同样设置了最多的数学建模问题，北师大版教科书次之，而沪教版教科书最少。其实，简单意义上的多寡并不能揭示教科书编者在“函数”主题中设计数学建模问题的真实意图。换言之，并不是苏教版教科书“函数”主题中数学建模问题数量最多，就能说明苏教版教科书重视数学建模素养的教科书转化；同样地，也并不是沪教版教科书“函数”主题中数学建模问题数量最少，就表明沪教版教科书不重视数学建模素养的教科书转化。这一点从上一节对三个新版教科书中数学建模主题内容的编排研究结果便可知晓。

为此，从数学建模问题占比的角度，考量教科书编者在教科书中转化数学建模素养的行为倾向。由表 4.8 中的数据，将三个新版教科书“函数”主题中的数学建模问题在各单元的占比情况绘制成簇状条形图，如图 4.8 所示。

由图 4.8 可知，整体看来，三个新版教科书在六个单元中都不同程度地设计了一些数学建模问题。从横向比较看来，在“导数及其应用”“数列”“三角函数”，以及“幂函数、指数函数、对数函数”这四个单元中提供的数学建模问题数量相差不大。其中，在“三角函数”和“幂函数、指数函数、对数函数”这两个单元中，提供的数学建模问题相对较少；在“导数及其应用”和“数列”这两个单元中，提供的数学建模问题略多。

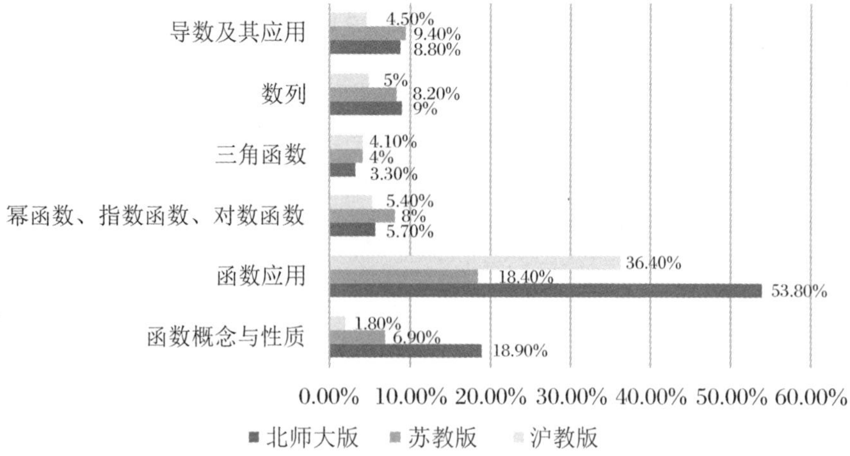

图 4.8 三个新版教科书“函数”主题中数学建模问题在各单元的占比情况

函数应用成为三个新版教科书转化数学建模素养最青睐的单元。相较其他单元而言，教科书编者在“函数应用”单元提供了最多的数学建模问题，北师大版、苏教版和沪教版教科书分别占比 53.8%、18.4%、36.4%。这与函数应用的价值属性有关，因为函数是描述客观世界中变量关系和变化规律最为重要的数学模型。教科书编者通过函数模型的实际应用，让学生深度感受建立数学模型的意义，为接下来具体的数学模型(如指数函数模型、对数函数模型、三角函数模型、数列模型等)在现实生活中的应用打下坚实的知识基础，进而增强学生对数学建模的认识，同时也能够让学生更好地实践数学建模活动、发展数学建模素养。进一步分析发现，与北师大版和沪教版教科书相比，苏教版教科书在“函数应用”单元中对数学建模问题的设置较少，是因为苏教版教科书在“函数应用”单元更加注重函数的数学应用，如对函数零点和二分法求方程近似解的介绍，而不是函数模型的实际应用。

此外，除北师大版教科书以外，苏教版和沪教版教科书在“函数概念与性质”单元中提供的数学建模问题相对较少，北师大版、苏教版和沪教版教科书分别占比 18.9%、6.9%、1.8%。这主要受制于“函数概念与性质”的内容重在对函数的概念、图像、表示方法、单调性、奇偶性等基本知识的介绍。那么相较而言，北师大版教科书在“函数概念与性质”单元中提供了较多的数学建模问题，高达 18.9%，为何表现出了明显的差异呢？究其原因，在于北师大版教科书更多的是从生活中的变量关系角度引入函数的概念，并在教科书中呈现了大量的现实情境，让学生理解不同变量之间的依赖关系。例如，在函数概念之前，设计了加油站储油罐的存油量与油面高度的关系、中国高铁运营里程与年度的关系、物理学中弹簧伸长量与弹力的关系、应缴电费与用电量的关系等大量的生活情境，目的是让学生深度理解无论两个变量是否存在依赖关系都可以用函数关系来表示。

下面将基于微观发生学方法论，从变化路径、变化速率、变化广度和变化来源四个维度对三个新版教科书"函数"主题中数学建模问题的设计进行实然考察。

需要说明的是，根据本书第三章"研究设计"中的表 3.7、表 3.9 和表 3.10，在对三个新版教科书中数学建模问题设计的变化路径、变化速率和变化广度进行归纳编码时，与上一节对教科书中数学建模内容的编排研究一样，都是通过两轮归类与编码，两次间隔 3 周。首先，根据上文中确定的数学建模问题的内容来源，分别将北师大版教科书(61 个)、苏教版教科书(68 个)和沪教版教科书(29 个)中的数学建模问题标注出来。然后，对照各维度的分析指标进行独立编码，两次编码一致性为 83.67%。其中，对数学建模问题设计的变化速率和变化广度编码一致性较高，分别达到 87.33%、86.67%；对数学建模问题设计的变化路径编码一致性为 79.99%，这主要是因为其与根据表 3.7 对教科书设计的数学建模问题体现的数学建模过程有较大出入，教科书提供的数学建模问题更多的是为巩固知识服务的，未能体现完整的数学建模过程。最后，结合编者设计数学建模问题的意图，完成数学建模问题设计的变化路径编码。

二、数学建模问题设计的变化路径

根据第三章"研究设计"中的表 3.7，对三个新版教科书中数学建模问题所包含的过程进行归类、统计，结果如图 4.9 所示。

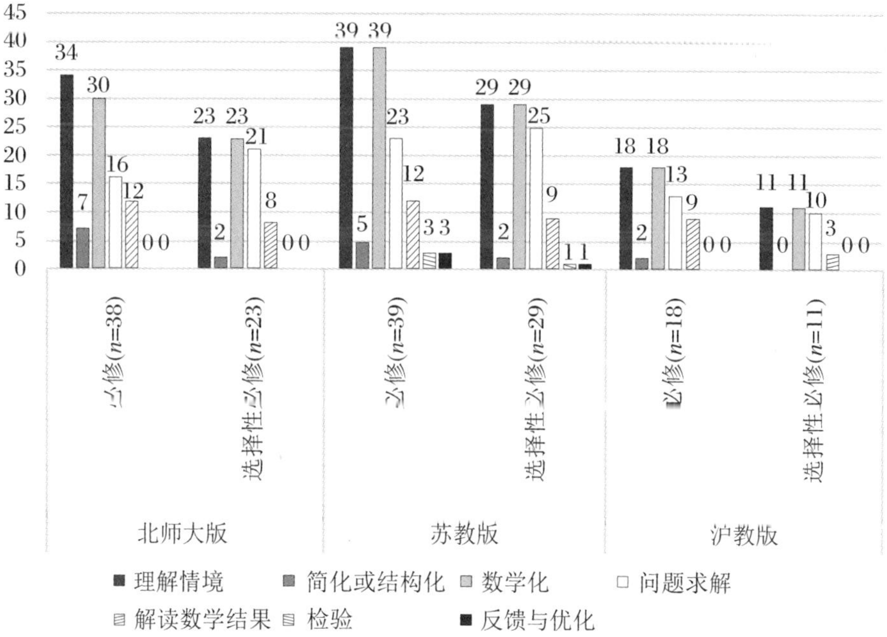

图 4.9　三个新版教科书"函数"主题中数学建模问题所包含的过程统计图

由图 4.9 可知，整体看来，除苏教版教科书以外，北师大版和沪教版教科书"函数”主题中数学建模问题的设计并非完整地体现了数学建模的七个子过程，尤其是缺乏对“简化或结构化”“检验”“反馈与优化”子过程的设计。进一步分析发现，三个新版教科书“函数”主题中提供的数学建模问题，更多的是根据虚假情境写出函数表达式的类型，这些问题的设计在于强化学生对不同函数模型的理解与应用，通常止步于数学化子过程，如三个新版教科书中都有设计“写出无盖长方体水池的总造价关于底面边长的函数解析式”等数学建模问题。参照波利亚解题理论，可以看出，三个新版教科书“函数”主题提供的数学建模问题尚处于解题过程中的第一阶段——理解问题，对数学建模问题的方案设计、执行、反思等要素几乎不予关注。考虑到学生在数学建模问题中的主体性角色，如果教科书在数学建模问题设计中起主导作用，即教科书呈现的数学建模问题表征越丰富、示例越详细、条件越充足、要求越明晰等，也就说明学生的主体性越低，学生的数学建模素养越得不到有力的发展与培养。相较不同的是，苏教版教科书分别在必修课程（3 个）和选择性必修课程（1 个）中创新性地设计了能够体现“检验”“反馈与优化”子过程的数学建模问题。进一步分析发现，这三个数学建模问题均为开放性问题，通过 2 个写作题和 1 个课题研究的形式呈现，如在三角函数中设计了“合理利用矩形铁片制作烟筒弯头”的数学建模问题。

此外，三个新版教科书“函数”主题设计的数学建模问题还存在一个共同的特点，就是主要体现了“理解情境—数学化—问题求解—解读数学结果”的链式过程。数据结果显示，三个新版教科书“函数”主题设计的数学建模问题，其“理解情境”与“数学化”子过程是同步关联的，而“问题求解”和“解读数学结果”子过程是渐进减少的。究其原因，在于三个新版教科书“函数”主题中提供的数学建模问题一般都需要经过“理解情境”与“数学化”子过程。唯独北师大版教科书略有不同，进一步分析发现，其在必修内容中提供了 4 个无情境的数学建模问题，如“构造出 3 个不同的奇函数”“构造出 3 个不同的偶函数”“你对函数单调性有什么新的认识”“结合生活经验和其他学科的知识，举出三个周期函数的实例”等。北师大版教科书设计的这些数学建模问题，主要还是要求学生理解不同的函数模型。那么，为何“问题求解”和“解读数学结果”子过程又是渐进减少的呢？主要是因为三个新版教科书“函数”主题中的数学建模问题大多数是根据题意建立函数模型即可，少部分需要求得符合要求的数学结果，极小数需要根据实际情况考虑所得数学结果的合理性。如前文第三章在变化路径维度中所举的例子，就是有代表性的数学建模问题。

从变化维度来看，数据结果显示，三个新版教科书“函数”主题设计的数学建模问题所体现的“理解情境—数学化—问题求解—解读数学结果”过程，在必修和选择性必修教科书中所占的比例分别大概为 2∶2∶1∶1 和 2∶2∶2∶1。也就说明，从必修内容到选择性必修内容，三个新版教科书“函数”主题设计的数学建模问题越来越重视对“问题求解”和“解读数学结果”子过程的考察。

总体来说，三个新版教科书“函数”主题提供的数学建模问题，在变化路径上更多地体现了共同的特征，即重视对“理解情境、数学化、问题求解、解读数学结果”等子过程的设计，且随着必修内容到选择性必修内容的扩展，尤为关注对“问题求解”和“解读数学结果”子过程的设计，很少甚至没有关注对“简化或结构化”“检验”和“反馈与优化”子过程的设计。

三、数学建模问题设计的变化速率

根据第三章“研究设计”中的表 3.9，对三个新版教科书中数学建模问题的表征水平进行归类、统计，结果如图 4.10 所示。

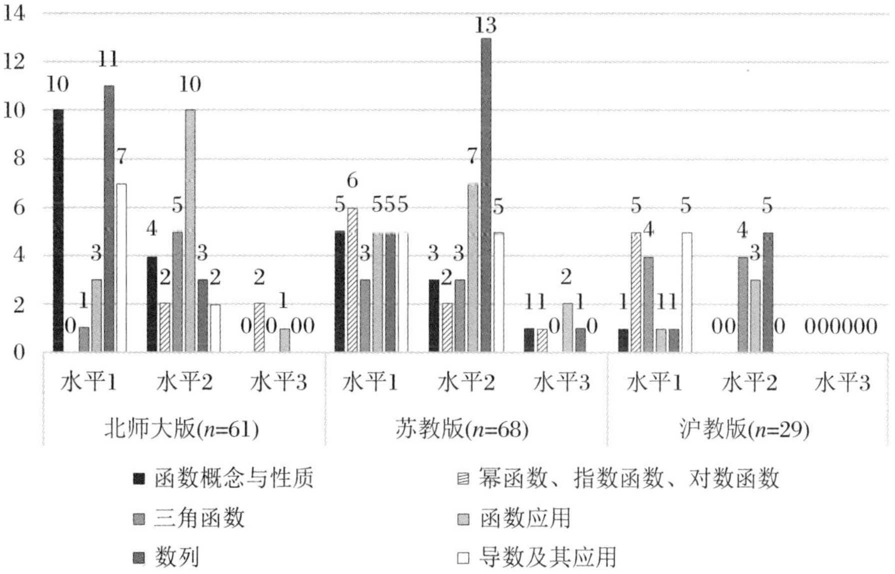

图 4.10　三个新版教科书中数学建模问题的表征水平统计结果

由图 4.10 可知，整体看来，三个新版教科书“函数”主题设计的数学建模问题主要集中于水平 1 和水平 2，水平 3 最少，沪教版和北师大版选择性必修教科书中甚至没有水平 3 的数学建模问题。从不同水平上的数学建模问题数量来看，在水平 1 上，北师大版教科书中“函数概念与性质”和“数列”单元最多，沪教版和苏教版教科书相对较少。进一步分析发现，北师大版教科书在“函数概念与性质”中设计了诸多对具有相依关系是否都是函数的命题判断类的数学建模问题，以及在“数列”中设计了很多有关等额本息、等额本金还款类的数学建模问题，主要关注对函数模型和数列模型的认识与应用。在水平 2 上，苏教版教科书“数列”单元最多，北师大版教科书“函数应用”单元次之，沪教版教科书最少。进一步分析发现，苏教版教科书在“数列”单元中设计了很多跨学科类的数学建模问题，如退耕还林生态问题、工业废气垃圾处理问题等，旨在增强学生利用数列模型解决实际问题的意识。

为了更加直观地看出三个新版教科书“函数”主题中数学建模问题的设计在必修内容和选择性必修内容中的不同,将表转换成百分比统计图,如图 4.11 所示。

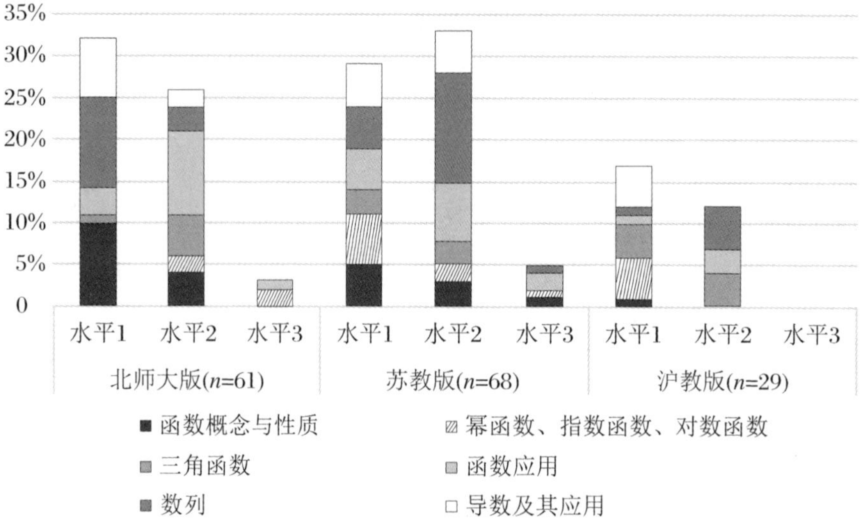

图 4.11 数学建模问题在必修和选择性必修中的占比统计图

以北师大版教科书为参照标准,在必修内容中,北师大版教科书“函数”主题中的数学建模问题在水平 1 上的占比略高于沪教版教科书,但低于苏教版教科书;在水平 2 上,均高于苏教版和沪教版教科书;在水平 3 上,略低于苏教版教科书,而沪教版教科书没有水平 3 的数学建模问题。这说明,三个新版教科书中的“函数”主题在必修内容上更倾向于设计“记忆与再现”水平的数学建模问题,即直接套用标准的数学模型或通过简单变式而建立数学模型,如北师大版和苏教版教科书中的“函数”主题只有少量涉及“反思与拓展”水平的数学建模问题。

在选择性必修内容中,苏教版教科书中的“函数”主题相应地减少了水平 1 的数学建模问题,增加了水平 2 的数学建模问题,同时还设计了 1 个符合水平 3 的数学建模问题。进一步分析发现,这个水平 3 的数学建模问题是一个探究中国古代数列研究成果的写作题,目的在于从数列模型的角度论述我国古代数学家对人类文明的贡献,进而感受数列模型的实际意义。相比而言,沪教版教科书“函数”主题中水平 1 的数学建模问题减少幅度不大,水平 2 的数学建模问题与必修内容的占比相差无几,还是没有水平 3 的数学建模问题。恰恰相反,北师大版教科书不仅增多了水平 1 的数学建模问题,还相应减少了水平 2 的数学建模问题,同样也缺乏符合水平 3 的数学建模问题的设计。

总的看来,三个新版教科书中“函数”主题提供的数学建模问题在变化速率上并不明显,主要关注“记忆与再现”和“联系与变式”水平的数学建模问题的设计,且随着必修内容到选择性必修内容的扩展,并没有增加“联系与变式”水平或减少“记忆与再现”水平的数学建模问题,甚至很少有“反思与拓展”水平的数学建模问题的设计。

四、数学建模问题设计的变化广度

根据第三章“研究设计”中的表 3.10，对三个新版教科书中数学建模问题体现的 STEAM 跨学科融合思想进行归类、统计，结果如图 4.12 所示。

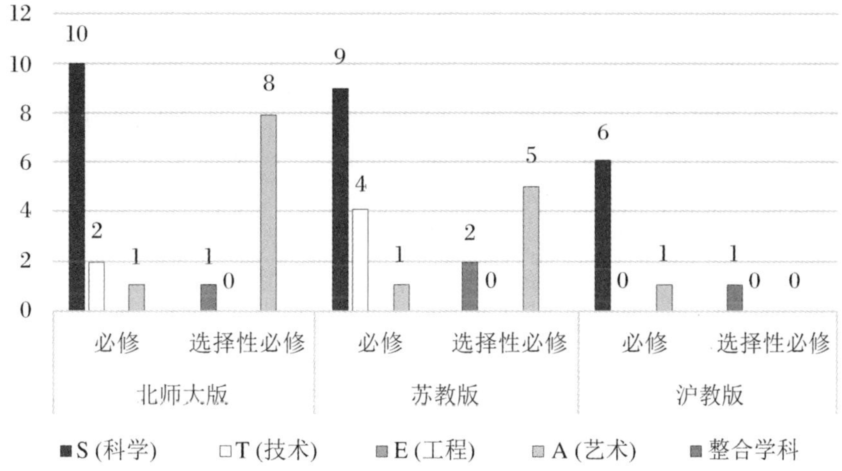

图 4.12　三个新版教科书中的数学建模问题体现 STEAM 教育理念统计图

由图 4.12 可知，三个新版教科书“函数”主题中的数学建模问题，不同程度地实现了跨学科知识的融合，但主要还是与科学、艺术、技术等学科的融合，而且表现为单一学科之间的融合，没有整合学科之间的融合。这一研究结果也进一步解释了上一节外显视角下不同版本教科书中数学建模活动的科学情境差异之大。从三个新版教科书中的数学建模问题体现 STEAM 教育理念的范围来看，北师大版和苏教版教科书较为多样，而沪教版教科书较为单一，主要表现为与科学的融合。从必修内容到选择性必修内容的扩展来看，北师大版和苏教版教科书由主要与科学学科的融合转向与艺术等学科的融合。进一步分析发现，主要是因为“函数”主题必修内容中的“函数应用”“三角函数”“幂函数、指数函数、对数函数”等内容存在很多与物理学、化学、生物学、生态学等学科融合的数学建模问题，如北师大版教科书提供了一些斜抛运动、简谐运动、放射性物质镭的衰变、种群繁殖等科学情境，在于进一步说明不同函数模型在生产生活和科学研究中的实际价值。而“数列”单元中存在很多有关经济学的复利存钱、等额本息还款等数学建模问题。

总的来说，除沪教版教科书以外，北师大版和苏教版教科书“函数”主题提供的数学建模问题在变化广度上有所体现，主要从单一学科进行跨学科融合，具体为与科学学科的融合，逐渐变化为与艺术、技术等学科的融合，且随着必修内容到选择性必修内容的扩展，学科融合的范围也变得多样化、丰富化。

五、数学建模问题设计的变化来源

教科书是转化数学建模素养最为直接的方式，要培养学生的数学建模素养需要基于素养的教科书。相较于上一节外显视角下教科书中数学建模主题内容的编排，内隐视角下教科书“函数”主题中的数学建模问题还远远达不到发展学生数学建模素养的指向。甚至可以说，这些问题只是在形式上有了数学建模的样子，但还非真正意义上的数学建模问题。另外，从三个新版教科书“函数”主题中的数学建模问题在变化路径、变化速率和变化广度上的设计来看，从必修内容到选择性必修内容，教科书对数学建模问题的设计总体上并未发生实质性改变。为什么教科书“函数”主题中设计的数学建模问题在变化路径、变化速率和变化广度上更多地表现出不变的特征呢？究其原因，主要是受到宏观层面我国数学教育文化和微观层面编者价值取向的影响。

（一）我国数学教育文化使然

我国数学教育文化一直以来比较注重包括记忆、理解和应用在内的低阶思维的发展[①]，这一点在教科书“函数”主题中设计的数学建模问题上表现得尤为明显。按理说，数学建模问题是不同于封闭性数学问题的。然而，教科书“函数”主题提供的数学建模问题仍然摆脱不了我国数学教育文化的传统，设计的数学建模问题通常是一些问题明确、条件足够、无需检验的问题，一般只需直接套用学过的公式或数学模型就能加以解决，由之而来的大量操练确实有利于提高学生的解题能力，但是这种文化传统不利于兼具高阶思维和批判性思维的数学建模素养的发展。分析发现，即便是最能体现素养目标或学科实践思想的数学建模问题，也难免突破我国传统数学教育文化的观念束缚。在变化路径中，仍然较多地关注情境理解、数学化、问题求解和解读数学结果；在变化速率上，不同单元内容提供的数学建模问题在表征水平上不具有层层递进的变化。另外，变式练习是我国数学教育的一个创造。[②] 站在当今日新月异的大趋势背景下，数学教育中的变式练习应当肩负起培养时代新人的大任，而并非简单意义上对数学建模问题人为地增设难度，更应当将数学建模问题与现实世界关联，确保教科书中提供的数学建模问题能够进一步提高学生发现问题、提出问题、分析问题、解决问题以及反思的能力。换言之，教科书提供的数学建模问题并非为了变式而变式，而是为了学生能够适应未来社会发展而变式。因此，体现数学建模全过程的和“反思与拓展”表征水平的数学建模问题应当有所增多，而且在由必修内容到选择性必修内容的扩展过程中，亟待合目的地

① 吴刚. 上海的 PISA 测试全球第一的奥秘何在：基于中国教育文化传统的视角[J]. 探索与争鸣，2014(1)：68-73.

② 张奠宙. 数学教育的中国道路[M]. 上海：上海教育出版社，2013：197.

通过层层递进的方式丰富数学建模问题的设计。

（二）编者价值取向各有所倾

受我国传统数学教育文化的影响，在《高中新课标》明确提出数学建模素养目标的前提下，三个新版教科书编排的内容结构确实发生了很大变化，格外凸显数学建模主题内容的设置和数学建模问题的提供。教科书是落实课程标准理念最为有力的方式，站在未来社会发展和教育变革的角度来看，编者在设计教科书时，表现为共同的行为，主要通过给数学问题赋予“虚假真实”的情境，以彰显数学建模素养目标发展之需，其改变是值得肯定的，但这种改变未能触及数学教育的本质，也未能抓住数学建模的实质。并不是给数学问题“套”一层符合现实情境的“外衣”，就能实现学生数学建模素养的培养目标。在编者共同价值追求的同时，也体现了不同编者的价值取向各有所倾。可以看到，北师大版教科书不仅显性呈现数学建模内容，还在其他主题中渗透有关数学建模的内容，而沪教版教科书则将数学建模内容独立成册，在其他内容中较少关注数学模型的实际意义。编者在其价值观念影响下，需要守正创新，研制、设计符合学生数学建模素养发展的教科书。其中，将封闭的数学应用题转化为数学建模问题，就是很好的方法。要知道，数学建模素养的发展是逐步的、渐进的、情境化的、实践性的。其中，包括简化或结构化、检验乃至反馈与优化等内在的数学建模过程，应当很好地体现在教科书提供的数学建模问题中。唯有对教科书中数学建模问题的进一步改变与突破，才能促使作为学科育人实践的数学建模素养目标的达成。倘若，教科书大大减少数学任务的提供，更多地通过典型数学建模问题的显化，同时提供一些开放性、引人深思、触发情感改变的问题，数学教科书将会变得趣味浓厚，而非纸张越来越厚。[①] 例如，教科书不直接假设爆破器是圆锥体，而是让学生通过搜集资料进行假设、简化，进而利用圆锥体积公式探究最大爆破程度与落地高低的关系。这样不仅能增强数学建模的假设、简化或结构化的过程，还能进一步让学生对科学技术的魅力产生浓厚兴趣，为他们未来发展起到良好的指引作用。这才是教科书中数学建模问题该有的呈现样态。

本 章 小 结

如同数学建模过程中的“问题求解”和“解读数学结果”环节，本章通过梳理当代中国颁布、实施的12份课程文件对数学建模的关注情况，以及对北师大版、苏教版、沪教版三个新版教科书必修课程内容的文本分析，得到了“绪论”中提出的问题

---

① 张民选，黄华.自信·自省·自觉：PISA2012数学测试与上海数学教育特点[J].教育研究，2016，37(1)：35-46.

1 和问题 2 的研究结果。具体如下：

课程文件中的数学建模素养内涵是一个渐进演变的过程，主要经历了现实性数学建模思想的滥觞（1949—1978 年）、情境性数学建模能力的发轫（1978—2020 年）、教育性数学建模素养概念的明确提出（2000 年至今）三个历史阶段。受学科本质、学生发展和社会发展等多重要素的影响，数学建模素养内涵的渐进演变作用于课程目标、课程内容、课程实施和课程评价的变化，进而构建了从解决实际问题到发展数学建模素养的内容体系，实现了由数学建模思想到数学建模素养的目标转向，形成了多种评价方式助推数学建模教育全面深化的实践向度。

外显方面，三个新版教科书中数学建模主题内容的编排同中存异，各具特色。其中，相似之处在于：在内容分布上，都体现了“既与其他主题内容相结合，又专门独立编排”的共同特征；在展开方式上，都更多地注重数学建模活动的开放性及其组织形式的个人化倾向；在数学建模过程上，都较少关注“检验”环节；在数学建模活动的情感性上，蕴含的情感因素都相对较少。不同之处在于：在转化方式上，北师大版教科书主要以“融入式”编排数学建模主题内容，体现了层次性、参与性和分享性的特点；苏教版教科书主要以“专题式”编排数学建模主题内容，体现了理论性、实践性和工具性的特点；沪教版教科书主要以“独立式”编排数学建模主题内容，体现了系统性、选择性和指导性的特点。在情境类型上，北师大版和沪教版教科书则主要关注个人情境，苏教版教科书主要关注科学情境。在情境真实性上，由高到低依次为沪教版教科书、北师大版教科书和苏教版教科书。在问题表述上，北师大版和苏教版教科书更加注重通过陈述句的方式呈现数学建模活动，沪教版教科书更加注重通过疑问句的方式呈现数学建模活动。在活动类型上，北师大版教科书主要关注写作类数学建模活动，苏教版教科书主要关注实验类数学建模活动，沪教版教科书主要关注解答类数学建模活动。

内隐方面，三个新版教科书“函数”主题中的数学建模问题设计颇为相似：相比教科书提供的数学任务而言，数学建模问题的数量及其占比相对较少；在变化路径上，主要聚焦“理解情境—数学化—问题求解—解读数学结果”链式过程；在变化速率上，主要重视“记忆与再现”和“联系与变式”水平的数学建模问题；在变化广度上，主要体现与单一学科的融合。此外，从必修内容到选择性必修内容的扩展中发现，数学建模问题在各维度上的设计并未发生本质上的变化，最后从我国数学教育文化和编者价值取向两个角度，对教科书中数学建模问题的不变设计进行了可能来源分析。

第五章　数学建模素养在实施课程中的转化研究结果分析

数学建模进入课堂已经成为世界教育的潮流。

——中国科学院院士　张平文

第一节　教师对数学建模的认识与态度

首先，本节将探讨教师对数学建模的认识与态度的总体情况；然后，分别比较不同变量的教师在对数学建模的认识与态度上的差异。

一、教师对数学建模的认识与态度的总体描述

对调查数据进行描述统计分析后发现，教师对数学建模的认识与态度都达到理论上的均值水平(3分)。其中，在真实性与相关性维度上的得分(4.17)最高，建构性(4.12)和动机与兴趣(4.08)次之，理解性(3.96)最低。具体见表5.1。

表5.1　教师对数学建模的认识与态度的描述分析

维 度	*M*	SD
建构性	4.12	0.53
理解性	3.96	0.62
真实性与相关性	4.17	0.50
动机与兴趣	4.08	0.51

注：表中 *M*(mean)表示均值，SD(standard deviation)表示标准差，后文相同情况不再赘述。

由表5.1可以看出，教师最为认同数学建模的真实性与相关性，但也不拒斥从多个角度认识数学建模的属性。究其原因，或许与数学建模活动本身具有的现实情境性有关。现实情境是数学建模区别于其他数学任务的典型特征。从数学应用

的角度来看，数学建模是数学应用的直观表现。一直以来，我国高中数学课程都有强调数学知识的实际应用和培养学生运用数学知识解决实际问题的能力，数学的广泛应用性特征被高中数学教师普遍认同、理解与接受。数学建模搭建了数学应用与现实世界之间的桥梁，实现了数学世界与现实世界之间的联结。① 但绝不是简单意义上的数学教育回归生活化，而是将数学教育走向数学化。② 数学化是现实问题向数学问题转化必不可少的环节，构成了数学建模的一个子过程。除此之外，与数学知识不同的是，数学建模的现实情境更直观地体现在数学建模问题上。数学建模问题不同于应用题，因为真实性是数学建模问题的内核，而应用题并非都是真实性问题，也有可能是虚构的、假设的。数学建模问题的真实性并不是一定要真实，因为"真实性问题情境的本质特征是'真实性'而不是'真实'，具有开放性、复杂性、多元性和限制性的表现特征"③。为此，数学建模问题的真实性是指"超越学校价值"的知识成果④，也就是数学课程中一再强调的解决现实问题，而现实问题就不仅要与真实世界相关，还要与其他学科、领域的知识相关。另外，真实性在根本上改变着数学教育的形态。正如安娜·斯法德（Anna Sifrad）所言，数学学习正从"获得"隐喻向"参与"隐喻转变。⑤ 数学建模活动的设置改变了原有"学知识、教知识、考知识"的狭隘局面，将数学教学视作数学建模的教学一点也不为过，那么数学教学便可隐喻为一段"学数学、用数学、爱数学"的漫长旅程。毫不夸张地说，数学建模最能体现核心素养的真实性，因为核心素养的核心就是真实性⑥，而与素养关联的活动就是数学建模。随着指向核心素养课程改革的逐步深入，可能促使高中数学教师从真实性和相关性上重新认识数学建模，认识到数学建模的功能指向，进而从整体上实现数学建模素养价值增值的时代意义，因此教师普遍认同数学建模的真实性与相关性。

除此之外，数据显示，教师不仅高度重视数学建模的真实性与相关性，还较为认同数学建模的建构性特征。目前看来，数学教育理论界与实践界对数学建模是一个建构性的活动已达成共识。通过数学建模活动的建构性，让学生建立起数学世界与现实世界之间的联系，进而发展学生的数学建模素养，这也是数学建模的教育价值所在。它为人们提供了一种很不一样的思维方式，这种思维方式的神奇力

① 赖明治，舒宇宸. 数学建模提供数学与现实生活的联结[J]. 数学教育学报，2017，26(6)：9.

② 岳欣云，董宏建. 数学教育"生活化"还是"数学化"：基于数学教育哲学的思考[J]. 教育学报，2017(3)：41-47.

③ 刘徽. 真实性问题情境的设计研究[J]. 全球教育展望，2021，50(11)：26-44.

④ 刘徽. "大概念"视角下的单元整体教学构型：兼论素养导向的课堂变革[J]. 教育研究，2020，41(6)：64-77.

⑤ Sfard A. Thinking as communicating: human development, the growth of discourses, and mathematizing[M]. New York: Cambridge University Press, 2008.

⑥ 张良. 核心素养的生成：以知识观重建为路径[J]. 教育研究，2019，40(9)：65-70.

量在于，当它对现实问题进行分析时，会将看起来似乎毫无关联的两个世界统一起来。①

事实上，教师对数学建模所持有的认识与态度并不是单一的，也几乎没有哪个教师纯粹地以某一种态度来认识数学建模。调查发现，教师通常持有两个或多个交织于一起的数学建模观。教师对数学建模的认识与态度具有综合化的特征。王尚志等人认为，数学建模反映了以数学课程为基础的课程综合化趋势。② 应该说，我国数学建模课程内容的独立设置是从外化形式对数学建模课程实施的强制要求，其目的在于遵循数学建模素养课程转化的实践逻辑。因此，教师对数学建模的各种认识与态度倾向并非是彼此对立的，而是共生依存的。

下面将分维度具体分析教师对数学建模的认识与态度的现状。

在建构性维度上，教师对数学建模的认识与态度共有 6 个题项的设计，其均值相对较高，介于 3.80～4.58。得分较高的前三个题项分别是：通过数学建模能够提升学生的数学学习能力(4.58)；当学生从多个角度分析、解决数学建模任务时，他们学习数学的效果会更好(4.30)；数学建模能够促进学生对数学概念的进一步理解(4.10)。而得分较低的两个题项则为：当学生能够检验解决现实问题的过程和结果时，其学习数学的效果会更好(3.94)；反思性评价是数学建模学习中的重要指标之一(3.80)。由此结果可知，教师对数学建模活动的过程性有了新的认识，主要从学习论的角度认同数学建模的知识性价值和教育性意义，在于提升学生发现问题、提出分析、分析问题、解决问题的能力，以及促进学生对程序性数学知识的掌握。然而，受考试制度的影响，对数学建模活动的评价认识则不尽如人意，不重视数学建模过程和结果的反思性评价。这一研究结果与吕世虎等人③的调查研究结果相一致。

在理解性维度上，教师对数学建模的认识与态度共有 5 个题项的设计，其均值是最低的，介于 3.77～4.42。得分最高的题项是：我认为在数学课堂中教授数学建模活动需要更多的时间(4.42)。而其他四个题项的得分都未达到均值水平，其中，得分最低的两个题项分别为：我理解应用题与数学建模问题之间的区别(3.80)；我理解问题解决与数学建模之间的区别(3.77)。由此结果可知，教师对数学建模内涵的理解还不够全面，未能清晰地认识数学建模问题与应用题或问题解决的区别与联系，这可能受我国长期以来重视数学应用题教学文化的影响，但教师们普遍高度认同数学建模活动的教学需要足够的时间作为前提保障。其实，《高中新课标》对数学建模主题内容规定的课时数是最低要求，史宁中认为，教学的设计可考

① 魏宝社. 数学之于现实世界[J]. 史学理论研究，2016，000(001)：4-8.

② 王尚志，吕世虎，张思明. 理解《普通高中数学课程标准(2017 年版)》的八个关键问题[J]. 人民教育，2018(9)：54-55.

③ 吕世虎，曹春艳，金晓青，等. 普通高中数学新课程实施现状研究[J]. 数学教育学报，2015(3)：6-12.

虑改变传统的设计思路，不是对每节课、每个知识点进行设计，而是把一些具有逻辑联系的知识点放在一起进行整体设计。[①] 因此，教师可以结合实际情况灵活处理各部分课程内容的教学时间。比如，可以结合“函数的应用”进行数学建模过程的教学，学生储备了这样的知识基础，在“认识数学建模”内容上就不需过多地讲解数学建模的过程与步骤，进而留有更多的时间让学生实践数学建模活动。

在真实性与相关性维度上，教师对数学建模的认识与态度共有 7 个题项的设计，其均值是最高的，介于 3.92～4.60。得分较高的前三个题项分别为：数学建模能够促进学生运用数学知识解决现实中遇到的问题（4.60）；数学建模为真实性问题的解决创造了良好的机遇（4.40）；数学建模提供了一种新颖的数学思维方式（4.14）。得分较低的三个题项分别为：数学建模更加有效地促进了学生对数学知识的理解（4.10）；数学建模能够促进学生更深入地理解数学学习（3.98）；数学建模是学生更好地理解数学的有力工具（3.92）。由此结果可知，运用数学知识解决实际问题的目标已被高中数学教师广泛认可。在真实性学习、参与性学习和社会性学习等教育思潮的影响下，数学建模作为一种独特的思维方式而存在，不仅成为连接数学与现实世界的“中枢系统”，还是学生认识世界、走向世界的“催化剂”。这一点与前文“教师对数学建模的建构性认识”具有一致性。相较而言，教师对数学建模的教与学意义的认识略显薄弱，究其原因，可能是作为课程目标的数学建模素养，由理念向教学行为的转化需要教师经历由外到内、由内至外的转化过程，其具体表现则为以对数学建模的学习理解为前提，进而逐步增强对数学建模的认同内化和外化实践意识。

在动机与兴趣维度上，教师对数学建模的认识与态度共有 10 个题项的设计，其均值处于中等水平，介于 3.67～4.33。得分较高的前三个题项分别是：数学建模更多地促进了学生课堂参与（4.33）；数学建模让学生对数学学习感兴趣（4.27）；数学建模让数学教学过程更有趣（4.23）。得分较低的三个题项分别是：数学建模任务中的高认知需求更受学生青睐（3.82）；数学建模活动的教学能够促进学生更好地解决毕业后遇到的问题（3.70）；在课堂中，数学建模能够很好地实现学生的社会互动和集体论证（3.67）。由此结果可知，正是数学建模的实践性使然，学生学习数学由被动接受转向了主动作为，从而激发了学生学习数学建模的兴趣。数据显示，教师也持同样的观点，但他们对数学建模活动的认识仅仅停留在课程内容教学上，未能站在学生发展的角度，认识到数学建模活动对学生批判性思维、实践能力及创新意识的促进作用。《高中新课标》赋予数学建模新的意义和定位，体现了数学学科发展的趋势和时代发展对人才培养的要求。[②] 教育面向未来，学生不仅需

① 史宁中. 高中数学课程标准修订中的关键问题[J]. 数学教育学报，2018(1)：8-10.

② 吕世虎，彭燕伟. 2020 版高中数学课标中课程结构的变化和特点[J]. 数学教育学报，2022，31(4)：1-6.

要掌握知识，更应该具有较强的科学精神、创新意识和实践能力，数学建模活动为发展这些关键能力和必备品格提供了良好的“培养皿”。

二、教师对数学建模的认识与态度的差异分析

（一）不同性别的教师对数学建模的认识与态度的差异分析

表5.2的数据显示，不同性别的教师对数学建模的认识与态度在真实性与相关性上存在高度的显著性差异，女教师的得分略高于男教师，但在其他维度上，不存在统计学上的显著差异。

表5.2　不同性别的教师对数学建模的认识与态度的差异检验

维度	男($n=197$)		女($n=86$)		t	p
	M	SD	M	SD		
建构性	4.12	0.50	4.11	0.52	0.40	0.94
理解性	3.97	0.55	3.95	0.57	0.74	0.64
真实性与相关性	4.14	0.61	4.22	0.62	−2.76	0.00**
动机与兴趣	4.06	0.54	4.10	0.52	−1.22	0.22

注："**"表示 $p<0.01$。

那么，为什么女教师对数学建模的认识在真实性与相关性维度上具有显著差异呢？究其原因，这或许受制于我国的社会文化和历史制度的影响。一直以来，我国的男权主义色彩浓厚，女教师不仅在专业生活上从事着与男教师同样的工作，还需要付出更多的时间投入到个人生活中，女教师的个人生活经历加深了对数学建模的真实性与相关性的理解。

（二）不同教龄的教师对数学建模的认识与态度的差异分析

表5.3的数据显示，不同教龄的教师对数学建模的认识与态度在各维度上均存在高度的显著差异。

事后比较分析发现，相比其他教龄的教师，11～15年教龄的教师对数学建模的认识与态度在各维度上的得分都是最高的，6～10年教龄和16～20年教龄的教师对数学建模的认识与态度在各维度上的得分相差无几，且略高于5年及以下教龄和20年以上教龄的教师。相比而言，11～15年教龄的教师对数学建模的认识与态度存在显著差异，一种合理性的解释是，可能与教师的数学建模知识、数学建模课程知识、数学建模教学经验等因素有关。11～15年教龄的教师切身经历了新、旧高中数学课程的变化，尤其是对《高中新课标》中数学建模内容的定位变化的

把握，现阶段他们正是全方位落实数学建模素养的中坚力量，在指向数学建模素养的课程实施过程中，可以将原先积累的数学建模理论知识和数学建模课程知识、数学建模教学经验，与《高中新课标》对数学建模的课程目标定位完美结合起来，从而加深了他们对数学建模素养的理解。

表 5.3 不同教龄的教师对数学建模的认识与态度的差异检验

维度	5 年及以下 ($n=3$)		6～10 年 ($n=123$)		11～15 年 ($n=82$)		16～20 年 ($n=61$)		20 年以上 ($n=11$)		F	p
	M	SD	M	SD	M	SD	M	SD	M	SD		
建构性	3.98	0.58	4.14	0.45	4.21	0.49	4.18	0.47	4.10	0.49	12.37	0.00**
理解性	3.70	0.72	3.98	0.54	4.07	0.58	4.00	0.58	4.04	0.55	11.30	0.00**
维度	5 年及以下 ($n=3$)		6～10 年 ($n=123$)		11～15 年 ($n=82$)		16～20 年 ($n=61$)		20 年以上 ($n=11$)		F	P
	M	SD	M	SD	M	SD	M	SD	M	SD		
真实性与相关性	4.04	0.49	4.17	0.50	4.28	0.45	4.23	0.53	4.14	0.55	8.51	0.00**
动机与兴趣	4.04	0.54	4.10	0.47	4.15	0.64	4.12	0.52	4.00	0.55	4.28	0.00**

注：** 表示 $p<0.01$。

（三）不同学历的教师对数学建模的认识与态度的差异分析

表 5.4 的数据显示，不同学历的教师对数学建模的认识与态度在建构性和理解性维度上存在显著差异，在真实性与相关性、动机与兴趣维度上不存在差异。

表 5.4 不同学历的教师对数学建模的认识与态度的差异检验

维度	专科及以下 ($n=2$)		本科 ($n=237$)		研究生 ($n=44$)		F	p
	M	SD	M	SD	M	SD		
建构性	4.06	0.55	4.12	0.50	4.17	0.52	3.88	0.02**
理解性	3.79	0.63	3.97	0.55	4.12	0.62	6.22	0.00**
真实性与相关性	4.13	0.52	4.16	0.51	4.23	0.46	2.89	0.06
动机与兴趣	4.07	0.52	4.08	0.50	4.11	0.56	1.61	0.31

注：** 表示 $p<0.01$。

事后比较分析发现，相较而言，研究生学历的教师对数学建模有更好的认识与态度，其得分也是最高的；专科及以下学历的教师对数学建模的认识与态度在各维度上的得分最低。这也说明，学历对教师的数学建模理解具有促进作用。那么，为什么研究生学历的教师对数学建模的认识与态度在建构性和理解性维度上表现出高度的显著差异呢？这可能与研究生学历的教师具备基本的理论思维有关，而专科及以下学历和本科学历的教师更多的是实践思维。在调查过程中，也观察到研究生学历的教师对数学建模理解的能动性表现。例如，有的教师通过学术报告的形式强化对数学建模课程定位变化的理解，还有的教师通过搜集相关文献来补充对数学建模的认识。

（四）不同培训情况的教师对数学建模的认识与态度的差异分析

表 5.5 的数据显示，除动机与兴趣维度以外，不同培训情况的教师对数学建模的认识与态度均有显著差异。

表 5.5　不同培训情况的教师对数学建模的认识与态度的差异检验

维度	经常 ($n=65$)		偶尔 ($n=203$)		从无 ($n=15$)		F	p
	M	SD	M	SD	M	SD		
建构性	4.12	0.51	4.15	0.48	4.08	0.57	3.03	0.05**
理解性	4.11	0.62	3.97	0.54	3.79	0.69	6.46	0.00**
真实性与相关性	4.20	0.51	4.12	0.48	4.18	0.46	3.93	0.02**
动机与兴趣	4.09	0.53	4.04	0.57	4.10	0.52	1.99	0.14

注：** 表示 $p<0.01$。

事后比较分析发现，在建构性维度上，偶尔接受培训的教师对数学建模的认识与态度的得分略高于经常接受培训的教师；在理解性维度上，经常接受培训的教师对数学建模的认识与态度明显高于偶尔或从不接受培训的教师；在真实性与相关性维度上，偶尔接受培训的教师的得分是最低的。这在一定程度上说明并不是接受培训的频次越多，教师对数学建模的认识与态度就越好，这主要与培训内容和取样范围有关。在培训内容方面，倘若培训内容与数学建模毫不相干，是不会增强教师对数学建模过程性的认识的，合目的性地加大数学建模课程内容的培训力度，关注专家引领下的数学建模活动开展，能够发挥教师对数学建模理解的正向作用。

第二节　教师对《高中新课标》中数学建模内容的准备度

首先，本节将探讨教师对《高中新课标》中数学建模内容的准备度现状及其认知准备、情意准备、行为准备之间的相关性；然后，比较不同变量的教师在认知、情意和行为准备上的差异。

一、教师对《高中新课标》中数学建模内容的准备度总体分析

本节主要调查教师对《高中新课标》中数学建模内容的准备情况，包括认知准备（教育观、课程观、教学观、评价观）、情意准备和行为准备三个方面。在李克特5级量表中，认知、情意、行为准备度的均值都在3.14～4.01。其中，认知准备度中的教育观得分最高，达到4.01；认知准备度中的评价观得分最低，为3.14分。表5.6的数据显示，教育观、课程观、教学观、评价观、情意、行为等维度之间的相关系数在0.483～0.856。其中，"情意—行为"之间具有较高的相关性(0.856)，"课程观—评价观"之间的相关性相对最弱(0.489)。

表5.6　教师在认知、情意、行为准备上的描述统计及其相关系数

维 度	M	SD	教育观	课程观	教学观	评价观	情意	行为
教育观	4.01	0.62	1.000					
课程观	3.85	0.66	0.692**	1.000				
教学观	3.82	0.65	0.683**	0.764**	1.000			
评价观	3.14	0.89	0.504**	0.489**	0.511**	1.000		
情意	3.32	0.79	0.500**	0.587**	0.558**	0.543**	1.000	
行为	3.25	0.86	0.546**	0.590**	0.581**	0.530**	0.856**	1.000

注：** 表示 $p<0.01$。

由表5.6可知，教师对《高中新课标》中数学建模内容的认知、情意和行为准备度都达到了理论均值。但是与上一节中教师对数学建模的认识与态度的调查结果相比，教师对《高中新课标》中数学建模内容的准备度略显不足。究其原因，教师对数学建模的认识与态度的调查是从意识层面展开的，而教师对《高中新课标》中数学建模内容的准备度的调查，不仅涉及对教师认知的考查，还包括对教师情意程度和行为倾向的检视。从意识到行为的衰弱，正是课程转化落差理论中"教育理念与

课程实践之间的差距是客观实在的"[①]直观写照。

为了进一步比较认知、情意、行为三个准备度之间的差异，通过 F 检验，数据结果显示，各准备度之间具有统计学意义上的显著性差异（$F=429.07$，$p<0.01$）。事后比较发现，在认知准备度上，除评价观维度以外，教育观、课程观、教学观三个维度的得分均值都比情意准备度和行为准备度高。其中，教师在教育观维度的得分最高（4.01），在课程观与教学观维度上的表现次之，在评价观维度上的得分最低，均值为 3.14。相比之下，教师对《高中新课标》中数学建模内容的情意准备和行为准备得分较低。从均值来看，教师在情意准备度（3.32）上的表现略高于在行为准备度（3.25）上的表现。可以看出，教师即便比较认同《高中新课标》对数学建模内容的变化，但在行为倾向上还未能真正地做到指向数学建模素养的课程实施。其实一个合理的解释是，长期以来受考试文化的影响，我国不同学科的中小学教师（高中数学教师格外明显）普遍认为教育实践不受理论逻辑的支配与控制，要想成为优秀教师主要取决于实践性知识的拥有程度。[②] 在数学教与学领域，我国传统数学教学文化尤为重视数学知识教学和解题教学[③]，高中生也普遍重视解题方法、解题效率、数学练习等学习价值观[④]。对数学知识教学的推崇，使得数学建模教育新理念的落实举步维艰。

研究结果显示，教师对《高中新课标》中的数学建模内容具备较高的认知准备，只是在评价维度上的认知准备略显薄弱。相较之下，教师对《高中新课标》中的数学建模内容缺乏情意准备和行为准备。其实，这样的研究结果并未发生改变，有研究[⑤]对《普通高中数学课程标准（实验）》的课程实施情况做过调查，发现教师普遍肯定数学建模在培养学生数学素养过程中所起的作用，也知道数学建模的重要性，但是教学的重点仍然放在了数学知识的学习与数学技能的习得上，不重视数学建模活动的开展。另外，《高中新课标》尤为重视数学建模的过程性评价和多样化的评价方式，然而对于数学建模素养的评价，教师未能表现出高度的认同，这也体现在"评价观—情意"（0.543）和"评价观—行为"（0.530）的相关分析中。

下面将具体分析教师对《高中新课标》中数学建模内容的认知准备、情意准备和行为准备的现状。

（一）教师对《高中新课程》中数学建模内容的认知准备现状

教师对《高中新课标》中数学建模内容的认知准备度，通过教育观、课程观、教

---

① 陈庆新，吉标．课程落差及其应对[J]．课程·教材·教法，2021，41(8)：38-44.

② 夏正江．中小学教师究竟该不该学点教育理论？[J]．教育研究与实验，2019(5)：1-10.

③ 张辉蓉．数学解题教学是非之争及思考[J]．中国教育学刊，2010(5)：38-42.

④ 李艳，佘伟忠，张维忠．中学生的数学学习价值观现状及其演变[J]．当代教育与文化，2021，13(2)：36-41.

⑤ 吕世虎，鲍建生，缴志清．21 世纪高中数学课程改革的"成就""问题"与"挑战"[J]．数学教育学报，2018，27(1)：14-17.

学观和评价观四个维度来体现。

在教育观维度上，共有4个题项的设计，其得分介于3.89～4.16。按照得分的均值由高到低依次为：相比其他数学知识，数学建模活动更加突出了“以学生发展为本”的教育理念（4.16）；数学建模素养是一个最能体现数学学科的核心素养（4.07）；数学建模活动为不同的学生在数学上得到不同的发展提供了良好的机会（3.92）；高中开展数学建模活动能够培育学生的科学精神和创新意识（3.89）。由此结果可知，教师对《高中新课标》中数学建模的基本理念已经有了新的认识，数学建模的教育价值深入人心。已有研究指出，高中数学教师对新课程的基本理念普遍认同，教育观念有所转变，教学行为亟须改进。① 对于《高中新课标》中数学建模内容的变化更是如此。

在课程观维度上，共有4个题项的设计，其得分介于3.78～3.92。按照得分的均值由高到低依次为：数学建模主题内容凸显了数学的思想方法，提升了学生应用数学解决实际问题的能力（3.92）；数学建模主题内容强调了数学与生活及其他学科的联系（3.87）；数学建模主题内容为学生发展提供了多样化的选择（3.83）；数学建模素养体现了社会发展的需求、数学学科的特征和学生的认知规律（3.78）。由此结果可知，教师初步意识到《高中新课标》中数学建模内容尤为关注问题设计的真实性、情境性要求和跨学科课程内容的融合，但是还未能充分认识到对数学建模教学方式的多样化体现，以及重视数学建模素养生成逻辑的考察。

在教学观维度上，共有4个题项的设计，其得分介于3.71～4.02。按照得分的均值由高到低依次为：数学建模内容的教学需要创设适合学生理解的现实情境（4.02）；学生学习数学建模需要独立思考、自主学习、合作交流等多种学习方式（3.91）；数学建模教学能够促进学生实践能力和创新意识的发展（3.71）；数学建模教学为学生感悟数学的科学价值、应用价值、文化价值和审美价值提供了良好的契机（3.64）。由此结果可知，教师已经意识到教学中开展数学建模活动的情境性、互动性、合作性、自主性的形式要求，但是还未能意识到数学建模的教育价值在于更好地体现学科实践性和培养学生的非认知能力。这与前面教师对数学建模的认识与态度的调查结果相一致。

在评价观维度上，共有4个题项的设计，其得分介于3.06～3.25。按照得分的均值由高到低依次为：学生数学建模素养的评价需要很长的时间，很难在短时间内进行（3.25）；学生数学建模素养的评价亟须建立目标多元、方式多样、重视过程的评价体系（3.16）；学业评价中，不仅需要关注学生知识技能的掌握，更需要关注数学建模素养的形成与发展（3.09）；数学建模素养的评价能够提高学生学习数学的兴趣，增强自信心，还能够帮助教师改进教学，提高数学教学质量（3.06）。由此结

① 李涵．高中数学教师对新课程适应性的调查研究：以山东省某市一所高中为个案[J]．数学教育学报，2012,21(2):36-40.

果可知，教师逐渐意识到开展数学建模活动的时间保障和关注学生数学建模活动的行为表现的重要意义。但是在教学过程中，通过数学建模活动的教学，来提高数学教学质量和学生学习数学的兴趣仍然不被教师重视，教师不够重视数学建模活动的评价。① 其实，教师对《高中新课标》中数学建模内容的评价是一个渐进学习的过程，需要经历个人表达、集体对话最终走向内化阶段，从而实现学生数学建模素养的发展目标，提升教师数学建模活动的教学水平。

（二）教师对《高中新课程》中数学建模内容的情意准备现状

教师对《高中新课程》中数学建模内容的情意准备度共有 5 个题项，得分处于 2.89～3.87，基本达到均值水平。得分超过均值的有 3 个题项，分别是：数学教育专家每学年至少公开赴高中讲学数学建模一次，并进行实践性解读(3.87)；高中数学教师有灵活处理数学建模课程内容的空间(3.65)；数学建模素养的提出，更多关注数学与现实生活的结合(3.29)。而其他两个题项的得分均未达到均值，分别是：高中数学教师每学年至少公开教授数学建模课程一次，并进行理论性反思(2.90)；数学建模课程内容的实施很好地实现了当下的学科实践理念(2.89)。从情意准备度的调查结果可知，教师表现出渴望得到数学教育专家对《高中新课标》中数学建模内容的变化进行解读。教师培训是我国推进新课程理念有效落实的重要途径，诸多研究也表明我国民族地区②和贫困地区③的数学教师需要有关教学技能、学科知识的相关培训。此外，教师表示在教学过程中愿意尝试性地开展数学建模活动，灵活处理数学建模课程内容。在教师培训的外在资源支持下，数学建模活动将越来越多地受到高中数学教师的喜爱。

（三）教师对《高中新课程》中数学建模内容的行为准备现状

教师对《高中新课程》中数学建模内容的行为准备度共有 5 个题项，得分在 2.79～3.89。尤为突出的是，题项“我认为数学建模主题内容的实施需要学校、一线教师、教研员、数学教育专家、学生家长、课程理论专家等多方共同努力”得分较高(3.89)；而其他 4 个题项的得分都低于均值，分别为：相对其他的主题内容，我会根据实际情况调整数学建模主题的课程内容(3.22)；我通常会搜集有关数学建模的研究文献、讲座、公开课等进行自我学习(3.19)；我经常让学生从现实生活中提出数学问题，并加以解决(3.16)；我每学期至少花一个下午的时间让学生展示他们

① 胡凤娟，吕世虎，王尚志. 高中数学课程实施中面临的关键问题研究：基于全国 3964 位教师的调查[J]. 当代教育与文化，2018，10(5)：35-41.

② 陈婷，孙彬博. 甘肃省临夏回族自治州高中数学教师培训需求调研报告[J]. 民族教育研究，2015，26(3)：25-32.

③ 张岳，杨涛，辛涛，等. 特困地区中小学数学教师培训状况与需求调查研究[J]. 数学教育学报，2021，30(4)：6-11.

的数学建模作品(2.79)。从行为准备度的调查结果可知,教师普遍认为数学建模活动的教学需要实践共同体的集体参与,仅仅依靠学校教育很难获得实效性,并且在数学建模实践过程中表现出能动性缺失的特点。数学建模活动教学不同于数学知识教学,其教学目标、教学设计、教学方式和教学策略等都需要结合《高中新课标》对数学建模的新要求发生变革,怎样有效地开展数学建模活动教学成为教师关注的挑战性话题。

二、教师对《高中新课标》中数学建模内容的准备度差异分析

(一) 不同性别的教师对《高中新课标》中数学建模内容的准备度差异分析

表 5.7 的数据显示,对《高中新课标》中的数学建模内容,不同性别的教师在情意准备上存在显著差异,女教师的得分要明显高于男教师,在其他准备度上不存在显著性差异。

表 5.7 不同性别的教师在认知、情意、行为准备上的差异检验

维 度	男($n=351$)		女($n=128$)		t	p
	M	SD	M	SD		
教育观	4.27	0.52	3.75	0.24	1.88	0.06
课程观	3.91	0.51	3.79	0.51	1.36	0.17
教学观	3.84	0.54	3.80	0.52	−0.72	0.47
评价观	3.16	0.49	3.12	0.53	1.72	0.08
情意	3.00	0.64	3.64	0.58	−2.29	0.02*
行为	3.00	0.57	3.50	0.23	−0.70	0.49

注:* 表示 $p<0.05$。

研究发现,对《高中新课标》中的数学建模内容,女教师在认知准备的各维度上的均值都没有男教师高,而在情意准备和行为准备上的得分明显高于男教师。为什么女教师对数学建模的喜爱程度较高呢?一种可能的解释是,性别差异导致了男、女教师对数学建模课程实施的认同差异,主要体现在心理特征上。一般而言,女教师偏向于感性思维,男教师偏向于理性思维。从教师对《高中新课标》中数学建模内容的情意准备角度来看,女教师可能更愿意将数学知识与学生的现实生活相关联,选择合适的现实问题让学生体验数学建模活动的过程,进而发展学生的数

学建模素养。有研究①也证实了这一观点。与男教师相比,女教师对数学建模活动的教学持有更加坚定的情意信念和更好的实践倾向。

(二)不同教龄的教师对《高中新课标》中数学建模内容的准备度差异分析

表5.8的数据显示,对《高中新课标》中的数学建模内容,不同教龄的教师在评价认知、情意准备和行为准备上存在高度的显著性差异,在教学认知准备上存在显著差异,在教育观和课程观认知准备上不存在显著性差异。

表5.8 不同教龄的教师在认知、情意、行为准备上的差异检验

维度	5年及以下($n=3$)		6～10年($n=292$)		11～15年($n=122$)		16～20年($n=41$)		20年以上($n=11$)		F	p
	M	SD	M	SD	M	SD	M	SD	M	SD		
教育观	4.00	0.55	4.00	0.53	3.94	0.66	4.09	0.47	4.04	0.56	2.25	0.06
课程观	3.90	0.52	3.86	0.47	3.80	0.56	3.86	0.57	3.83	0.57	1.25	0.29
教学观	3.81	0.56	3.85	0.47	3.79	0.60	3.90	0.50	3.77	0.51	2.38	0.05*
评价观	3.21	0.46	3.11	0.50	3.10	0.49	3.17	0.57	3.10	0.50	3.68	0.01**
情意	3.35	0.59	3.39	0.61	3.08	0.78	3.45	0.48	3.34	0.59	12.11	0.00**
行为	3.28	0.51	3.16	0.51	3.16	0.51	3.35	0.46	3.28	0.56	3.96	0.00**

注:* 表示 $p<0.05$,** 表示 $p<0.01$。

事后比较分析发现,从教龄的阶段来看,5年及以下教龄和6～10年教龄的教师对《高中新课标》中数学建模内容的各准备度得分相对较高;但在教学认知准备、情意准备和行为准备上,16～20年教龄的教师对《高中新课标》中数学建模内容的得分明显高于其他教龄的教师,表现出高度的显著性差异。相比其他教龄的教师,5年及以下和6～10年教龄的教师正处于教学专业发展的黄金期,在他们看来,更新数学建模课程观念、夯实数学建模课程知识以及丰富数学建模教学方式,能够影响他们对《高中新课标》中数学建模课程定位的新认识,进而促进他们在情意准备和行为准备上加以实践跟进,以实现数学建模素养的课程转化。16～20年教龄的教师对《高中新课标》中数学建模内容的得分明显高于其他教龄的教师,这或许与样本数据有关,另一种可能的解释是,这个群体的教师经历了21世纪以来近20年数学课程改革的不断深化与推进,也尝试开展过基于《普通高中数学课程标准(实验)》的数学建模活动,积累了一定的数学建模教学经验,在《高中新课标》的指导下,表明更加喜爱在数学课堂中进一步开展指向核心素养的数学建模活动教学,在

① 王兴福.中学数学教师数学认识信念对教学行为的影响研究[D].南京:南京师范大学,2014:165.

行为倾向上也表明了这种情意的能动性。这种解释在胡凤娟、吕世虎、王尚志的研究①中得到了有益补充，他们基于全国性的大样本调查，发现职称越高的教师越认为《高中新课程》重要。调查发现，16～20 年教龄的教师普遍具有较高的职称，部分教师发展成了专家型数学教师，对数学建模的认可度和关注度也相对较高。

（三）不同学历的教师对《高中新课标》中数学建模内容的准备度差异分析

表 5.9 的数据显示，对《高中新课标》中的数学建模内容，不同学历的教师在教学观、评价观和行为准备上存在不同程度的差异，在教育观、教学观和情意准备上未发现显著性差异。

表 5.9 不同学历的教师在认知、情意、行为准备上的差异检验

维　度	专科及以下（$n=2$）		本科（$n=430$）		研究生（$n=47$）		F	p
	M	SD	M	SD	M	SD		
教育观	3.98	0.56	3.99	0.53	4.05	0.52	1.61	0.31
课程观	3.79	0.46	3.86	0.51	3.89	0.52	2.89	0.06
教学观	3.80	0.52	3.87	0.45	3.80	0.52	3.88	0.02*
评价观	3.17	0.52	3.21	0.57	3.04	0.51	6.64	0.00**
情意	3.29	0.51	3.36	0.54	3.30	0.48	2.52	0.08
行为	3.33	0.62	3.32	0.63	3.14	0.55	6.22	0.00**

注：* 表示 $p<0.05$，** 表示 $p<0.01$。

事后比较分析发现，本科学历的教师，在教学观和评价观认知准备上的得分，要明显高于其他学历的教师；在行为准备上的得分与专科及以下学历相当，但还是高于研究生学历的教师。这也就说明了本科学历的教师在认知和行为方面具有较好的准备。这可能与我国不同类型高校的培养目标和课程设置有关。在培养目标上，相较于研究生教育，本科教育更加注重学生实践性知识的习得。比如数学与应用数学专业（师范类）的学生需要学习大量的学科专业知识和教育教学知识；同时，还需要开展为期半年的见习、实习与研习，对数学建模教学实践起到了很好的指导作用。高中数学教师大多数毕业于数学与应用数学专业（师范类，本科），在课程设置上，他们在校期间专门学习过数学建模、中学数学课程标准研究等课程，有的教师甚至还参加过数学建模竞赛。这在一定程度上提高了他们对数学建模素养的过

① 胡凤娟，吕世虎，王尚志．高中数学课程实施中面临的关键问题研究：基于全国 3964 位教师的调查[J]．当代教育与文化，2018，10(5)：35-41.

程性评价和多元化评价的意识。然而,调查发现,专科学历的高中数学教师相对较少,主要是一些老教师,他们对诸如数学建模主题这样的新内容在《高中新课标》中的变化认识并不全面,日常教学表现出“循规蹈矩”的倾向。另外,我国的研究生教育比较注重学术能力和理论思维的训练,受功利主义和绩效主义影响,研究生学历的教师在教学中更加关注论文发表,很少开展实践性的数学建模活动。由此可知,对《高中新课标》中的数学建模内容,本科学历的教师在认知准备和行为准备上的较高表现是有原因可循的。

(四) 不同培训情况的教师对《高中新课标》中数学建模内容的准备度差异分析

表 5.10 的数据显示,对《高中新课标》中的数学建模内容,不同程度接受培训的教师在认知准备、情意准备和行为准备上均存在不同程度的差异。

表 5.10　不同培训情况的教师在认知、情意、行为准备上的差异检验

维　度	经常 ($n=107$)		偶尔 ($n=356$)		从无 ($n=16$)		F	p
	M	SD	M	SD	M	SD		
教育观	4.15	0.56	3.92	0.67	3.95	0.59	18.91	0.00**
课程观	3.93	0.60	3.82	0.54	3.79	0.52	7.29	0.00**
教学观	3.94	0.52	3.76	0.48	3.77	0.57	16.69	0.00**
评价观	3.24	0.47	3.10	0.54	3.12	0.51	17.56	0.00**
情意	3.48	0.49	3.25	0.53	3.23	0.53	32.67	0.00**
行为	3.41	0.42	3.15	0.49	3.19	0.54	36.61	0.00**

注:** 表示 $p<0.01$。

事后比较分析发现,对《高中新课标》中的数学建模内容,相较于其他教师,经常接受培训的教师在认知准备、情意准备和行为准备上的得分都较高,同时也表现出高度的显著性差异。尤其在评价认知上,即便经常接受培养的教师具有较高的得分,但相比其他的准备度来看,也存在显著差异。究其原因,可能是之前的数学课程标准对数学建模的关注与实施要求只是作质的规定,在实际过程中,高考不考的局势往往将数学建模“付诸东流”。经常参加培训的教师,逐渐意识到《高中新课标》修订数学建模内容的意图,对他们从认知、情意、行为准备上理解和把握《高中新课标》中数学建模内容的新要求具有很好的促进作用。参与式教师培训能够改善教师对数学建模的学习方式,避免数学建模教育理念的衰减效应,以及促成教师从心动到行动的外在转化。那么,为什么经常接受培训的教师在评价认知上的得分较低呢？从已有的研究[①]中便可探寻一二，高中数学教师认为数学建模活动，特别是数学建模活动的评价相对不那么重要，这与本部分的调查结果相类似。为此，教师培训的实践方式还需要进一步守正创新，借助信息技术集结多方合力、供给众筹资源，来实现数学教师对数学建模课程的培训实践价值。这一观点在张景中等人的研究[②]中得到了证实，他们认为“互联网＋”下的教师培训模式能够有效提高数学教师整合技术的学科教学知识。

第三节　教师对新版教科书中数学建模内容的使用情况

基于10位教师提供的叙事框架，本节先从整体上概述教师对新版教科书提供的数学建模内容的使用实践现状，之后以T2、T4两位教师为个案，对使用新版教科书中数学建模内容表现出“忠实”“调适”两种互动形态的情况，进行具体实践的深描。

一、教师使用新版教科书中数学建模内容的整体情况

（一）对新版教科书中数学建模内容的总体认知与使用策略

根据10份叙事框架和7位教师的个人访谈，对教师使用新版教科书提供的数学建模内容的总体认知、使用态度、使用频率和使用策略进行整理，结果见表5.11。

由表5.11可知，尽管所聚焦的10位教师普遍认识到新版教科书单独编排、设计了数学建模主题内容，但并不是所有教师都清楚《高中新课标》对数学建模做了明确要求，还有4位教师表示在教学过程中并没有关注过《高中新课标》对数学建模内容的具体要求。这表明，教师使用新版教科书提供的数学建模内容的实践处于自发状态，并未完全做到基于课程标准的数学建模活动教学。尽管如此，大多数教师对新版教科书提供的数学建模内容持满意态度，仅有1位教师（T7）认为新版教科书编排的数学建模内容过于分散，不益于数学建模的连续、集中教学。

---

① 胡凤娟，吕世虎，王尚志．高中数学课程实施中面临的关键问题研究：基于全国3964位教师的调查[J]．当代教育与文化，2018，10(5)：35-41．

② 张景中，陈如仙，陆兴华，等．“互联网＋”数学教师TPACK能力培训模式研究：以武侯区初中数学教师网络画板培训为例[J]．数学教育学报，2022，31(5)：1-8．

表 5.11　10 位教师对教科书中数学建模内容的总体认知、使用态度、频率和策略

观察维度	频次/位	代表性示例
总体认知		
教科书提供了建模活动	10	新版教科书中单独设置了数学建模活动的内容
课标有明确要求	6	高中新课标对数学建模的教学作了要求
课标没有明确要求	4	没关注过课标中的数学建模内容
使用态度		
满意	7	经常使用教科书提供的数学建模活动来开展主题教学
一般	2	关注但很少使用教科书提供的数学建模活动
不满意	1	教科书编排的数学建模内容过于分散
使用频率		
经常	3	经常关注和使用
偶尔	6	关注但很少使用
从不		不关注也不使用
使用策略		
直接沿用	9	对数学建模活动的开展步骤有详细的介绍
选择部分活动	7	有一些数学建模活动可用于函数应用的教学
借鉴其他版本进行改编	3	北师大版对数学建模主题的设计比较全面

T7 教师认为：我现在使用的是北师大版教科书，从你提供的知识结构图就能看出，北师大版教科书分册分章节编排数学建模的理论知识、实施过程。例如，必修第一册编排数学建模的概念、主要步骤、活动过程，第二册才开始编排让学生实践数学建模活动，这样就把数学建模的完整过程打乱了，其实完全可以将数学建模活动的内容整合编排在一起，像我在教学过程中，不可能单独地讲授数学建模的概念、过程、活动步骤等基础知识，而是将其与数学建模活动的实践过程结合起来。

对新版教科书提供的数学建模内容持积极、满意的态度也反映在使用频率上。除个别教师以外，大多数教师表示在日常教学中“经常”“偶尔”关注和使用新版教科书中的数学建模内容。

对于新版教科书提供的数学建模内容，这 10 位教师采用了直接沿用、选择部分活动、借鉴其他版本进行改编等三种策略。直接沿用是指教师原原本本地按照教科书呈现的数学建模活动过程进行教学；选择部分活动是指教师选择使用一些他们认为有意义的数学建模活动进行教学，并有意识地舍弃其他的数学建模活动；借鉴其他版本进行改编是指教师在使用现行教科书中的数学建模内容时，通常会与其他版本教科书呈现的数学建模内容进行比较，进而全方位地开展数学建模活动教学。在这三种使用策略中，直接沿用和选择部分活动开展数学建模活动教学策略的教师相对较多，分别有9人和7人，而通过借鉴其他版本教科书中的数学建模内容进行教学策略的教师较少，仅有3位。

（二）对新版教科书中数学建模内容的使用动机

表5.12归纳了教师使用新版教科书提供的数学建模内容的主要动机。

表5.12 教师使用新版教科书中数学建模内容的动机

观察维度	频次/位	代表性示例
课程内容教学		
开展数学建模活动	10	便于日常的数学建模主题活动教学
引入数学概念	4	函数概念的引入充满了数学建模的思想
数学文化教学	2	数学史上哥尼斯堡七桥问题的解决
吸引学生		
情境贴近学生现实	10	数学建模活动的情境来源于真实世界，学生没有距离感
数学建模活动有趣	9	数学建模活动比数学知识教学更让学生感到有趣
数学建模素养培养		
提出、分析、解决问题能力	10	有助于学生四能的培养
数学建模理论知识	9	数学建模的概念、过程、活动步骤
创新精神、实践品格	3	学生可以创新性建立不同的数学模型

由表5.12可知，教师使用新版教科书提供的数学建模内容，受到课程内容教学、吸引学生、数学建模素养培养三大动机的驱使。首先，教师使用新版教科书提供的数学建模内容，是为多方面的教学任务服务的。最常见的是，教科书中的数学建模活动为数学建模教学提供了教学资源，便于日常数学建模主题活动的教学是教师的首要动机。这表明，教科书中的数学建模内容资源在数学建模素养培养过程中起到了不可或缺的作用。但值得注意的是，还有部分教师提及使用教科书中的数学建模内容能够帮助学生回到现实世界，感受数学世界与现实世界的关联。可以看出，这种理性价值的使用动机与“教育回归生活世界”理念如出一辙。另外，还有一小部分教师通过数学建模思想开展数学概念教学和数学文化教学。例如，“函数概念的引入充满了数学建模的思想，尤其是教科书中的指数函数和对数函数概念都是通过大量的现实情境来编排的”（T4）、“数学史上哥尼斯堡七桥问题的解决很好地反映了数学建模的完整过程”（T2）。其次，激发学生学习数学的兴趣，以及吸引并鼓励学生积极参与数学建模活动是主要动机。几乎所有教师将教科书提

供的数学建模活动的吸引作用归因于，与函数、概率、几何等知识内容的教学相比，学生认为数学建模活动都是生活中遇到的问题，数学建模活动的情境再现了现实生活场景，使得教学内容有趣，拉近了教师与学生的距离。(综合多位教师的访谈内容加以概括的)此外，教师使用教科书中的数学建模内容还用于数学建模素养的培养，这也是教科书设计数学建模主题活动的根本目标所在。但是，对数学建模素养的培养更多地局限于教师利用教科书讲授数学建模的基本知识，以及培养学生发现问题、提出问题、分析问题、解决问题的能力，只有3位教师提到教科书中的数学建模活动能够提高学生的创新意识、科学精神和实践品格。这也表明，教师使用教科书中的数学建模内容是一种课程要求下的被动状态，主要以数学建模课程内容教学为主，对创新意识、实践能力和科学精神等素养的培养仍处于无意识的状态。

(三) 对新版教科书中数学建模内容遇到的问题与解决策略

教师在使用新版教科书提供的数学建模内容时，也遇到了各种问题，主要有内在型问题和外在型问题两种。表5.13列举了一些典型的问题及其相应的解决策略。

如表5.13所示，10位教师在使用新版教科书提供的数学建模内容时，常常会遇到教师自身能力有限和资源支持相对缺失的两种典型问题。在教师自身的内在型问题方面，大多数教师坦白自己没有足够的数学建模教学经验，对数学建模理论知识的认识较为模糊，既不会教数学建模课，也不知如何教数学建模课。这在一定程度上解释了只有一小部分教师将教科书中的数学建模内容用于培养学生创新意识、科学精神和实践能力的原因。在资源支持的外在型问题方面，缺乏解读教科书中数学建模内容的方法、没有其他版本教科书作为参照、课堂时间有限、教科书数学建模内容的编排不连贯等是这10位教师报告的主要问题。例如，T2教师在访谈中提到：

不知道运用哪些研究方法解读教科书中的数学建模内容，从教科书的编排来看，感觉这些数学建模内容让学生自己阅读都可以，根本不用教授。

同时，T2教师还认为，

手上只有学校配发的一册教科书，作为新晋教师，很难清楚地把握整个高中数学教科书是如何设计数学建模内容的，更不用说对其他版本教科书中数学建模内容的把握和理解了。

表 5.13 教师使用教科书中的数学建模内容时遇到的问题及其解决策略

	观察维度	频次/位	代表性示例
遇到的问题	内在型问题		
	数学建模知识匮乏	7	对数学建模认识比较模糊
	数学建模教学能力薄弱	9	数学建模课难教
	数学建模教学经验不足	10	之前没教授过数学建模课
	外在型问题		
	缺少解读数学建模内容的方法	10	不知道运用哪些研究方法解读数学建模内容
	没有其他版本教科书作为参考	9	手上只有学校配发的教科书
	课堂时间有限	7	数学建模活动展开难以在有限的课时内完成
	数学建模内容编排不连贯	1	教科书编排的数学建模内容过于分散
解决策略	束手无策	3	不知道怎么教数学建模
	与同事共同探讨	8	与同事一起开展数学建模活动教学、交流经验
	网上阅读文献	2	通过知网搜集、阅读数学建模实践方面的文章
	向数学教育专家请教	1	培训过程中向专家请教

应对上述两种问题，这 10 位教师体现了不同的主观能动性，有 3 位教师表现出“不知道怎么教数学建模”而束手无策的特点，还有 2 位教师通过阅读文献补充自己数学建模的理论知识，进而开展数学建模活动教学。但值得注意的是，大多数教师表示会与教研组同事一起探讨数学建模课的教学设计来解决遇到的问题。究竟是什么原因导致教师对教科书中数学建模内容的使用实践表现出能动性的差异呢？接下来，通过 T2 和 T4 两位受访教师对新版教科书中数学建模内容的具体使用实践加以说明。

二、两种类型的教师对新版教科书中数学建模内容的具体使用实践

T2 和 T4 都是女性数学教师，年龄和教龄相仿。T2 教师刚刚教育硕士毕业，25 岁；T4 教师已经工作 3 年，29 岁，也是教育硕士毕业。但是，两人对新版教科书

中数学建模内容的使用实践表现出较大的差异。按照已有研究从满意度和依赖度两个方面划分教师与教科书的互动形态，T2 教师对新版教科书提供的数学建模内容的“高满意度”与“高依赖性”，表现出“忠实型”的直接沿用形态，T4 教师对新版教科书中数学建模内容的“高满意度”与“低依赖性”，表现出“调试型”的有限使用形态。下面将详尽概述 T2 教师和 T4 教师在对新版教科书中数学建模内容的使用策略、使用态度、使用动机和能动性等方面的不同实践。

（一）高满意度、高依赖度：T2 教师对教科书中数学建模内容的具体使用实践

T2 教师使用的是北师大版教科书，对教科书呈现的数学建模内容持积极使用的态度，使用策略主要包括直接沿用、改编题目与补充说明。在进行“认识数学建模”教学时，她会直接沿用教科书中出现的数学建模的概念、过程和活动步骤，而在例题教学和数学文化教学时会改编例题的开放性，或补充一些数学建模历史名题。

现在使用的新版教科书相比我读高中时的教科书，里面充满了大量的数学建模内容。研究生毕业时，我写的毕业论文就是教科书比较，手上也有全套的北师大版、人教版高中数学教科书。现在使用的北师大版教科书中的数学建模内容在我教学过程中基本都会用到。比如，在“函数应用”这里，我会格外突出函数模型解决实际问题的意义，这样是给后面第八章“认识数学建模”的讲授做铺垫，让学生体会从感受数学应用到学习数学模型再到认识数学建模的螺旋递进过程。到了“数学建模的主要步骤”时，我会按照教科书中“提出问题—建立模型—求解模型—检验结果”的步骤讲解数学建模的概念，直接沿用教科书中的数学建模内容，主要考虑的是为学生在学习必修二和选择性必修一时对数学建模活动的实践奠定知识基础。另外，教科书中呈现的哥尼斯堡七桥问题就很好地反映了数学建模的过程，这样的题目很吸引学生，也能很好地让学生体会日常生活中遇到的问题大多可以用数学知识来解决，这就是专家说的要培养学生的数学眼光、数学语言和数学思维。（个人访谈）

可以看出，对于教科书中程序性知识的数学建模内容，T2 教师会直接沿用。为了强化学生对数学建模的兴趣，她还会从数学史的角度扩展哥尼斯堡七桥问题。总的来说，T2 教师对新版教科书提供的数学建模内容的使用动机，主要是进行课程内容的教学和相应的数学文化的教学。这些使用动机促进了她发挥主观能动性，对学生数学建模素养的落实起到了很好的作用。

T2 教师对教科书中数学建模内容的使用能动性还体现在对习题的改编上。在遇到教科书中封闭性的现实问题或题目的情境不真实的情况时，T2 教师会积极主动改编这些题目，使其成为数学建模问题，有时还会查阅文献补充一些数学建模知识，便于自己更好地开展数学建模活动的教学。例如，对于北师大版教科书必修第一册第 139 页的习题，T2 教师将其改编成一道开放题和一道数学建模问题。

将教科书习题改成开放题：某商店进了一批服装，在国庆节期间，这批服装的售价每降低5%，每天就多售出20件。请问要想每天的利润最大，每件衣服的售价应是多少元？

将教科书习题改成数学建模问题：假如你的父母经营一家衣服店，恰逢国庆节来临，请你综合考虑衣服的售价、进价、折扣和存量等，为你的父母设计一个促销活动使得所获利润最大。

从T2教师对教科书习题的改编来看，教科书呈现的是一道存贮模型的应用题，而T2教师将其改编成了更加开放的数学建模问题，并解释道：

教科书中除了数学建模活动是一些开放性的课题活动，其他题目都较为封闭，只是在题目的基础上添加了一些背景因素（边说边用手指着北师大版教科书必修第一册第139页的存贮模型习题），像这样的题目只要稍加改编，就是一个很好的数学建模问题，就跟这一样（前面改编的开放题和数学建模问题）。我在"函数应用"教学中，也会对教科书中的习题加以修改，使它更像数学建模问题。数学建模问题与应用题最大的区别在于已知条件不充分，解题要求不清晰，得到的答案不唯一，目的就在于给学生更多的学习机会，提升他们发现问题、作出假设、提出问题、分析问题、解决问题的能力，通过数学建模活动的学习也进一步实现了课程标准中讲到的培养学生的创新意识、应用意识、实践能力、科学精神、理性精神等关键能力和思维品质。而且在教学中，我会以自己改编的数学建模问题进行"函数应用"的教学。（个人访谈）

为了更好地帮助学生理解数学建模的过程和意义，T2教师替换了上述存贮模型的数学问题，更加直观地呈现了一道条件模糊、问题开放的数学建模问题，给"函数应用"教学创设了具体的现实情境，并解释道，她对数学建模的理解和存贮模型意义的把握影响着自己对教科书中习题的改编和替换。这种对教科书习题的层层推进改编使之成为数学建模问题，一定程度上更能让学生感性认知数学建模是什么以及数学建模不是什么。

此外，T2教师使用教科书中数学建模内容的能动性还与她对数学建模的理解有关。例如，在讲授"走近数学建模"这一课时，T2教师根据教科书中呈现的哥尼斯堡七桥问题补充了"数学建模是一种艺术，也是一种品位"的观点。

哥尼斯堡七桥问题是数学史上一个极具影响的数学建模实例，欧拉解决这一问题的过程，开创了图论和拓扑学两门新兴学科。欧拉将哥尼斯堡七桥问题抽象成一笔画问题，可以让学生感受到数学建模的精神，体会数学建模是一种艺术，更是一种品位。这一观点，是我从微信公众号推送的文章看到的（事后，笔者得知这是"超级数学建模"微信公众号推送的赖明治和舒宇宸合作发表于《数学教育学报》上的《数学建模提供数学与现实生活的联结》一文）。有了数学建模，数学不再只是抽象的代名词，数学课更加精彩了。（个人访谈）

在T2教师看来，教科书提供的数学建模内容更好地服务于她开展数学建模活动教学。因此，她直接使用教科书中的数学建模活动，改编、替换教科书中的习题使之成为数学建模问题，以便学生认识数学建模；同时，也能够比较数学应用题和数学建模问题的区别与联系，体现出较好地将教科书中的数学建模内容作为教学资源的能动性意识。然而值得注意的是，T2 教师倾向于使用教科书中的数学建模内容强化课程内容的教学，侧重于使用教科书提供的数学建模活动来讲授数学建模的过程和步骤，数学建模活动的教育价值在教学中被遮蔽，甚少使用教科书中的数学建模内容来训练学生的科学精神和实践能力。

（二）高满意度、低依赖度：T4 教师对教科书中数学建模内容的具体使用实践

和 T2 教师相比，T4 教师使用新版教科书中数学建模内容的主要动机是引起学生的兴趣。这种使用动机使得新版教科书中的数学建模内容在 T4 教师的教学实践中并没有得到积极使用，表现出对新版教科书中数学建模内容的满意但不依赖的特点，她的使用策略主要是偶尔使用。

虽然教科书编排了数学建模内容，但是我通常不会讲授这些，只是在公开课或教研活动中要求开展数学建模课时，才会关注教科书中的数学建模内容。其实，数学建模的情境可以很好地贴近学生现实，能够吸引学生学习数学的兴趣，我偶尔也会选用教科书提供的一些数学建模素材，但并不多。（个人访谈）

相比函数、几何、代数、概率和统计等知识内容，数学建模在课堂教学中所占的比重仍然较小。对 T4 教师来说，使用教科书中的数学建模内容并非她的主动意识，而是受到外界的影响，素材能否吸引学生是她选用教科书中数学建模内容的标准，她对教科书中数学建模内容的关注，也仅限于公开课或教研组活动的场合。这种有限选用的能动性源于她认为教科书中的数学建模内容多是落实《高中新课标》的要求。T4 教师的这种使用态度体现在她对上述存贮模型问题的评论上：

教科书呈现的存贮模型只是让学生感受利用函数模型来解决实际的意义，如果每道习题都将其改编成数学建模问题，一则没必要，二则在有限的课时内，很难达到预期的效果，更多地需要学生实践数学建模活动。现在强调开展数学建模活动，我感觉更多的还是想通过数学建模活动实现学生对数学知识的深度理解和培养他们提出问题的能力。（个人访谈）

T4 教师认为教科书提供的各种数学模型只是表达了运用数学模型解决实际问题的意义，并不是真正意义上的数学建模，这似乎加深了她对教科书中那些封闭性问题“没有必要改编”的认知。与 T2 教师对教科书中数学建模内容的忠实使用不同，T4 教师对教科书中的数学建模内容的使用更多是一种“舍弃”。T4 教师进一步解释了她舍弃教科书提供的数学建模内容的原因：

教科书中的数学建模内容不好教授，这是一种实践性很强的活动，不仅需要学生积累扎实的数学知识基础，还需要学生有发现问题的能力，单靠教师讲授数学建

模是很难培养学生数学建模素养的，何况我也没有过多地参与数学建模活动，要想发展学生的数学建模素养，还是需要让学生真正地参与数学建模活动，从中感受数学建模的魅力，这就需要长期不断地进行该活动。（个人访谈）

显然，T4 教师不用教科书提供的数学建模内容有两个原因：一是主观原因；二是客观原因。主观原因方面，尽管教科书编写者意在通过认识数学模型、学习数学建模、实践数学建模的过程来编排数学建模内容，但是 T4 教师由于其自身数学建模教学经验不足，未能领会教科书中数学建模内容的编排意图，进而很少进行数学建模活动的教学。T4 教师不仅未能充分认识教科书中数学建模内容的教育价值，还受到客观原因的影响。例如：

学生对高中数学基础知识的掌握都不扎实，很难进行数学建模活动，再加上高考的影响，每学期的总课时数是固定的，开展了数学建模活动，而且数学建模活动需要充足的时间，就会影响教学的进度。其实，函数应用、统计应用等数学知识模块已经有了数学建模的影子，无须单独开展数学建模活动教学，教科书中的数学建模内容让学生自学，课下组队完成，可能效果更好。（个人访谈）

T4 教师认为高中学生受到高考的影响，可能对数学建模活动不是很感兴趣，这些偏见也解释了她在使用教科书中的数学建模内容时即便满意，但不如 T2 教师积极；同时，也体现了我国考试文化对她使用教科书中数学建模内容进行教学的影响。可以见得，教科书中的数学建模内容未能合法化、大范围、多主体地进入高中数学课堂教学。

本 章 小 结

本章是对数学建模素养在实施课程中的转化研究的结果分析，同样类似于数学建模过程中的“问题求解”和“解读数学结果”环节，通过调查教师对数学建模的认识与态度、《高中新课标》中数学建模内容的准备度、新版教科书中数学建模内容的使用实践情况，得到“绪论”中提出的问题 3 的研究结果。具体如下：

在教师对数学建模的认识与态度调查研究上，发现教师具有较高的认识基础，其得分由高至低依次是真实性与相关性、建构性、动机与兴趣、理解性。同时发现，教师通常持有两个或多个交织于一起的数学建模观，教师对数学建模的认识与态度具有综合化的趋势。不同变量的教师对数学建模的认识与态度具有不同程度的差异。在性别上，女教师比男教师更为重视数学建模的真实性与相关性；在教龄上，11～15 年教龄的教师在四个维度上均有较好的表现；在学历上，研究生学历的教师对数学建模的建构性和理解性有更好的认识与态度；在培训频率上，除动机与兴趣维度以外，发现有针对性的培训能够促进教师对数学建模的建构性、理解性和真实性与相关性的认识。

在教师对《高中新课标》中数学建模内容的准备度调查研究上，发现教师的认知准备好于情意准备，行为准备相对一般，而且认知准备中的评价观表现最弱。相比教师对数学建模的认识与态度调查结果，教师对《高中新课标》中数学建模内容的准备度略显不足。不同变量的教师对《高中新课标》中数学建模内容的准备度也具有不同程度的差异。在性别上，女教师比男教师具有较高的情意准备；在教龄上，5 年及以下和 6～10 年教龄的教师具有较高的认知准备，而 16～20 年教龄的教师具有较高的情意准备和行为准备；在培训频率上，发现教师经常参加培训，对《高中新课标》中数学建模内容的认知准备、情意准备和行为准备具有较高的促进作用。

在教师对新版教科书提供的数学建模内容的使用实践叙事研究上，发现教师对教科书提供的数学建模内容虽然有明确的认知也较为满意，但是在使用频率上更多地表现出偶尔的直接沿用取向，主要将数学建模内容视作课程内容来教学。教师对新版教科书中数学建模内容的使用实践处于自发状态，未能真正做到基于课程标准的数学建模活动教学。同时，发现教师使用新版教科书中的数学建模内容，常常会遇到包括内生型问题和外在型问题交织于一起的实践困境。最后，聚焦“忠实”“调试”两种类型的教师，发现教师对新版教科书中数学建模内容的使用实践存在能动性缺失问题，主要受到教师自身变革行为滞后性和我国“唯分是举”考试文化的影响。

第六章　数学建模素养在获得课程中的转化研究结果分析

数学建模突破了传统的数学教育范式，让学生发现问题、解决问题，是很好的数学学习模式。

——中国数学家、科学院院士　林群

第一节　学生数学建模活动中的集体论证过程分析

在“诱人的优惠券”数学建模活动中，学生经历了“提出问题—建立数学模型—求解数学问题—检验、改进数学模型——成果汇报总结分享”整个过程。可以看出，这一过程与第三章“研究设计”中“数学建模过程”维度的七个子过程基本相近。“提出问题”即“理解情境、简化或结构化”的过程，“建立数学模型”即“数学化”的过程，“求解数学问题”即“问题求解、解读数学结果”的过程，“检验、改进数学模型”即“检验”“反馈与优化”的过程。本次数学建模活动最后还将进行成果汇报、总结与分享环节。下面将对学生在“诱人的优惠券”数学建模活动中的集体论证过程进行完整的镜像扫描。

一、提出问题

要想顺利地完成数学建模活动，小组中的每个学生都必须理解现实情境，并对现实情境进行一定的简化或结构化，进而将其转化为现实问题。实践表明，学生根据现实情境而提出待解决的现实问题往往是比较困难的。经过 10 分钟的独立思考，笔者所观察的 4 位学生（S1、S2、S3 和 S4）对现实情境形成了基本认识，在纸上写下了他们认为“诱人的优惠券”案例中的几个关键信息，如“三种优惠券”“不可叠加使用”“使用顺序”“购物津贴”等关键词。可以看出，学生找出关键词能够很好地帮助他们理解现实情境。之后，他们便展开了对现实问题表述与提出的讨论，所采取的策略主要有提问、辩解，并回忆“诱人的优惠券”可能涉及的分段函数、减函数的性质和分类讨论等数学基本知识和基本思想。这些都是学生理解现实情境和提出现实问题的前提基础。学生从数学的角度分析现实情境，特别是当某一学生提出的想法与其他学生的想法有出入时，他们能够通过讨论的方式达成共识。例如，“优惠金额的数值大小并不能直接代表优惠的程度，‘买的越多越划算’的说法不合适，优惠程度确实与原价有关，但不是直接关联的，其实可以用优惠额占原价的比例来表示优惠的程度”就是集体讨论中对现实情境理解后产生的一个重要结构化问题。这一问题得到明确后，为小组成员指明了前进的方向。为了研究原价与优惠程度之间的关系，他们还就如何表述现实问题进行了多次讨论，如 S3 提出“用优惠率来表示优惠程度”，S2 进一步追问“优惠率是什么？题目中没有说优惠率啊?”，S4 则提出不同的想法，她认为“既然是判断最大优惠，就应该从消费者的角度综合考虑到优惠券和购物津贴都是按照最优惠的方式组合使用的”等。经过集体讨论之后，他们认为商家所要考虑的因素是实际的原始购物金额，而顾客所要考虑的因素是优惠程度，并不是简单意义上的原价。因此，初步形成了本次数学建模活动需要解决的现实问题，并由 S1 在纸上记录下来。如下所示：

问题 1　如何用优惠率来表示原价与优惠程度之间的关系？

问题 2　从消费者角度来看，应该制定怎样的购物策略可以获得最大优惠？

由于“诱人的优惠券”现实情境发生于学生的现实生活中，而且之前学习了函数的性质与图像的内容，学生在对现实情境的理解和现实问题的提出过程中，虽然经过了较长时间的讨论，但最终还是能够用数学的语言来表达待解决的问题。由此可见，为学生提供较为熟悉的现实情境，能够吸引学生开展数学建模活动的动机与兴趣，进而促进学生基于现实情境提出待解决的现实问题，这也是学生数学建模活动中尤为关键的环节。

二、建立数学模型

在厘清现实问题的基础上，接下来学生需要进行数学化的过程，主要目的是将现实问题转化为数学问题，通过提出假设、分析变量，进而建立数学模型。观察可知，学生在数学建模活动的数学化过程中遇到的困难、产生的分歧、集体性的讨论是相对最多的，这一过程所花时间为 40 多分钟，场面相当“热闹”。总的看来，学生在这一过程中所遇到的最大困难主要是对现实问题中的假设及其相关参数的表示。因为“诱人的优惠券”案例是通过文字性语言叙述现实情境的，没有明确的数量关系，需要学生有意义地给予相关因素的分类与假设，如哪些是变量，哪些是常量，从而能够建立简明且清晰的数学模型，这也是数学建模过程中相当重要的环节。

“提出假设”是学生由现实问题到数学问题转化中需要经历的关键环节。在提出假设的过程中，小组成员都根据自己的经验提出了不同的假设，大致可分为两种取向。一种是以 S2 为代表提出的假设，她假设“顾客购物会根据自己的喜爱，就拿买衣服来说，如果没有挑选到自己喜欢的，即便店里的活动最大，一般也不会考虑购买的，何况衣服的单价都是明码标价的，符合什么优惠活动对应享受就可以了，比如我买了一件 300 元的衣服，按照题目中的优惠方案，可以享受满 299 减 50 的活动”。另一种是以 S4 为代表提出与 S2 观点不同的假设，她假设“虽然顾客购物存在主观选择的因素，但是为了简化，我们可以不予考虑，以便降低模型的复杂度，抓住问题解决的关键，不然数学建模活动就没意义了”。同时，笔者观察到小组有个别学生为了建立数学模型而做了大量的工作，有的甚至根据生活经验假设不同商品的单价，进而归类不同类型的物品可享受优惠的特征。可以看到，这些假设并非真正意义上在数学建模活动中提出的假设，或受制于考试文化和数学解题经验，他们总认为应该得到一个确切的答案。在班级其他的小组中，Z 老师表示，他发现几乎每个小组都有类似的问题。为此，Z 老师重新阐述了数学建模的意义，并提醒学生尽量减少从具体思维出发提出假设，而应当更多地利用数学符号表示不同的参数。于是，经过 Z 老师的提醒，笔者所观察的小组再次进行集体讨论。这次，经过集体讨论最终确定采纳 S4 的想法，于是 S4 补充认为：

根据商家给出的优惠方案，似乎是“买的越多越划算”，但优惠金额的数值大小并不能直接代表优惠的程度，优惠程度应当与原价有关，我们需要用优惠额与原价的比值来表示优惠程度。

为了研究原价与优惠程度之间的关系，他们进行了变量与常量的假设。

S1 认为：原价肯定是变量，因为不同的原价关系到具体享受的优惠方案。

S2 则认为：员工工资、店面租金、水电费等都是需要考虑的。

但是 S2 的假设遭到其他学生的反对，其中 S4 认为：那些都是不可控的变量，也没必要假设那么多，我们应当从顾客的角度分析一个理论的数学模型，看看怎样的方式能够让顾客享受最大的优惠。

S3 听完 S4 的假设之后，认为很有道理，并补充道：这里假设消费者可以基于优惠券、购物津贴按照符合金额的最优惠方式进行组合使用，仅分析在某一固定商家购物所获优惠，而且基于问题中已知的几种优惠规则，不考虑其他优惠方案和与优惠方案无关的因素，从而分析消费者应该如何制定购物策略，使得优惠程度尽可能大。

在经过集体讨论之后，小组成员最终一致同意按照 S3 和 S4 的想法，形成了统一的假设，并用符号表征了相关变量。具体看来，小组成员提出了三个假设，分别为：

假设 1 消费者能够基于优惠券、购物津贴按照符合金额的最佳优惠方式进行组合使用。

假设 2 忽略消费者在其他商家的购物情况，仅考虑在某一固定商家购物时所获得的优惠。

假设 3　仅仅考虑现实情境中的优惠方案，不考虑与优惠方案无关的因素。

基于上述提出的三个假设，4 位学生对原价、优惠额、优惠率等参数的符号表征基本达成共识，如将原价设为 x（单价：元）；优惠额可以用原价与折扣价的差来表示，记作 a（单位：元）；消费者所享受到的优惠率，即优惠额 a 占原价 x 的百分比，记作 y。至此，他们完成了数学建模过程中相关假设的提出和参数的表示。可以看出，对现实情境的理解、现实问题的表述、相关假设的提出、相关变量的表示等过程是学生数学建模活动中最为关键的环节，小组成员之间的集体论证过程能够推进学生数学建模活动的完成。

接下来，4 位学生通过前期的集体讨论，初步达成了建立数学模型的思路。例如，S4 根据对优惠程度的定义，将优惠率的函数表达式用 $y=\frac{a}{x}$ 表示了出来，并得到其他学生的一致同意。根据现实情境中的优惠方案对"满 199 元减 20 元"和"满 299 减 50 元"的两种优惠方案，建立了不同的函数模型，由 S2 在纸上写出，如下所示：

（1）当购物金额满足 $0<x<199$ 时，根据优惠方案是无法使用优惠券的，优惠率 $y=0$。

（2）当购物金额满足 $199\leqslant x<299$ 时，根据优惠方案可以享受"满 199 减 20 元"的优惠券，优惠率 $y=\frac{20}{x}$。

在集体论证的过程中，以上两种数学模型的建立并未产生太大的分歧，但是在其他三种优惠券的使用方式上产生了较大的分歧。如 S1 认为：当购物金额满足 $299\leqslant x<499$ 时，可以使用满 299 元减 50 元的优惠券，进而列出了优惠率的函数关系为 $y=\frac{50}{x}$。

这一数学模型提出后遭到其他学生的反对，如 S3 就提出不同的观点，认为：优惠额 a 应随着原价 x 的变化而变化。并举例说明：当购物金额满足 299 元时，我们应当综合考虑不同购物金额下的优惠额大小，比如当购物金额超过 420 元但不满 450 元时，其实可以先使用满 199 元减 20 元的优惠券，再使用满 400 元减 50 元的购物津贴，这样如果购物金额是 440 元，就可以优惠 70 元，而 S1 建立的数学模型只能优惠 50 元，显然不是最大优惠，不符合我们前面的假设。

受此启发，S2 进一步说道：S3 说得很有道理，后面的三个优惠方案，我们需要分类讨论，将购物金额划分不同的取值范围，就如同函数的定义域不同，值域也不同一样。

于是，经过一番集体讨论，小组成员似乎关联了函数的概念与性质知识，一致同意将"满 299 元减 50 元"和"满 499 元减 110 元"的优惠券与购物津贴组合使用等优惠方案，按照四种分类方式进行分析，使得获得的优惠最大，进而建立了原价

x 与优惠率 y 之间的函数关系，具体如下：

(3) 当购物金额满足 $299 \leqslant x < 420$ 时，根据优惠方案可以直接使用满 299 元减 50 元的优惠券，优惠率 $y = \frac{50}{x}$。

(4) 当购物金额满足 $420 \leqslant x < 450$ 时，根据优惠方案可以先使用满 199 元减 20 元的优惠券，再使用满 400 元减 50 元的购物津贴，优惠率 $y = \frac{20+50}{x}$。

(5) 当购物金额满足 $450 \leqslant x < 499$ 时，根据优惠方案可以先使用满 299 元减 50 的优惠券，在使用满 400 元减 50 元的购物津贴，优惠率 $y = \frac{50+50}{x}$。

或许由于他们已经成功建立了符合现实情境的不同函数模型，处于一种比较满足的状态，对于满 499 元减 110 元的优惠方案未能像前面一样继续采取分类讨论的思想进行，而是

(6) 根据优惠方案，直接将购物金额满足 $x \geqslant 499$ 的情况认定为使用满 499 元减 110 的优惠券，从而得到优惠率 $y = \frac{110}{x}$ 的数学模型。

其实，应当注意到，当购物金额超过 510 元时，还可以综合考虑与购物津贴一起使用的情况，不过在课例观察中，本着《高中新课标》中讲到的"满意原则"评价导向，笔者未对学生进行过多的干预。

至此，小组成员共同建立了符合"诱人的优惠券"现实情境的六种数学模型，分别为上述(1)～(6)的函数解析式。总的看来，学生数学建模活动中建立数学模型的过程所面临的主要困难是函数定义域的分类讨论，在集体论证后，每位学生会加深对建立数学模型的综合考虑。事实上，建立数学模型的本质和所需较长时间主要与学生的知识储备有关。从现实问题到数学模型的建立，适当地使用先前学过的数学知识显得最为关键，这也是发展学生数学建模素养所需要的知识基础。此外，在建立数学模型的过程中，还需要包括函数表征、变量讨论等能力的共同作用。

三、求解数学问题

根据"诱人的优惠券"现实情境，小组成员共同建立了符合要求的六种数学模型，结合函数的性质和图像知识，借助图形计算器绘制了分段函数模型的图像，学生之间共同完成了数学问题的求解过程。总的看来，在这一过程中，学生并未出现很大的困难。具体的问题求解和解读数学结果过程由 S1 和 S2 两位学生共同记录，如下所示：

当 $0 < x < 199$ 时，优惠率为 $y_1 = 0$。

当 $199 \leqslant x < 299$ 时，优惠率 $y_2 = \frac{20}{x}$ 是关于 x 的严格减函数，当且仅当 $x = 199$

时，顾客能够享受最大优惠，优惠率$y_2=\frac{20}{199}\times100\%\approx10.05\%$。

当$299\leqslant x<420$时，优惠率$y_3=\frac{50}{x}$是关于x的严格减函数，当且仅当$x=299$时，顾客能够享受最大优惠，优惠率$y_3=\frac{50}{299}\times100\%\approx16.72\%$。

当$420\leqslant x<450$时，优惠率$y_4=\frac{70}{x}$是关于x的严格减函数，当且仅当$x=420$时，顾客能够享受最大优惠，优惠率$y_4=\frac{70}{420}\times100\%\approx16.67\%$。

当$450\leqslant x<499$时，优惠率$y_5=\frac{100}{x}$是关于x的严格减函数，当且仅当$x=450$时，顾客能够享受最大优惠，优惠率$y_5=\frac{100}{450}\times100\%\approx22.22\%$。

当$x\geqslant499$时，优惠率$y_6=\frac{110}{x}$是关于x的严格减函数，当且仅当$x=499$时，顾客能够享受最大优惠，优惠率$y_6=\frac{110}{499}\times100\%\approx22.04\%$。

所以笔者所观察的小组根据数学问题的求解得到一个结论：当购物金额在450元时，顾客所获优惠程度最大，高达22.22%。同时，由S4作为代表，在最后的汇报交流中讲到：现实情境给人的感觉是买的越多越划算，通过数学建模，我们发现并非如此，我们小组建立的优惠率y与原价x之间的函数关系在定义域内不具有单调性。其中，优惠金额a在定义域内是增函数，但不是严格增函数，所以不管从优惠额还是优惠率的角度来看，商家宣传的“买的越多越优惠”是有陷阱的。

可以看出，学生从数学的角度发现问题、提出问题、分析问题、解决问题能够很好地发展他们的数学建模素养，不仅夯实了函数的性质与图像的知识基础，还使他们更加理性地看待现实生活中的问题，进一步培养了学生的科学精神和数学应用意识。

在获得数学结果的基础上，小组成员还从顾客的角度提出了怎样购物能够享受最大优惠的策略，并由S3和S4两位学生共同记录，最后在小组展示数学建模成果时向全班进行了分享，其提供的购物策略如下：

当购物金额$0<x<199$时，顾客是不能享受优惠方案的，即优惠程度为0，此时可以考虑“凑单”到199元，享受满199元减20元的优惠，实际所花金额为179元。

当购物金额$199\leqslant x<299$时，优惠率函数模型(2)是一个随购物金额增大而减小的函数，此时买的越多所享受的优惠率就越少。在实际过程中，可以尝试通过“减单”到199元，享受满199元减20元的优惠，实际所花金额为179元；或通过“凑单”到299元，享受满299元减50元的优惠，实际所花金额为249元。

当购物金额$299\leqslant x<420$时，优惠率函数模型(3)是一个严格减函数，此时买的越多越不划算。在实际过程中，可以尝试通过“减单”到299元，享受满299元减

50 元的优惠，实际所花金额为 249 元。

当购物金额 $420\leqslant x<450$ 时，优惠率函数模型(4)是一个严格减函数，此时买的越多越不优惠。在实际过程中，可以考虑选择“减单”到 420 元，同时享受满 199 元减 20 元的优惠和满 299 元减 50 元的优惠，实际所花金额为 350 元。

当购物金额 $450\leqslant x<499$ 时，优惠率函数(5)是一个严格减函数，此时买的越多越不优惠。在实际过程中，可以选择“减单”到 450 元，同时享受满 299 元减 50 元的优惠和满 400 元减 50 元的购物津贴，实际所花金额为 350 元。当小组成员解读这一数学结果时，他们更加直观地感受到，“诱人的优惠券”案例中宣称的“买的越多越优惠”其实是一个“陷阱”。其中，S4 还解释道：同样花了 350 元，但是按照不同的优惠方案，顾客所买的东西不尽相同，在生活中，数学建模原来这么有趣啊！

可以看出，数学建模活动中的集体论证，能够增强学生对数学学习的兴趣和对数学建模的深度理解。同时，也更加直观地反映了《高中新课标》中提到的涵养学生科学精神和理性精神的课程理念。

当购物金额 $x\geqslant 499$ 时，顾客更应该理性购物，可以通过“减单”到 499 元，享受满 499 元减 110 元的优惠，此时实际所花金额为 389 元。

最后，笔者观察到，小组成员好像有了茅塞顿开的感觉，一致认为：以后我们在购物时，要想获得最大优惠，还得用数学建模来思考，结合不同的优惠率函数模型进行适当的凑单、减单或分单。

四、检验、改进数学模型

学生进行到数学建模活动的最后环节时，笔者观察到他们仿佛逐渐认识到，如果顾客的购物金额超过 499 元，其实也有多种情况需要考虑。但是他们并没继续进行集体论证，而是选择对整个数学建模活动过程进行回顾与总结。如 S4 提到：在实际消费过程中，有的消费者可能会结合实际支出费用来考虑是否凑单，而不会计算凑单后的优惠率是否增多，根据我们建立的六种优惠策略函数模型可以发现，商家设计的优惠策略隐藏着一般消费者不能直观体验的“陷阱”，并不是购物金额越大，所享受的优惠率越高，从商家赚钱的角度来看，商家常用的营销策略确实很有技术，但从顾客的角度来看，通过数学建模来理性看待优惠方案意义非凡。

可以看出，在数学建模活动的集体论证过程中，学生提出不同的问题、作出不同的假设，会得到不同的数学模型，其所得数学结果也不尽相同。

五、成果汇报、总结与分享

最后，小组成员共同完成了“诱人的优惠券”数学建模活动的报告，并将他们完成数学建模活动的过程与体会向其他同学进行了汇报和分享。其中，S3 提到：通过今天的数学建模活动,我们发现并不是买的越多越优惠,相反,有时在商家劝导下,好不容易凑单到一定的金额,所享受的优惠程度有可能比凑单前还要低。同时,S4 也表示:通过今天的数学建模活动,我们需要理性地认识日常生活中自己的消费行为,回家后可以向家人分享这一成果,当我们面对相关促销活动时,可以通过相关的数学知识,从数学的角度理性地看待商家给出的优惠方案是否真的合理。

不难看出,在"诱人的优惠券"数学建模活动中,学生不仅进一步夯实了他们对分段函数的性质与图像及其应用的理解,还提升了他们看待事物的理性精神和科学精神。这或许就是发展学生数学建模素养的真谛,既提高了学生运用数学知识解决实际问题的关键能力,又塑造了学生面对未来社会中的不确定性现实情境所需要的必备品格与情感、态度和价值观。

第二节　学生数学建模活动中集体论证的会话互动分析

基于对学生"诱人的优惠券"数学建模活动的观察,根据第三章第四节的研究设计,本节将从会话角度勾画学生数学建模活动中集体论证的互动图景,进而分析学生之间的不同想法是如何推进数学建模活动的。课例观察发现,学生对现实情境的理解、对现实问题的提出,以及对相关变量的假设等环节的讨论相对较为积极,也是数学建模活动开场的过程。再者,考虑到整节课容量太大,本节只对学生在"诱人的优惠券"数学建模活动中涵盖"理解情境""简化或结构化""数学化"的几个子过程进行会话分析。

一、会话类别的编码说明

整体看来,"探索性对话"所包括的 10 个类别在学生"诱人的优惠券"数学建模活动中都有不同程度的体现,系统、全面地展示了学生数学建模活动中集体论证的会话互动图景。为了确保对学生会话编码具有较高的一致性,笔者打印了两份音频转录文字稿,分别对其进行独立编码,两次编码前后间隔一周。经统计,从"理解情境"到"建立数学模型"的这一数学建模子过程,学生在"诱人的优惠券"数学建模活动中共计出现了 118 个会话。其中,有 84 个会话两次编码一致,一致性为 0.712。对于两次编码不一致的 34 个会话,笔者根据"探索性对话"的原则要求,经过前后会话的情境属性进行了多次比较,最终确定了相对应的会话类别。具体的编码类别和代表性示例见表 6.1。

表 6.1 学生在“诱人的优惠券”数学建模活动中集体论证的会话类别编码和代表性示例

会话类别	频数	代表性示例
观念(个人对现实情境的理解和对现实问题的想法)	32	购买金额越大,享受的优惠越大
理解(对他人提出的观点产生疑问或回答他人的提问,对自己或他人的观念、想法做补充说明)	18	确实不能单独看所花的费用,还得考虑优惠了多少
争论(对假设、变量、参数等不认可,以事实证据发表自己支持或不支持的观点)	13	不能直接用消费者所花费的钱用来表示优惠程度,而是看优惠的钱占原价的比例
维持(把控或主持数学建模活动的进程)	2	其他的问题就不考虑了,越考虑越复杂,就按这个假设继续列式子
总结(对他人或自己提过的观念、想法进行回顾与总结)	23	那就这样,我们统一一下,只考虑在商场的某一家购物,不涉及跨店购买
评价(对非集体论证中的观念或想法进行表态)	3	所以商家的优惠方案有陷阱
经验(用自己的经历证实他人或自己提出的想法或假设)	18	我在当当上给我爸买过书,同样的书,不同的组合方式,最终花费都不一样,应当结合一下现实
同意(对观念或想法表示赞同)	3	他说的对,可以用优惠的钱占原价的比例来表示优惠程度
不同意(对观念或想法表示不赞同)	2	我不这么认为,得具体看买什么价位的东西
社会化(与数学建模活动无关的话语)	4	我要有钱,还不如网上买更划算

在本部分的会话类别编码过程中,“探索性对话”所包括的10个类别概括了学生在“理解情境—简化或结构化—数学化”数学建模过程中所涉及的片段性的集体论证过程,不同的会话类别编码互不包含,也就是一个会话对应一个类别。其中,“理解”会话类别的存在确保了“诱人的优惠券”数学建模活动中学生是通过对他人想法的反问,以及对自己想法的补充说明等多种方式提出了所要解决的现实问题,即“是否买的越多越划算”。可以看出,“理解”类别体现了“探索性对话”问题的明确性特点。“争论”会话类别使得小组成员之间对现实问题的假设、变量的识别、参数的表示等核心环节的讨论,出现了“同意”或“不同意”的场面。为此,每个学生都需要以事实证据发表自己支持或不支持的观点,这也体现了“探索性对话”的观点

循证性、批判性看待他人观点的特点。

二、单一会话类别在学生数学建模活动中的表现

通过"探索性对话"的10个会话类别，对学生在"诱人的优惠券"数学建模活动中集体论证过程的前半段所出现的118个会话进行归类、统计，结果如图6.1所示。

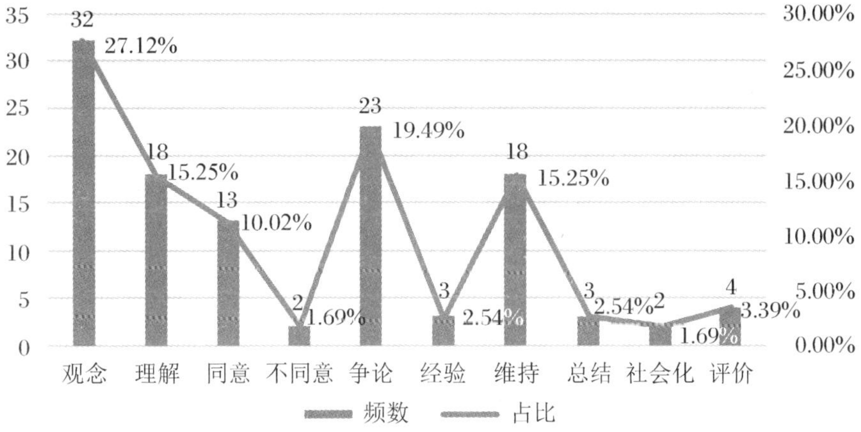

图6.1　不同会话类别在学生集体论证中出现的频数及其占比

由图6.1可知，整体看来，学生在"诱人的优惠券"数学建模活动中集体论证过程的前半段，由高至低的三个会话类别分别是："观念"约占27.12%；"争论"约占19.49%；"理解"和"维持"均占15.25%。由此可见，"观念"类别会话出现次数最多，体现了学生开展数学建模活动出现了很多不同的想法，场面"热闹非凡"。毋庸置疑的是，"理解情境"是数学建模活动的首要环节。

从图6.1中也可以看到，"理解"类别会话的多次出现，主要是对现实情境的全方位理解和现实问题的多角度考虑，这不仅能增强学生开展数学建模活动的情意，还能促使学生辩证地看待他人提出的待解决现实问题。这也进一步说明了"理解情境"是学生顺利开展数学建模活动至关重要的环节。同时，伴随着"争论"会话类别的增多，进一步促使学生通过不同观念的思维碰撞，形成了对"真的是买的越多越优惠吗？"现实问题的明确，以及"优惠程度"相关变量因素的假设。另外，小组成员之间对不同想法的产生和讨论，主要是通过"争论"(19.49%)的方式来发表自己支持或不支持的观点，而不是直接使用"同意"(11.02%)类别的会话来表达自己的看法，采用"不同意"类别会话的学生更少，只占1.69%。"社会化"类别会话的较少出现，一定程度上说明在数学建模活动中的集体论证过程，学生相对比较集中于对现实情境的理解、相关变量的假设以及现实问题的提出等。究其原因，在于这一部分所选取的只是"诱人的优惠券"数学建模活动中的"理解情境""简化或结构化"

和“数学化”子环节。因此，在学生集体论证过程中较少出现“总结”“评价”“经验”等会话类别，也是能够理解的，这些会话类别可能在“解读数学结果”“检验”和“反馈与优化”子过程中具有更加直观的体现，还有待进一步分析与思考。

显然，在“诱人的优惠券”数学建模活动中，学生的集体论证过程是连续的、整体性的，而非间断的、片段化的。如果只从形式上分析学生在“诱人的优惠券”数学建模活动中集体论证过程的会话次数，是难以勾画学生数学建模活动中集体论证的互动图景的。为此，接下来将从互动的角度来分析学生数学建模活动中集体论证的会话特征。

三、两种连续会话类别在学生数学建模活动中的互动表现

前文主要从整体上对单一会话类别在学生“诱人的优惠券”数学建模活动中出现的次数及其占比，进行了纵观定论式的图景描绘。然而，想要清楚地看到集体论证过程中的会话是如何推动学生“诱人的优惠券”数学建模活动完成的，就需要以连续的两个会话为分析单位，揭示学生在集体论证中的会话体现了什么样的互动特征。经统计，两两组合的连续会话类别在“理解情境”“简化或结构化”和“数学化”集体论证过程中的占比见表 6.2。

表 6.2 两两组合的连续会话类别在学生集体论证过程中的占比

类别	观念	理解	同意	不同意	争论	经验	维持	总结	社会化	评价
观念	14%	2%	2%	0	8%	1%	10%	0	0	0
理解	2%	7%	0	0	2%	0	1%	0	0	0
同意	6%	0	1%	0	1%	0	0	0	0	0
不同意	1%	0	0	0	0	0	0	0	0	0
争论	11%	3%	1%	1%	9%	1%	0	1%	0	1%
经验	1%	1%	1%	0	1%	0	0	0	0	0
维持	2%	1%	2%	0	1%	0	1%	0	0	0
总结	1%	1%	0	0	0	0	0	0	0	0
社会化	1%	0	0	0	0	0	0	0	0	0
评价	1%	0	1%	0	0	0	0	0	0	0

由表 6.2 可知，不同的两两组合连续会话类别在学生“诱人的优惠券”数学建模活动中出现的次数差别较大。具体看来，“观念与观念”“理解与理解”“争论与争论”等同一会话类别的占比较高，分别达到 14%、7%、9%，这也说明学生在“诱人的优惠券”数学建模活动中对现实情境的理解与现实问题的提出较为多样化。不同学生之间通过诸多观念的碰撞产生了很多假设，如“不考虑题目中没有的优惠规

则”“只考虑在某一家购买”“只考虑最大优惠”等；同时，也丰富了学生之间对现实情境的理解，进一步明确了如优惠金额、商品原价、优惠率等相关变量的表征。而对于那些“买的越多越划算”的观念或想法的出现，通过学生之间的讨论也得到及时的补充说明与解释，促进了他们形成统一的研究问题——如何通过优惠程度来刻画商品原价与优惠程度之间的关系。同时，“争论与争论”的组合会话类别使得学生在“诱人的优惠券”数学建模活动中产生了很多有待思考的问题，如“不能以所花的钱对应优惠规则来直接衡量优惠程度”与“题目中明摆的就是这么说的”等。不同学生为了证明自己或他人的想法或假设是合理的或不合理的，在集体论证过程中作出了大量的解释与讨论。

另外，表 6.2 中除了显示同一连续会话类别具有较强的互动关系，还显示了不同的两种连续会话类别也具有较强的互动关系，由高至低分别为：“争论与观念”(11%)、“观念与维持”(10%)、“观念与争论”(8%)、“同意与观念”(6%)。进一步分析发现，“争论与观念”出现得最多，一种可能的解释是，不同学生之间的争论进一步丰富了学生对“诱人的优惠券”问题的理解。其实，由“争论”而引发的“观念”正是学生数学建模活动中集体论证的共同目标，即得到能够反映不同优惠程度的数学模型。“观念与维持”的互动较高，反映了不同学生之间都是围绕“诱人的优惠券”这一数学建模活动而展开的，即便那些不同观念的出现也能通过小组间的讨论得到有效的理解，进而确保了“诱人的优惠券”数学建模活动的集体论证进程。“观念与争论”的紧密联系，充分说明了不同学生之间在数学建模活动中的会话互动具有很强的批判性，这也是发展数学建模素养的应有之为，学生通过批判、反思、辩解等方式积极地参与到数学建模活动中。可以看出，对不同想法的“争论”，能够促进学生对“诱人的优惠券”现实情境的理解和现实问题的提出。总之，在“诱人的优惠券”数学建模活动的集体论证过程中，学生不仅有同一类别会话的互动，还有不同类别的两两组合会话类别的互动。其中，与“探索性对话”高度契合的“理解”“争论”等会话类别，能够推进学生数学建模活动的集体论证过程。

四、两种连续会话类别的滞后会话在学生数学建模活动中的表现

上述主要从单一类别会话和两个连续类别会话的角度，对学生数学建模活动中集体论证的会话图景进行了描绘。在研究过程中，一个有趣的现象是，两个连续会话类别的滞后会话都指向了不同学生对“诱人的优惠券”数学建模活动中各种“观念”的产生。为此，考虑到会话的连续性和整体性特征，在两种连续会话类别表现出的互动关系基础上，进一步统计了前面出现频率较高的 7 种会话互动类别的滞后会话情况，结果见表 6.3。

表 6.3 较高频率的两种连续会话类别的滞后会话情况

类　别	观念	理解	同意	不同意	争论	经验	维持	总结	社会化	评价
观念与观念	11%	2%	4%	0	7%	1%	0	0	0	0
理解与理解	4%	9%	0	0	0	0	0	0	0	0
争论与争论	8%	2%	4%	0	4%	0	0	0	0	0
观念与维持	6%	4%	4%	0	4%	0	0	0	0	0
争论与观念	5%	0	0	1%	6%	0	0	0	0	0
观念与争论	8%	2%	0	0	1%	0	1%	0	0	0
同意与观念	2%	0	2%	0	0	0	0	0	0	0

由表 6.3 可知，上述 7 种连续会话类别的滞后会话都会不同程度地指向某一“观念”的产生。其中，不同观念之间会产生新的观念或由此带来新的争论也是相对较多的，分别占比 11%和 7%，这也证实了在“诱人的优惠券”数学建模活动中学生的集体论证过程是相当丰富和积极的，足以表明学生在教师的指导下自主开展数学建模活动，能够很好地实现其批判性思维和问题提出能力的发展。除此之外，从“争论—观念—争论”(6%)和“理解—理解—理解”(9%)的连续会话互动情况来看，也进一步说明学生在数学建模活动中对现实情境的理解和现实问题的提出是相当重要的，为顺利地将现实问题转化为数学问题进而建立数学模型求得数学结果，提供了诸多想法和假设。然而，从其他滞后会话的频率来看，在“同意”“不同意”“经验”“维持”等会话类别上较少出现，说明学生对开展数学建模活动的经验还不够扎实，很难通过明确的“同意”或“不同意”进行不同想法的表态。由此可见，进一步为学生提供更多的数学建模活动势在必行。

总的来说，在“诱人的优惠券”数学建模活动的集体论证过程中，学生呈现出较高的会话互动特征，能够通过“探索性对话”的方式推进对现实情境的理解和现实问题的提出，不同类别的会话互动能够促进学生数学建模活动的完成。

第三节　学生数学建模活动中的行为变化分析

有研究①指出：学生的数学建模能力不受其数学学业成绩的影响。也就是说，数学学业成绩不理想的学生同样拥有较高水平的数学建模能力。但也有研究②通

① 纪雪颖．高中学生数学建模能力与数学学业成绩关系的调查与分析[J]．上海教育科研，2009(7)：57-58，70.

② 孙翔宇．上海市高中生数学建模能力的调查与分析[J]．教育测量与评价，2016(6)：44-49.

过调查提出相反的观点，认为学生数学学业成绩优秀的学生，其数学建模能力也相对较强。可以看出，对学生数学建模能力的评价因研究对象和研究工具的不同，尽然得出相悖的研究结果。但是有一点值得省思，指向数学建模素养的课程改革，应当更多地从过程性取向关注学生数学建模活动中的行为变化，尤其是那些对学生产生较大影响的情感变化。这一点深受陈佑清和崔允漷等人观点的启发，陈佑清[①]认为：人的素养是在人的活动中形成、发展和显现的，也就是说，人的素养与人的活动具有内在关联性，在与活动的关联中理解素养问题成为一种把握学生素养问题的新的方法论。崔允漷撰文[②]指出：素养可能是不可测的，可测的只是具体的学习结果或学业质量，素养只能是学业质量测评后的推论，是一种理论构念，而不是具体实在。为此，本节将聚焦于三种典型类型的学生，观察、分析他们在数学建模活动中的行为变化，旨在打开学生数学学业成就与数学建模素养关系之间的"黑箱"。

一、"令人惊喜者"的表现

在"诱人的优惠券"数学建模活动中，其实不常观察到以 MH 为代表的这群学生，他们数学成绩一般、平时在课堂上很少发言，但在数学建模活动中却表现得异常优秀。MH 不仅能大胆地进行现实问题的假设，如"消费者能够基于已有的优惠券、购物津贴按照符合金额的最大优惠方式进行组合使用"，还能积极地通过网络画板绘制分段函数的图像来解读数学结果。在研究过程中，通常将如同 MH 一样的学生，称作"令人惊喜者"。相较而言，这类学生并不多见，如 Z 老师课下访谈中说道：

MH 在之前的"红绿灯管理"数学建模课时，表现很积极，今天也一样，我发现她很喜欢数学建模活动，这次我还发现她比较擅长对现实情境的分析，还和其他同学分析了她生活中的真实经历……但是，这样的学生并不常见，每节课能冒出两三个实属难得啊！

通过进一步对 MH 的开放性访谈得知，像她这样属于"令人惊喜者"的学生，在数学建模活动中能够得到多方面的发展，这些发展概括起来主要有以下三个方面：

一是对数学有更浓的兴趣。例如 MH 提到：

之前上课，Z 老师都是从头讲到尾，时不时还要回答问题，甚至还要上黑板做题，我很害怕，像今天的数学建模课，老师讲得少，主要还是我们同学之间一起探讨，而且这些问题都是我们生活中经常遇到的问题，每个人都有发言的机会，只要

---

① 陈佑清.在与活动的关联中理解素养问题：一种把握学生素养问题的方法论[J].教育研究，2019，40(6)：60-69.

② 崔允漷.素养：一个让人欢喜让人忧的概念[J].华东师范大学学报：教育科学版，2016(1)：3-5.

符合常理就可以了。我之前以为学数学就是大量地做题,通过这两次开展的数学建模活动,我发现学数学也挺好玩的,要是数学知识都能通过数学建模活动来讲,那就有趣了……(个人访谈)

二是对数学建模有更深的认识。例如 MH 在访谈中提到:

刚开始听老师讲数学建模过程时,听名字我以为很难,毕竟要建个模型出来啊!后来,我们在一起开展过两次数学建模活动,发现数学建模问题也可以很简单,多做点假设,提出的问题不用太高深,以已有的数学知识建立数学模型,只要差不多就可以。当然,有的同学也能提出比较难的现实问题,他们的报告内容也很长。反正就是,数学建模和考试题不一样,它没有固定答案,每个人都能建立一个可行的数学模型……(个人访谈)

三是增强学习数学的自信心和理性精神,提高数学表达能力。例如:

我原来上数学课,是很少发言的,但是在数学建模活动中,我可以结合老师呈现的现实情境发表自己的看法,就像今天"诱人的优惠券",我就觉得不能单纯地拿购物金额来衡量优惠程度,而是应当按照实际付的钱占商品的原价的比例来衡量,而且我的想法得到了其他同学的认可。后来还派我上台汇报,得到了大家的认可,我就觉得很开心。通过"诱人的优惠券"数学建模活动,也让我更加理性地看待了商场促销活动的真实面貌,确实挺"诱人的"……(个人访谈)

由此可见,出现像 MH 这样的"令人惊喜者",在数学建模活动中是很难得的。数学建模活动为践行《高中新课标》提出的"不同的人在数学上得到不同的发展"课程理念提供了很好的学习机会。其实,只要改变传统的数学教学方式,尤其是指向数学建模素养发展的教学变革,可能就会对像 MH 这类"令人惊喜者"的学生产生莫大的影响,不仅能够加深他们对数学和数学建模的深度理解,还能够增强他们学习数学的兴趣和提升数学表达能力。

二、"保持者"的表现

与"令人惊喜者"不同的是,数学建模活动通常出现很多"保持者"类型的学生。所谓"保持者",是指不管是在日常数学课堂上,还是在数学建模活动中,原先表现积极的学生在数学建模活动中的表现也较为积极,原先表现不怎么积极的学生在数学建模活动中仍然不够积极。这里将其称作"保持者",也就是在数学建模活动中的表现与平时的课堂表现不无二样。笔者所观察到的 LSH 便是"保持者"类型的一个代表。LSH 是一名数学成绩较好的学生,平时在课堂上也能够积极踊跃地发言,在数学建模活动中表现也较为突出。其实,班里有很多与 LSH 类似的学生,正如 Z 老师所说:

数学建模活动是综合应用数学知识解决实际问题的活动。首先,学生要有扎实的数学知识,例如,那些平时数学成绩优异的学生,他们在数学建模活动中所考虑的问题相对比较全面，像今天有一组就分类讨论了不同情况下如何使用购物津贴和优惠方案，所撰写的研究报告也很丰富，而那些平时数学成绩一般的学生建立的数学模型就简单得多，就像今天有一组只讨论了满 299 元的优惠情况……（个人访谈）

由 Z 老师的开放式访谈便可得知，“保持者”在不同数学学业成绩的学生群体中都有出现。通过对 Z 老师和 LSH 的进一步访谈，以及辅以学生数学建模活动中行为表现的观察，发现这些“保持者”表现出共同的特征。对于像 LSH 这类数学成绩优异的学生而言，他们认为：

数学建模活动涉及的数学知识其实并不难，就是对学过的数学知识的实际应用，但是通常较难的是对现实情境的理解，这些情境大多数都是通过文字叙述的，已知条件很不充分，没有明确的问题，需要我们自行假设变量、提出问题，同时还要考虑现实问题的多种因素。（个人访谈）

而 Z 老师则认为：

对于那些数学成绩一般的学生而言，数学建模活动对他们还是有点难度的，有的学生根本不知道应用什么数学知识来建立数学模型，还有的学生在现实情境的理解上就被绊住了脚。我在思考，接下来的数学建模活动是不是可以换个思路，按照成绩均匀分组，看会不会好点……（个人访谈）

由此可见，像 LSH 这样的“保持者”，在以后的数学建模活动中，应当鼓励他们设计一些多样化的方案，进而比较不同数学建模方案的区别与联系，目的在于培养他们的创新意识和批判性的反思能力；而像那些数学成绩一般的学生，应当有所侧重地提供一些力所能及的现实问题，也可以与教师共同商讨提出一些现实问题，进而加强他们对数学建模的认识与理解，逐渐培养他们的实践能力，以及发现问题、提出问题、分析问题、解决问题的能力。

三、“令人失望者”的表现

相比于前面“令人惊喜者”和“保持者”的行为变化，出乎意料的是，数学建模活动中还出现了一种新的学生类型，那就是像 HYY 这样的学生。这类学生通常是数学成绩较为优秀，其他各科成绩也比较优秀，但是在数学建模活动中，却不怎么合群，也不怎么发表观点，很难融入小组成员的集体论证中。相比“令人惊喜者”，这样的学生在班级中还相对较多，他们擅长于解题、考试，将其视作“令人失望者”。

对于 HYY 同学在数学建模活动中的表现，Z 老师在访谈中提到：

她平时就不怎么爱跟同学交流，性格比较孤僻，数学基础知识很扎实，平时考试都能考出很不错的成绩，唯独就是不善于表达、交流……（个人访谈）

出于性格的考虑，笔者未能对 HYY 同学进行访谈。在与 Z 老师的进一步访谈中，笔者得知，班级里像 HYY 这类同学的表现并非个案。后来，Z 老师提到了他们在数学建模活动中表现令人失望的可能原因，概括起来主要有以下三点：

一是小组成员的组队问题。Z老师指出：

随机分组时，我观察到有的学生分到了与自己关系一般的同学的组里，就不怎么参与到数学建模活动的集体讨论中。上次让他们自行组队，像HYY这样的同学，就独立成了一组，也很尴尬，不过后来，她自己也完成了数学建模活动的方案设计……（个人访谈）

二是对现实情境的理解和简化或结构化现实问题存在困难。Z老师指出：

学生都习惯那些具有确定性、唯一性答案的问题，像今天的"诱人的优惠券"数学建模活动，虽然来源于学生的现实生活，但是对现实情境的理解需要考虑很多因素，如购物金额、优惠率，同时还要对现实情境进行必要的简化、假设，让现实情境能够用现实问题来表述，最后要识别和表征参数，将现实问题转化成数学问题。好多学生根本不知道怎么办。作为老师，我也只能在步骤上引导他们开展数学建模活动，但是具体的数学建模实践、想法都得他们自己想出来才行……（个人访谈）

三是对数学模型的检验。Z老师指出：

相对于数学问题的求解，学生在这方面没有出现什么明显的问题，就是当他们建立好一个数学模型时，不愿意回过头来检验数学模型，以为所建立的数学模型就是比较理想的"答案"了，像今天的"诱人的优惠券"，需要结合分段函数的定义域分类讨论不同情况下的优惠情况，好多学生在取值范围上出了问题，尤其是对超过499元的分类讨论几乎没有人涉及。（个人访谈）

由此可见，像HYY这样的"令人失望者"，在以后的数学建模活动中应当加以引导，想尽办法让他们参与其中。毕竟教育面对的是学生的未来，每个人都将融入社会，说不定他们真正的参与不仅会改变自己的性格，还能够带领小组成员更出色地完成数学建模成果。相比其他数学内容的教学，数学建模活动的开展确实难以把握，但是数学建模活动的开展也是有规律可循的，如在《数学建模教学与评估指南》一书的第一章和第三章中，特别强调了高中数学建模教学的指导原则，具体有：从小问题入手；用引导性问题和课堂讨论支持初步经验的形成；使用日常经验来激发数学方法的使用；使用小型的数学建模情境，使得只需一两个要素就能组成一个完整的数学建模周期；与家长和管理者分享目标和实践体会。①

总之，从过程性取向将学生数学建模活动中的行为表现置身于微观变化中，会发现学生的数学学业成就与数学建模使用表现并非是线性相关的，对于数学建模活动的有效性开展和学生数学建模素养的培养，还有待进一步开展追踪分析。个案只能说明有此现象，而且是一种可能存在的现象。

① 张思明，胡凤娟，王尚志．数学建模从走近到走进数学课堂：推介《数学建模教学与评估指南》[J]．数学教育学报，2017，26(6)：10-13，46.

本 章 小 结

本章是对数学建模素养在获得课程中的转化研究的结果分析，同样类似于数学建模过程中的“问题求解”和“解读数学结果”环节，通过对学生数学建模活动中集体论证过程的深描，学生数学建模活动中集体论证的会话互动图景的勾画，以及学生数学建模活动中的典型行为变化的观察，得到“绪论”中提出的问题 4 的研究结果。具体如下：

在对学生数学建模活动的集体论证过程的深描中，发现以集体论证的方式能够促进学生在数学建模活动中产生多种想法，特别是对数学建模过程中的情境理解、问题表述、变量假设、模型建立等环节，具有积极的促进作用。数学建模活动的集体论证方式，不仅能够夯实学生对分段函数的性质和图像知识的理解与应用，还能够涵养学生的理性精神、科学精神和团结协作等必备品格。

在对学生数学建模活动的集体论证的会话分析中，发现“观念”“理解”“争论”等单一会话类别，以及“观念与维持”“争论与观念”“观念与争论”“同意与观念”等多种连续会话类别，在学生数学建模活动中出现的频率较多。这些不同类别的链式会话具有频繁的互动特征，正是这些不同会话类别之间的良性互动，推动了学生数学建模活动的进程，也进一步说明了学生之间的会话互动对小组成员顺利完成数学建模活动，以及取得较好的数学建模成果具有重要的促进作用。

在对学生数学建模活动的典型行为变化分析中，发现了“令人惊喜者”“保持者”“令人失望者”三种类型的学生在数学建模活动中的不同行为变化，不同学生在数学建模活动中能够得到不同的发展。“令人惊喜者”在“诱人的优惠券”数学建模活动中能够更好地增强学习数学的自信，涵养理性精神，提高发现问题、提出问题和数学表达的能力，而“令人失望者”的出现主要是因为习惯于解决封闭性、确定性的数学问题，在数学建模活动中缺乏对现实情境的理解、现实问题的表述以及数学模型的检验等子能力。个案研究说明了学生取得的数学建模成果与数学学业成就没有直接关系。

第七章　研究结论与展望

数学建模本身即是一种生活技能。

——美国数学家　索尔-加芬克尔

第一节　研 究 结 论

基于对数学建模素养在预期课程、实施课程和获得课程中的转化研究结果的分析，对照“绪论”中提出的四个研究问题，相应地可以得出如下四个研究结论。

一、课程文件中的数学建模素养内涵是一个渐进演变的过程

从历时性角度来看，我国当代高中数学课程文件都不同程度地对数学建模有所关注。作为课程目标的数学建模素养，其内涵是一个渐进演变的过程。

考察数学建模素养在不同课程层级中的转化之前，作为一个前提性研究，本书首先探讨了数学建模素养内涵的社会生成问题。通过对新中国成立以来教育主管部门颁布、实施的12份高中数学课程文件中有关数学建模课程话语的内容分析，发现不同历史时期数学建模素养内涵以不同的课程话语形式发生了三次渐进演变。从起初现实性数学建模思想的渗透，到新时期情境性数学应用意识和实际问题解决能力的发轫，再到当下教育性数学建模素养概念的明确提出和数学建模教育的全面推进，数学建模素养内涵日臻完善与丰富。

数学建模素养内涵的渐进演变主要受到社会发展需求、学科本质要求和育人目标转变等多重要素的叠加影响，并作用于课程目标、课程内容、课程实施和课程评价等四个方面的变化。在课程目标上，从原先注重应用数学知识解决实际问题，到后来出现数学应用意识、创新意识、分析问题和解决问题能力、数学建模素养等概念；在课程内容上，从原先强调代数、几何、三角知识的实际应用，到后来关注实习作业、研究性课题的设置，再到如今的数学建模活动的提供；在课程实施上，从开始强调数学教学适当联系实际，到如今在教学、教材编写、考试命题等方面作出指

向数学建模素养的课程设计与教学变革的明确要求；在课程评价上，从无意识状态到后来课外实践活动、创新意识、实践能力的多样化评估，再到如今书面测验、课堂观察、档案袋等多种评价方式。由此可见，课程文件中的数学建模素养内涵是一个渐进演变的过程。这一渐进演变过程不仅符合数学课程“知识—能力—素养”的价值取向转变过程，还反映出社会发展与中学数学课程内容和人才培养目标之间的互动影响，总体上呈现出一种渐进的、连续的、发展的演变逻辑。

二、教科书以显隐互鉴的方式实现数学建模素养的多样化转化

当下，根据《高中新课标》对数学建模的新定位和新要求，通过对北师大版、苏教版和沪教版三个新版教科书必修内容的文本分析，发现三个新版教科书都以显性为主的方式呈现数学建模主题内容，以隐性为辅的方式在其他主题中设计数学建模问题，显隐互鉴实现教育性数学建模素养的教科书转化，不同版本的教科书转化数学建模素养的方式各有所长。

显性呈现方面，三个新版教科书中数学建模主题内容的分布都体现了“既与其他主题相结合，又专门独立编排”的共同特征。在独立编排数学建模主题内容方面，三个新版教科书都是通过大量的数学建模活动来实现数学建模素养的教材转化。在与其他主题相结合编排数学建模主题内容方面，都采取的是在不同章节中设置利用数学模型解决实际问题的内容，只不过不同版本的教科书各有侧重。其中，北师大版教科书更大范围地体现了这种融合理念，几乎于每一章节的最后均编排了利用数学模型解决实际问题的内容；而苏教版与沪教版教科书在其他章节中更多地体现了数学知识的应用性特征，较小范围地编排了运用数学模型解决实际问题的内容。

隐性融入方面，三个新版教科书在“函数”主题的六个章节中都设计了一定数量的数学建模问题，但是与数学任务的数量相比，数学建模问题的数量及其占比相当少，主要来源于“函数应用”章节。基于微观发生学方法论，对三个新版教科书“函数”主题中的数学建模问题设计进行了实然考察，得出三个新版教科书“函数”主题中的数学建模问题设计表现出较为相似的特征。在变化路径上，更多地体现了“理解情境—数学化—问题求解—解读数学结果”的链式过程，缺乏对“简化或结构化”“检验”和“反馈与优化”子过程的设计，而且从必修内容到选择性必修内容，表现出越来越重视“问题求解”和“解读数学结果”子过程的考察。在变化速率上，主要集中于“记忆与再现”和“联系与变式”水平，教科书提供的绝大多数数学建模问题是直接套用标准的数学模型，或对标准数学模型的简单变式。随着必修内容到选择性必修内容的扩展，并没有相应地增加“联系与变式”水平，或减少“记忆与再现”水平的数学建模问题，甚至没有设计体现“反思与拓展”水平的数学建模问

题。在变化广度上，三个新版教科书主要体现了与单一学科（科学）的跨学科融合，随着必修内容到选择性必修内容的扩展，数学建模问题的跨学科融合范围逐渐多样化、丰富化。

在对北师大版、苏教版和沪教版三个新版教科书中的数学建模主题内容编排进行多角度文本分析时，发现不同版本的教科书对数学建模素养的转化方式不尽相同，各有所长。从横向比较看来，北师大版教科书主要以“融入式”编排数学建模主题内容，通过认识数学建模、学习数学建模和实践数学建模的学习过程，来实现数学建模素养在教科书中的渐进性转化，体现了层级性、参与性和分享性的编排特点；独具特色之处在于提供了大量的“写作类”“项目类”数学建模活动。苏教版教科书主要以“专题式”编排数学建模主题内容，通过“应用与建模”栏目和数学建模案例实现数学建模素养的多路径转化，体现了理论性、实践性和工具性的编排特点；独具特色之处在于提供了大量的“实验类”数学建模活动。沪教版教科书主要以“独立式”编排数学建模主题内容，通过物化形式独立设置两册内容，以实现数学建模素养的特色化转化，体现了系统性、选择性和指导性的编排特点；独具特色之处在于数学建模活动的情境真实性较高而且蕴含着较为明显的情感因素。

三、教师在数学建模素养的教学转化中存在能动性缺失问题

从“意识—行为”双重视角对数学建模素养在实施课程中的转化研究中看出，教师具有较高的指向数学建模素养的教学转化意识，但是在对《高中新课标》中数学建模内容的行为准备，以及新版教科书中数学建模内容的使用实践上表现出能动性缺失的特征。

在教师对数学建模的认识与态度调查研究上，发现教师具有较高的认识论基础，得分由高至低依次是“真实性与相关性”“建构性”“动机与兴趣”“理解性”。同时发现，教师通常持有多个交织于一起的数学建模观，教师对数学建模的认识与态度具有综合化的趋势。不同变量的教师对数学建模的认识与态度具有不同程度的差异。在性别上，女教师比男教师更为重视数学建模的真实性与相关性；在教龄上，11～15 年教龄的教师在四个维度上均有较好的表现；在学历上，研究生学历的教师对数学建模的建构性和理解性有更好的认识与态度；在培训频率上，除动机与兴趣维度以外，针对性的培训能够促进教师对数学建模的建构性、理解性和真实性与相关性的认识。

在教师对《高中新课标》中数学建模内容的准备度调查研究上，发现教师的认知准备好于情意准备，行为准备相对一般，而且认知准备中的评价观表现最弱。相比教师对数学建模的认识与态度调查结果，教师对《高中新课标》中数学建模内容的准备度略显不足。从意识到行为的衰弱，说明了数学建模素养的课程转化确实存在落差。课程的层级属性抑或是课程转化过程，反映了课程落差的存在价值。

所谓“课程落差”，是指课程理想与课程现实之间的差距。从学校教育的场域来看，教师对正式课程的理解和诠释存在取向和方式的多样性，因此教师对课程“实际上是什么”或“应该是什么”的领会，与正式课程之间存在一定的距离，从而减弱了正式课程的某些预期目标。实践和研究也表明，教师领会的课程与他们实际实施的课程之间也存有一定的差距。不同变量的教师对《高中新课标》中数学建模内容的准备度也具有不同程度的差异。在性别上，女教师比男教师具有较高的情意准备；在教龄上，5年及以下和6～10年教龄的教师具有较高的认知准备，而16～20年教龄的教师具有较高的情意准备和行为准备；在培训频率上，教师经常参加培训对《高中新课标》中数学建模内容的认知准备、情意准备和行为准备具有较高的促进作用。

在教师使用新版教科书中数学建模内容的叙事研究上，发现教师对教科书提供的数学建模内容虽然有明确的认知也较为满意，但是在使用频率上更多地表现出偶尔的直接沿用取向，主要将数学建模内容视作课程内容来教学。教师对教科书中数学建模内容的使用实践处于自发性的状态，未能真正做到基于课程标准进行数学建模活动的教学。同时，发现教师使用教科书中的数学建模内容，常常会遇到包括内生型问题和外在型问题交织于一起的实践困境。其中，内生型问题主要表现为数学建模教学经验不足和数学建模教学能力薄弱；外在型问题主要表现为在解读教科书中的数学建模内容时缺乏相应的方法。最后，聚焦“忠实”“调试”两种类型的教师，发现教师对教科书中数学建模内容的使用实践存在能动性缺失问题，主要受到教师变革行为滞后性和我国“唯分是举”考试文化的影响。

四、以集体论证的会话互动方式能够促进学生数学建模素养的生成

在对学生数学建模活动的集体论证过程的深描中，发现以集体论证的方式能够促进学生在数学建模活动中产生多种想法，特别是对数学建模过程中的情境理解、问题表述、变量假设、模型建立等环节具有积极的促进作用。数学建模活动的集体论证方式，不仅能够夯实学生对分段函数的性质和图像知识的理解与应用，还能够培养学生理性精神、科学精神和团结协作等必备品格。

另外，在对学生数学建模活动的集体论证的会话分析中，发现“观念”“理解”“争论”等单一会话类别，以及“观念与维持”“争论与观念”“观念与争论”“同意与观念”等多种连续会话类别，在学生数学建模活动中出现的频率较多，这些不同类别的链式会话具有频繁的互动特征。正是这些不同会话类别之间的良性互动，推动了学生数学建模活动的进程，也进一步说明了学生之间的会话互动方式对小组顺利完成数学建模活动，以及取得较好的数学建模成果具有重要的促进作用。

同时，在对学生数学建模活动的典型行为变化分析中，发现“令人惊喜者”“保

持者""令人失望者"三种类型的学生在数学建模活动中具有不同的行为变化。其中,"令人惊喜者"通过数学建模活动的开展。不仅能够让他们对学习数学产生浓厚的兴趣,对数学建模有更深的理解,还能够增强他们学习数学的自信心和理性精神。相反,"令人失望者"的行为表现主要受到组队的困扰、难以理解现实情境和简化或结构化现实问题,以及缺乏对数学模型检验的意识等因素的影响。从过程取向对数学建模素养的教学转化研究,践行了《高中新课标》中"不同学生在数学建模活动中能够得到不同的发展"的课程理念,同时也进一步说明了学生能否取得数学建模成果与数学学业成就没有直接关系。

第二节 研究反思

研究反思将从本研究与以往相关研究的联系、本研究的创新性和局限性分析等角度展开。

一、本研究与以往相关研究的联系

围绕"数学建模素养是如何课程转化的"这一研究问题域展开了三项具体的研究,旨在从课程转化的角度考察数学建模素养在课程中的落实情况。任何研究都是一项基于既有研究又不同于既有研究的探索性活动。本研究也不例外。

下面将从三个方面具体讨论本研究与已有相关研究的联系。

(一) 数学建模素养在预期课程中的转化研究与已有相关研究的联系

作为预期课程的物化载体,课程文件与教科书成为本研究的研究对象,聚焦于课程文件和教科书展开了数学建模素养在预期课程中的转化研究。具体看来:

一是数学建模素养内涵的社会生成研究与已有相关研究的联系。对数学建模素养内涵社会生成问题的探讨,并非一项原创性的研究。如有研究①从数学认识论的角度,认为数学结构、数学素养和认知结构是数学建模素养的出场语境。还有研究②基于我国 1902—2018 年小学、初中、高中数学课程文件中数学建模内涵的梳理,发现了我国于 1996 年颁布的高中课程文件才首次出现"数学模型"一词,对数学建模过程的描述从不完备的四阶段循环逐步演变为七阶段循环。可以看到,前者是通过理论逻辑对数学建模素养提出的语境进行论析,后者是通过实证逻辑对

---

① 姬梁飞. 数学建模素养:应力场域、构成要素与生成路径[J]. 教师教育学报,2021,8(6):98-106.

② 黄健,鲁小莉,王鸯雨,等. 20 世纪以来中国数学课程标准中数学建模内涵的发展[J]. 数学教育学报,2019(3):18-23,41.

数学建模内涵进行历史考察。其实,不管是理论逻辑还是实证逻辑,都难以体察从“应用数学知识解决实际问题”到“数学建模素养”的社会生成过程,因为“应用数学知识解决实际问题”抑或“数学的应用性”都是我国数学教育史上不同历史阶段的根本事实。为此,基于已有研究但又不同的是,本研究采用渐进决策理论,以新中国成立以来,我国正式颁发、实施的12份课程文件为考察对象,将数学建模素养内涵的渐进演变过程划分为三个历史阶段,并从社会发展、学科本质和育人目标的角度,解释了数学建模素养内涵由现实性数学建模思想到情境性数学建模能力,再到教育性数学建模素养的演变逻辑特征和动因,进而概括了数学建模素养内涵的渐进演变理路。

二是数学建模素养在教科书中的转化研究与已有相关研究的联系。对数学建模素养在教科书中的转化进行研究,也并非创新性的研究。如有研究[①]对人教A版高中数学新教科书中的数学建模进行了内容分析,还有研究[②]对不同版本的教科书中数学建模问题的情境进行了比较分析,等等。但一个不争的事实是,教科书是通过显性直观的数学建模主题内容和隐性融合的数学建模问题两种方式转化数学建模素养的。为此,本研究综合了已有研究,结合《高中新课标》对数学建模素养的新要求,并借鉴喻平对教科书中的知识分类理论,分别从外显视角考察了北师大版、苏教版和沪教版三个新版教科书中数学建模主题内容的编排特点,尤其关注了教科书中数学建模主题内容的转化方式和数学建模活动的情感体现,这在一定程度上算是一种补充或推进;以及从内隐视角考察了三个新版教科书中数学建模问题的设计特点,其中所运用的微观发生学方法论是一次新的尝试,对数学建模素养在教科书中的进一步转化起到了一定的启发意义。

(二) 数学建模素养在实施课程中的转化研究与已有相关研究的联系

作为桥梁作用的实施课程,教师成为本研究所关注的研究对象,聚焦于教师的意识和行为展开了数学建模素养在实施课程中的转化研究。具体看来:

一是作为一个前提,调查了教师对数学建模的认识与态度。其实,早在10余年前,就有研究[③]指出了数学建模课程实施中的教师问题,主要存在知识和情感态度价值观两大方面的问题。应注意到,这一研究主要通过理论思辨的方式归纳了数学建模课程实施中教师存在的问题。十几年过去了,尤其是站在《高中新课标》颁布实施的今天,在数学建模素养的课程转化中,起到关键作用的教师对数学建模的认识与态度问题仍然未得到系统性的关注。为此,本研究基于国外学者开发的

① 张维忠,徐佩雯.高中数学新教材中的数学建模[J].浙江师范大学学报(自然科学版),2020,43(3):349-354.

② 李保臻,陈国益.高中数学教科书中数学建模问题情境的比较研究[J].数学教育学报,2022(3):6-14.

③ 刘卫锋,何霞,王尚志.高中数学建模中教师问题初探[J].数学通报,2007,46(10):13-16.

教师对数学建模的态度量表①，从建构性、理解性、真实性与相关性、动机与兴趣四个维度，调查了我国高中数学教师对数学建模的认识与态度的现状。

二是从教师对《高中新课标》中数学建模内容的准备度和教师对新版教科书中数学建模内容的使用实践两个方面，探讨了数学建模素养在实施课程中的转化。指向数学建模素养的课程实施必然牵涉教师是否有所准备，以及教师对新版教科书中数学建模内容的理解与使用问题。这一方面，目前看来虽然没有研究直接探讨教师对《高中新课标》中数学建模内容的准备度问题，以及教师对教科书中数学建模内容的理解与使用问题，但是有一些相关研究对本研究的开展来说具有很好的参照价值。如有研究②对《高中新课标》的实施情况进行了大范围调查，发现教师不够重视数学建模活动的开展，还有研究③认为应当充分认识课程设计的理论逻辑与课程实施的实践逻辑及其二者之间的关系，并从实践逻辑的角度解决课程实施中遇到的诸多问题，进而加强课程实施的理论与实践的双向建构，减少不同课程层级的落差。再者，根据《高中新课标》对数学建模素养的新定位和新要求，基于上述观点启发，本研究尝试性地从准备度的角度调查了教师对《高中新课标》中数学建模内容的认知准备、情意准备和行为准备情况，以及从社会文化的角度解释了教师对新版教科书中数学建模内容的使用动机、使用策略、遇到的问题及其解决策略等能动性问题。虽然做得不够深入，但在一定程度上有助于进一步思考数学建模素养的教学转化问题。

（三）数学建模素养在获得课程中的转化研究与已有相关研究的联系

作为课程目标显现的获得课程，学生成为本研究的最终研究对象，聚焦于学生展开了数学建模素养在获得课程中的转化研究。具体地，主要从形成性评价取向，分析了学生数学建模活动中的集体论证过程、会话互动特点和典型行为变化。纵观看来，我国对学生数学建模素养的研究主要聚焦于结果性评价取向，如有研究④基于创新性人才培养目标，构建了高中生数学建模能力的评价指标体系；还有研究⑤虽然认识到数学建模素养评价的过程性价值，但尚处于理论探讨层面。不同于从结果性取向对学生数学建模素养的调查研究，本研究聚焦于个案，从过程性的角度考察了学生在数学建模活动的集体论证中的会话互动和行为变化问题，尤其关注了“令人失望者”“保持者”和“令人惊喜者”三种类型的学生在数学建模活动中

① Asempapa R S, Brooks G P. Factor analysis and psychometric evaluation of the mathematical modeling attitude scale for teachers of mathematics[J]. Journal of Mathematics Teacher Education, 2020: 1-31.

② 胡凤娟，吕世虎，王尚志. 高中数学课程实施中面临的关键问题研究：基于全国 3964 位教师的调查[J]. 当代教育与文化，2018，10(5)：35-41.

③ 王鉴，刘莹. 再论课程实施的实践逻辑[J]. 教育研究，2022，43(10)：106-117.

④ 苏圣奎，陈清华. 发挥评价导向功能，促进创新人才培养：以高中生数学建模素养评价指标体系构建为例[J]. 中国教育学刊，2022(3)：59-63.

⑤ 鲁小莉，程靖，徐斌艳，等. 学生数学建模素养的评价工具研究[J]. 课程・教材・教法，2019(2)：100-106.

的行为变化。这一研究只是一个个案,“个案只是一个窗口而已”①,不具有代表性,但起码说明了从过程性取向分析学生数学建模活动中的素养表现是可行的,也是有意义的。

二、本研究的创新性和局限性分析

到这里,意味着真正的研究已告一段落,接下来将进入一个新的阶段。如同数学建模过程的反馈与优化阶段,这一阶段更多地需要对过去开展的数学建模素养的课程转化研究进行回顾与总结,以反思本研究在研究结果上有何新的发现,以及在研究过程中还存在哪些不足之处。核心素养的课程转化是我国当前面临的一个重要问题。② 选择数学建模素养的课程转化作为本研究的课题具有很强的理论意义和实践价值。但是,在研究过程中也曾面临着诸多挑战,受益于诸多数学教育专家和一线数学教师的鼓励、支持和启发,终于取得了阶段性成果。行文至此,只能说基本完成了预期的研究内容。为什么用“基本完成”这一结论对本研究进行自我反思,主要有两方面的考虑:一是对本研究的创新性分析;二是对本研究的局限性分析。

(一)本研究的创新性分析

从研究的贡献度来看,相较既有的数学建模研究成果而言,本研究所做工作的不同之处在于,尝试在研究视角上对数学建模素养的课程转化问题有所突破。如果要说本研究有何创新,那就是从课程转化的整体性视角考察了数学建模素养在预期课程、实施课程和获得课程中的转化,充实了已有数学建模研究中的一些缺憾。

数学建模素养的课程转化研究在视角上突破何在,主要表现在两个方面:其一,从课程转化的整体性视角对数学建模素养的落实问题进行探究,是一种系统性的思维使然。已有的数学建模教育研究成果,更多地只是对某一课程层级的数学建模问题进行分析、研究,要么是思考数学建模素养的教学策略问题,要么就是分析数学建模素养的课程体现问题,表现出数学建模教育研究的单向度取向,鲜有研究将数学建模素养的落实问题放置于整体性的课程转化场域中。课程转化不仅反映了课程本身的整体性特征,还确立了落实数学建模素养的课程机制,因为学生数学建模素养的生成与发展受制于课程标准、教科书、教师、学生、评价方式等多重要素的影响。③ 其二,对于具体的研究内容,有意从社会文化视角思考数学建模素养的课程转化问题。例如,在研究数学建模素养在预期课程中的转化时,基于渐进决

① 吴康宁.个案究竟是什么:兼谈个案研究不能承受之重[J].教育研究,2020,41(11):4-10.

② 周文叶.核心素养的课程转化:以美国为例[J].教育发展研究,2017(12):38-45.

③ 汪飞飞,张维忠.中国中学数学建模研究的历程与论题及其启示[J].数学教育学报,2022,31(2):63-68.

策理论划分了数学建模素养发展的社会历史阶段，并分析了数学建模素养内涵的渐进演变逻辑；在研究数学建模素养在实施课程中的转化时，基于社会文化理论探讨了教师对新版教科书中数学建模内容的使用实践问题；在研究数学建模素养在获得课程中的转化时，从“探索线对话”的角度勾画了学生数学建模活动中的会话互动图景，等等。相对于已有的数学建模研究成果来说，从社会文化视角探究数学建模素养的课程转化问题是一次新的尝试。正是这种新的尝试，导致本研究存在很多问题没有思考清楚，抑或没有思考透彻。例如，在调查教师对数学建模的认识与态度时，开始设想从社会文化的角度分析教师数学建模观的形成归因，但是在实际的研究过程中限于资料获取的难度和时间上的紧迫，未能如愿。《庄子》有言：始生之物，其形必丑。留下的诸多思考空间，希冀日后慢慢完善！上述正是笔者表达“完成”的意涵所在。

（二）本研究的局限性分析

从研究的局限性来看，数学建模素养的课程转化研究还有很多问题值得进一步思考。这正是笔者表达“基本”的意涵所在。在研究过程中，收集资料和获取数据是一件费时费力的苦差事。尽管通过网络搜集、反复核查新中国成立后不同历史时期颁布的数学课程文件，购买一些新版高中数学教科书，还托人寄送江苏、上海等地现行使用的高中数学教科书，电话联系访谈对象并获取网络问卷数据，但是对资料的掌握和数据的分析还是不够精细、扎实，尤其是对量化统计研究方法还未能做到深入，只停留于表层的描述性分析和差异性分析。其中，在调查教师对《高中新课标》中数学建模内容的准备度时，原本设想通过不同教师在认知、情意、行为准备度上的表现，进而通过聚类分析法考察他们在认知、情意和行为准备上的可能组合样态，因为我们知道认知不一定是超前性的，换句话说，行为也不一定都是认知决定的。有可能人的认知影响着人的情意或行为，也有可能人的行为加深了人的认知。但是这样的想法最终也未能如愿，原因在于笔者对聚类研究方法的掌握不够扎实。另外，开题时还打算在实然考察了数学建模素养的课程转化后，对数学建模素养在不同课程层级中的转化落差问题进行解释，因为数学建模素养在课程转化中存在从文本到教师再到学生不同承载者的转变。从而在此基础上，提出一种理想的数学建模素养的课程转化模式。其间，笔者也浏览了很多课程转化模式的文献，起初设想从实践的角度通过社会行动模式来开展数学建模素养的教学转化研究，但是思考了很长一段时间，还是没能达到目标。究其原因，主要受制于笔者的能力；其次，数学建模素养的教学转化研究需要实践，就必然需要很多时间，这对笔者来说是一个很棘手的现实问题。在具体的研究过程中，为了研究的便利性，只对北师大版、苏教版和沪教版三个新版教科书必修内容进行了文本分析，对教科书中数学建模内容的分析还不够全面。另外，研究过程主要基于对现行的新版教科书分析，未能关注之前的教科书对数学建模内容的编排分析，相较于新、旧版本教科书的变化而言,《高中新课标》导向的教科书与《普通高中数学课程标准(实验)》导向的教科书之间的区别与联系,在本研究中未能得到有力的说明。在研究数学建模素养在获得课程中的转化时,只设计了"诱人的优惠券"这一数学建模活动,研究对象也主要聚焦于4位学生,存在研究对象和案例过少的问题,而且对相关问题的理论分析还不够翔实、全面。这也是本研究的遗憾之处。因此,诸如上面所举的不足之处,也是今后继续为之努力、研究的方向。

第三节　研究展望

基于前文对数学建模素养的课程转化研究的局限性分析,同时随着国际视野下数学建模教与学研究的持续深入,基于标准的课程行动背景下我国有关数学建模素养的课程转化研究成果将不断产出,前景令人期待。展望未来,数学建模素养的课程转化研究将得到越来越多研究者的关注,研究内容将不断深化,研究方法将趋于整合,研究视角也将更加多元。对于这一研究论题至少还可以在以下四个方面精耕细作。

一、壮大研究队伍,拓展数学建模素养的课程转化研究宽度

核心素养导向的课程设计与教学变革,势必引起数学建模素养的课程转化研究将得到越来越多的研究者关注。目前,对核心素养的课程转化研究尚处于起步阶段,这一方面的研究成果相对稀少。周文叶在《教育发展研究》上发表了题为《核心素养的课程转化:以美国为例》的评述性文章,主要介绍了美国核心素养的课程转化路径和连贯统整原则①;吕立杰等人在科学出版社出版了名为《核心素养的学校课程转化》②的专著,这一力作主要探讨了核心素养的学校课程转化的四种模式。但值得注意的是,鲜有研究者旗帜鲜明地聚焦数学建模素养的课程转化问题。根据中国知网数据平台,关于数学建模主题的研究成果虽然在数量上呈逐年递增趋势,但研究主体主要是数学教育方向的研究生和一线数学教师,其关注点主要是数学建模的教学策略问题,教科书编者和高校教师对数学建模研究的力度还有待提升。这是因为数学建模活动的实践属性决定了数学建模研究,应立足于对数学建模理论研究的实践性解读,以及对数学建模教学实践的理论性反思,理论与实践的结合是不断提高数学建模活动教学有效性和数学建模素养高质量落地的重要途

---

① 周文叶.核心素养的课程转化:以美国为例[J].教育发展研究,2017(12):38-45.

② 吕立杰.核心素养的学校课程转化[M].北京:科学出版社,2022.

径与必要保证。要想数学建模素养的课程转化研究在宽度上有所扩展，需要进一步壮大研究队伍，凝聚多方合力，形成数学教育专家、教科书编者、一线数学教师或教研员等实践共同体，从而助推数学建模素养的课程转化研究迈向新的台阶。课标组成员的介入能够确保数学建模素养在教科书中的精准落实，数学教育专家的参与能够从理论上确保数学建模素养落实的引领性和方向性，一线数学教师和教研员的加入能够促使数学建模素养更加有效地转化与落实。正如有研究①提出，研制数学课程标准的团队可以由大牌数学家主持和审定，但数学课程标准的研制一定要由有经验的中小学数学教育专家操盘。可以看到，北师大新版高中数学教科书的编写人员既有课标修订组（如王尚志）、高校教师（如保继光），又吸纳了优秀的中学数学教师（如张思明），可以说这是一件令人欣喜的事。

与此同时，数学建模素养的课程转化研究要想拥有广阔的前景，还必须积极搭建学术平台。目前，《数学教育学报》《数学通报》等专业刊物刊载了数学建模研究的最新成果，《数学建模及其应用》于 2019 年第一期开始以“中学数学建模论坛”的专栏形式刊载与数学建模相关的文章。总体看来，这一方面的研究仍是零星的、散发式的，尚未形成稳定的研究团队。未来，不管是数学教育专业期刊，还是课程教学理论刊物，都可以组建专栏或有所侧重地收录有关数学建模素养的课程转化研究成果，吸纳更多的研究者探索数学建模素养的课程转化问题。

二、深化研究内容，夯实数学建模素养的课程转化研究厚度

随着研究的不断推进，愈发觉得数学建模素养的课程转化研究还有很多问题值得进一步思考。过去的研究更多地关注数学建模的本源问题和教学实践问题，未能关注人的数学建模素养发展问题。然而，数学建模素养的课程转化研究的根本遵循是指向人的发展。当前，指向数学建模素养的课程改革趋势也已形成。为了避免数学建模的研究内容失衡，同时弥补数学建模素养的课程转化研究的不足，审视当下，我们不能仅仅停留于数学建模本身，而应从整体上思考数学建模素养的课程转化问题。将学生数学建模素养的发展问题放置于课程转化过程中，不仅能充实从学生学习结果视角审视“培养什么样的人”的目标问题，还能丰富从学生学习过程视角探寻“培养这样的人”的实现问题。例如，数学建模素养内涵的社会生成问题，既需要以课程文件为线索，勾画数学建模素养发展的历史图景（这是本研究已经做的），又要在此基础上厘清数学建模素养内涵演变的社会历史文化根源。不同历史时期，数学课程文件中所提及的数学建模内涵是如何深受社会文化的影响而发生变化的？显然，要想回答这一问题是相当有难度的，还有待进一步加强研究。

---

① 刘凤翥．一个基层教师对数学课程改革的建言[J]．课程·教材·教法，2016(5)：67-71.

核心素养的课程转化更多地需要关注不同课程决定层级的衔接处。[①] 这里所说的衔接处，其实就是要求核心素养的课程转化的连贯统整原则。[②] 因此，不仅仅需要从纵向关联和横向扩展的整体视角实然考察数学建模素养的课程转化，还应从转化落差的维度概括数学建模素养的课程转化特征及其影响机制。具体来说，就是数学建模素养的教材转化（从预期到实施）特征及其影响机制研究，以及数学建模素养的教学转化特征及其影响机制（从实施到获得）。但是，关于数学建模素养的课程转化的影响机制问题，本研究原设想在这一方面有所突破的，后来由于种种困难难以达成目标，只好概述了数学建模素养的课程转化特征。在此基础上，还应从学理层面提出一种理想的数学建模素养的课程转化模式，以及初步验证这一转化模式的实效性。另外，还需要聚焦到一些微观的研究问题上，如教师数学建模观的形成根源、不同类型教师使用教科书中数学建模内容的文化根源等，都是未来需要进一步思考的问题，很难在有限的篇幅和时间内对它们进行全面的阐述。未来，要想数学建模素养的课程转化研究在内容上有质的提升，就需要不断对上述问题进行深入思考，以深化数学建模素养的课程转化研究内容。

三、整合研究方法，增加数学建模素养的课程转化研究深度

随着数学建模素养的课程转化研究的不断发展，数学建模素养的课程转化研究的方法也应逐步迈向科学化、精细化和综合化。国际视野下的数学建模教与学研究的社会认识论转向[③]，推动了数学建模素养的课程转化研究的方法论转向。数学建模素养的课程转化研究应将数学建模素养放置于课程转化过程中，并加以社会文化分析，从而揭示数学建模素养内涵发展的社会生成意义。

此外，我国研究者更多地偏向于对数学建模素养的结果性分析，对数学建模素养的过程性研究较少，这种二元对立的思维限制了数学建模素养的课程转化研究的广度、高度、深度和新颖度。近年来，国际视野下的数学建模研究的方法日益趋向整合取向，整合研究方法的应用常常被认为有助于数学建模素养的课程转化研究整体品质的提升。[④] 同样地，数学建模素养的课程转化研究理应顺应时代发展趋势，愈加注重研究方法的整合，尤其需要综合应用理论研究、实证研究、实践研究等方法，这也是由数学建模活动的实践性和过程性决定的。例如，对元认知数学建模能力的测量研究[⑤]，就综合运用了自我报告法、个案比较法、理论假设法、实践验

① 蔡清田，陈延兴．“国民”核心素养之课程转化[J]．课程与教学季刊，2013(3)：59-78.

② 周文叶．核心素养的课程转化：以美国为例[J]．教育发展研究，2017(12)：38-45.

③ Cantoral R，Moreno-Durazo A，Caballero-Pérez M. Socio-epistemological research on mathematical modelling：an empirical approach to teaching and learning[J]. ZDM-Mathematic Education，2018(1)：77-89.

④ 黄政杰．课程转化整合探究之概念架构研析[J]．课程与教学季刊，2013，16(3)：1-30.

⑤ Vorhölter K. Conceptualization and measuring of metacognitive modelling competencies：empirical verification of theoretical assumptions[J]. ZDM-Mathematic Education，2018(1)：343-354.

证法等多种方法,从而使数学建模能力的测量研究既具有人文情怀,又具有科学的实证精神。另外,还可以采用行动研究方法对数学建模活动的完整过程进行连续性研究,如国外有一项50年的数学建模教学研究①,旨在探索数学建模教学的有效方法。未来,应综合运用多种研究方法,以增加数学建模素养的课程转化研究深度。

四、丰富研究视角,提升数学建模素养的课程转化研究高度

数学建模活动和课程转化的过程属性和实践属性,决定了数学建模素养的课程转化研究视角的多元性。我们既可以从数学建模素养的过程与结果角度进行研究,也可以从课程转化过程中涉及的文本、教师、学生等不同主体视角进行研究。毋庸置疑,从不同的视角分析数学建模素养的课程转化问题,会得到不同的研究结论。例如,关于“数学建模问题”的研究,有的学者②从学生视角比较了学生对文字应用题、数学建模问题和纯数学问题三种类型问题的价值观和自我效能感的差异性,还有的学者③从教师教育的视角调查了职前数学教师对数学建模问题的看法,进而对职前数学教师设计数学建模问题提出了培训建议。要想从整体上把握数学建模素养的课程转化全貌,研究者可以从不同视角着手。随着跨学科研究的兴起,数学建模素养的课程转化研究应突破教育学视角的限制,结合社会学、语言学、心理学等相关理论,寻觅数学建模素养的课程转化研究的新的学术生长点。例如,近年来,国外数学建模教育研究者④更多地将数学建模视作一个实践活动来研究,更加关注数学建模的社会认识论转向,其视角也从对数学建模的教与学研究转向基于数学建模的社会认识论解释数学知识的社会建构意义。多样化的研究视角能够为数学建模素养的课程转化研究打开一扇新的大门,为研究者提供展现创造力的学术平台,从而全面促进我国数学建模教育研究的繁荣兴盛。

---

① Burkhardt H. Ways to teach modelling: a 50 year study[J]. ZDM-Mathematic Education, 2017, 50(2): 1-15.

② Krawitz J, Schukajlow S. Do students value modelling problems, and are they confident they can solve such problems? Value and self-efficacy for modelling, word, and intra-mathematical problems[J]. ZDM-Mathematic Education, 2018(1): 143-157.

③ Sevinc S, Lesh R. Training mathematics teachers for realistic math problems: a case of modeling-based teacher education courses[J]. ZDM-Mathematic Education, 2018(1): 301-314.

④ Cantoral R, Moreno-Durazo A, Caballero-Pérez M. Socio-epistemological research on mathematical modelling: an empirical approach to teaching and learning[J]. ZDM-Mathematic Education, 2018(1): 77-89.

本 章 小 结

本章是对数学建模素养的课程转化研究的回顾与总结，相当于数学建模过程中的“检验”和“反馈与优化”环节。通过对数学建模素养在预期课程、实施课程和获得课程中的转化研究结果的分析，最终得出四点研究结论，分别是：① 课程文件中的数学建模素养内涵是一个渐进演变的过程；② 教科书以独立编排数学建模活动与融入设计数学建模问题的显隐互鉴方式，实现了数学建模素养的多样化转化；③ 教师在数学建模素养的教学转化中存在能动性缺失问题；④ 通过集体论证的会话互动方式，能够促进学生数学建模素养的生成。在此基础上，本章讨论了本研究与以往相关研究的联系，反思了本研究的创新性和局限性，展望了数学建模素养的课程转化研究的未来走向。

附　　录

附录一　教师对数学建模的认识与态度的调查问卷

亲爱的老师,您好!

教育部颁布的《普通高中数学课程标准》(2017 年版,2020 年修订,以下简称《高中新课标》)已经正式实施了。其中,数学建模内容发生了很大的变化。《高中新课标》不仅将数学建模视作六大数学学科核心素养之一而提出,还将其与函数、几何与代数、概率与统计一道,作为四大必修课程内容主线之一而重构了高中数学课程结构,同时,还在学业质量中明确了数学建模素养的评价要点。基于上述背景,这里有一份关于"教师对数学建模的认识与态度"方面的调查问卷,主要由两个部分组成,第一部分是关于您基本信息的调查,第二部分侧重于您对数学建模的认识与态度。本问卷为匿名作答,所得数据仅供研究所用,绝不外传,您可放心、真实地作答。请您百忙之中抽空作答,向您表示衷心的感谢!

第一部分:这一部分旨在调查您的基本信息,以及您在数学建模方面的经验。请您在相关项目上提供最适切的选项。

Q1. 您的性别是?

A. 男　　B. 女

Q2. 您的教龄是?

A. 5 年及以下　　B. 6～10 年　　C. 11～15 年

D. 16～20 年　　E. 20 年以上

Q3. 您的学历是?

A. 专科及以下　　B. 本科　　C. 研究生

Q4. 您接受过有关数学建模方面的课程培训吗?

A. 经常　　B. 偶尔　　C. 没有

第二部分:本部分侧重于您对数学建模的认识与态度,这些项目从完全不同意到完全同意有 5 个可能的回答。请您阅读每道题的陈述并选择您认为的选项。

(1 = 完全不同意;2 = 基本不同意;3 = 不一定;4 = 基本同意;5 = 完全同意)

Q1	当学生从多个角度分析、解决数学任务时,他们学习数学的效果会更好	1 2 3 4 5
Q2	通过数学建模能够提升学生的数学学习能力	1 2 3 4 5
Q3	学生可以通过数学建模活动来促进他们对数学的概念性理解	1 2 3 4 5
Q4	反思性评价是数学建模学习中的重要指标之一	1 2 3 4 5
Q5	当学生能够检验解决现实问题的过程和结果时,他们学习数学的效果会更好	1 2 3 4 5
Q6	数学建模能够促进学生对数学概念的进一步理解	1 2 3 4 5
Q7	我能够从数学的角度理解数学建模	1 2 3 4 5
Q8	我能够将数学建模融入课堂教学中	1 2 3 4 5
Q9	我理解应用题与数学建模问题之间的区别	1 2 3 4 5
Q10	我认为在数学课堂中教授数学建模活动需要更多的时间	1 2 3 4 5
Q11	我理解问题解决与数学建模之间的区别	1 2 3 4 5
Q12	我认为数学建模为真实性问题的解决创造了良好的机遇	1 2 3 4 5
Q13	数学建模更加有效地促进了学生对数学知识的理解	1 2 3 4 5
Q14	数学建模能够促进学生运用数学知识解决现实中遇到的问题	1 2 3 4 5
Q15	数学建模能够促进学生更深入地理解数学学习	1 2 3 4 5
Q16	数学建模提供了一种新颖的数学思维方式	1 2 3 4 5
Q17	数学建模是学生更好地理解数学的有力工具	1 2 3 4 5
Q18	学习数学建模将有助于学生解决其他领域的问题	1 2 3 4 5
Q19	数学建模能够激发学生学习数学的兴趣	1 2 3 4 5
Q20	在课堂中,数学建模能够很好地实现学生的社会互动和集体论证	1 2 3 4 5
Q21	数学建模活动的教学能够促进学生更好地解决毕业后遇到的问题	1 2 3 4 5
Q22	在教学中,相较于传统的应用题教学,数学建模教学更有效用	1 2 3 4 5
Q23	数学建模有助于学生保持浓厚的数学学习兴趣	1 2 3 4 5
Q24	数学建模让数学教学过程更有趣	1 2 3 4 5
Q25	数学建模更多地促进了学生课堂参与	1 2 3 4 5
Q26	数学建模活动能够使学生沉浸在数学学习的氛围中	1 2 3 4 5
Q27	数学建模让学生对数学学习感兴趣	1 2 3 4 5
Q28	数学建模任务中的高认知需求更受学生青睐	1 2 3 4 5

附录二 教师对《高中新课标》中数学建模内容的准备度调查问卷

亲爱的老师，您好！

教育部颁布的《普通高中数学课程标准》(2017 年版，2020 年修订，以下简称《高中新课标》)已经正式实施了。其中，数学建模内容发生了很大的变化。《高中新课标》不仅将数学建模视作六大数学学科核心素养之一提出，还将其与函数、几何与代数、概率与统计一道，作为四大必修课程内容主线之一而重构了高中数学课程结构，同时，还在学业质量中明确了数学建模素养的评价要点。基于上述背景，这里有一份关于“教师对《高中新课标》中数学建模内容的变革准备度”方面的调查问卷，主要由两个部分组成，第一部分是关于您基本信息的调查，第二部分侧重于您对《高中新课标》中数学建模内容的变革准备度的调查。本问卷为匿名作答，所得数据仅供研究所用，绝不外传，您可放心、真实地作答。请您百忙之中抽空作答，向您表示衷心的感谢！

第一部分：这一部分旨在调查您的基本信息，以及您在数学建模方面的经验。请您在相关项目上提供最适切的选项。

Q1. 您的性别是？

A. 男　　B. 女

Q2. 您的教龄是？

A. 5 年及以下　　B. 6～10 年　　C. 11～15 年

D. 16～20 年　　E. 20 年以上

Q3. 您的学历是？

A. 专科及以下　　B. 本科　　C. 研究生

Q4. 您接受过有关数学建模方面的课程培训吗？

A. 经常　　B. 偶尔　　C. 没有

第二部分：本部分侧重于您对《高中新课标》中数学建模内容的变革准备情况，这些题项从完全不同意到完全同意有 5 个可能的回答。请您阅读每道题的陈述并选择您认为的选项。

(1 = 完全不同意；2 = 基本不同意；3 = 不一定；4 = 基本同意；5 = 完全同意)

Q1	相比其他数学知识,数学建模活动更加突出了“以学生发展为本”的教育理念	1　2　3　4　5
Q2	高中开展数学建模活动能够培育学生的科学精神和创新意识	1　2　3　4　5
Q3	数学建模素养是最能体现数学学科的核心素养	1　2　3　4　5
Q4	数学建模活动为不同的学生在数学上得到不同的发展提供了良好的机会	1　2　3　4　5
Q5	数学建模素养体现了社会发展的需求、数学学科的特征和学生的认知规律	1　2　3　4　5
Q6	数学建模主线内容为学生发展提供了多样化的选择	1　2　3　4　5
Q7	数学建模主线内容凸显了数学的思想方法,提升了学生应用数学解决实际问题的能力	1　2　3　4　5
Q8	数学建模主线内容强调了数学与生活及其他学科的联系	1　2　3　4　5
Q9	数学建模内容的教学需要创设适合学生理解的现实情境	1　2　3　4　5
Q10	学生学习数学建模需要独立思考、自主学习、合作交流等多种学习方式	1　2　3　4　5
Q11	数学建模教学能够促进学生实践能力和创新意识的发展	1　2　3　4　5
Q12	数学建模教学为学生感悟数学的科学价值、应用价值、文化价值和审美价值提供了良好的契机	1　2　3　4　5
Q13	学业评价中,不仅需要关注学生知识技能的掌握,更需要关注数学建模素养的形成与发展	1　2　3　4　5
Q14	学生数学建模素养的评价需要很长的时间,很难在短时间内进行	1　2　3　4　5
Q15	学生数学建模素养的评价亟须建立目标多元、方式多样、重视过程的评价体系	1　2　3　4　5
Q16	数学建模素养的评价能够提高学生学习数学的兴趣,增强自信心,还能够帮助教师改进教学,提高数学教学质量	1　2　3　4　5
Q17	数学建模素养的提出,更多关注数学教学与现实生活的结合	1　2　3　4　5
Q18	数学教育专家每学年至少公开赴高中讲学数学建模一次,并进行实践性解读	1　2　3　4　5
Q19	高中数学教师每学年至少公开教授数学建模课程一次,并进行理论性反思	1　2　3　4　5

续表

Q20	高中数学教师有灵活处理数学建模课程内容的空间	1 2 3 4 5
Q21	数学建模课程内容的实施很好地实现了当下的学科实践理念	1 2 3 4 5
Q22	我经常让学生从现实生活中提出数学问题,并加以解决	1 2 3 4 5
Q23	我通常会搜集有关数学建模的研究文献、讲座、公开课等来进行自我学习	1 2 3 4 5
Q24	我每学期至少花一个下午的时间让学生展示他们的数学建模作品	1 2 3 4 5
Q25	相对其他的主题内容,我会根据实际情况调整数学建模主题的课程内容	1 2 3 4 5
Q26	我认为数学建模主题内容的实施需要学校、一线教师、教研员、数学教育专家、学生家长、课程理论专家等多方共同努力	1 2 3 4 5

附录三　教师对新版教科书提供的数学建模内容的使用叙事框架

1. 我是一名________(性别)高中数学教师。我教高中数学________(教龄)年了。我是________(专科、本科、研究生)毕业。我________(经常、偶尔、从无)接受有关数学建模方面的课程培训。我知道数学课程标准对我们在教学过程开展数学建模活动________________(有明确要求、无明确要求,其他请用自己的语言填写)。

2. 我所使用的高中数学教科书是________(版本)。我在教学过程中________(经常、偶尔、从无)关注和使用这个版本高中数学教科书提供的数学建模内容。如果有关注和使用,我会思考教科书提供的数学建模内容可以用于________方面的教学。(提示:跨学科实践、项目化学习,不限于数学建模活动教学。)我在日常讲课过程中________(经常、偶尔、从不)使用教科书提供的数学建模内容,如果有使用,我经常是在________(如数学概念引入、数学建模活动开展、数学文化教学等)教学环节中使用。此外,我在讲课过程中________(经常、偶尔、从不)借鉴、比较其他版本的教科书中的数学建模内容来进行数学建模活动的教学。如果有,我经常会借鉴、比较________版本的数学教科书,我认为这个版本的教科书设计的数学建模活动具有________特点。

3. 我________(经常、偶尔、从无)关注和使用教科书中的数学建模内容,是因为________________。我在日常教学过程中________(经常、偶尔、从无)使用教科书提供的数学建模内容,是因为________________。我在日常教学过程中________(经常、偶尔、从无)比较、借鉴其他版本的教科书提供的数学建模内容,是因为____________________。我对使用教科书提供的数学建模内容的态度可以总结为________________。关于在日常教学过程中使用教科书中的数学建模内容,对我来说最大的困难是________________。如果________________,我将会改进对教科书中的数学建模内容的使用。

附录四　对教师的半结构化访谈提纲

亲爱的老师：

您好！非常感谢您参与我的访谈。请您就数学建模教与学方面的经验谈谈您的认识。

1. 请简单介绍一下您在数学建模方面的教学和研究经验。

2. 根据您的经验，您认为数学建模是什么？【或者：您如何定义数学建模？】（可能的后续问题是：您能更详细地解释一下您心目中的数学建模过程吗？在您看来，数学建模和应用题之间有什么区别与联系？）

3. 在您看来，高中生为什么要学习数学建模？学生如何才能更好地学习数学建模？（可能的后续问题是：学生在数学建模方面应该学习什么样的内容？教学过程中应该如何组织数学建模的学习？有什么特别有效的方法吗？）

4. 在您看来，高中为什么要教授数学建模？【或者：在高中阶段教授数学建模有什么教育价值？】在您看来，教师应该如何教授数学建模？（可能的后续问题是：高中阶段在数学建模方面应该教授什么样的内容？应该如何组织数学建模的教学？数学建模教学与常规的数学教学有什么区别？数学建模课有什么特点？）

5. 您关注到了《高中新课标》对数学建模的新要求和新变化吗？

6. 您在教学过程中，如何看待新版高中数学教科书提供的数学建模内容？（提示：请详细地说一说您对教科书中的数学建模内容的关注与使用情况。）

7. 您备课过程中，会比较不同版本教科书对数学建模主题内容的编排吗？（如果会，可能的后续问题是：您都关注什么方面？提示：数学建模过程、内容展开方式、情境特征等。如果不会，可能的后续问题：您通过什么方式进行数学建模活动的教学？）

8. 您认为实施数学建模教与学的挑战是什么？根据您的经验，您能否就数学建模的有效教与学提出一些意见和建议？

非常感谢您的参与，祝您生活和美、工作顺心！

后　记

本书是在我的博士学位论文基础上完善而成的。在我看来，做学术研究如同数学建模，是一个过程性的实践活动，也是一个富有艺术性的创造活动。

数学建模与我相伴而行。在我的求学与工作过程中，我对数学建模的认识发生了四次转变。第一次是在我刚读大学时，有一门课程叫做“数学建模”，从那时起，我初步接触了数学建模，这门课程为我认识数学建模奠定了坚实的基础。第二次也是在大学期间，我与同学组队参加了各种数学建模竞赛，数学建模竞赛为我实践数学建模活动提供了良好的学习机会，让我更加深刻地认识到数学建模的过程属性。第三次是在研究生阶段，当时对数学课程标准的认识与理解，让我对数学建模有了更深入的把握，在撰写博士学位论文时，我更是将数学建模素养作为研究的主题。第四次是在工作中，我给数学师范生讲授“初等数学建模”选修课程时，和学生一起感受数学建模的多义性。

我对数学建模的认识与数学建模的社会生成过程是一致的。起初，更多的是将数学建模视作一种学习内容，从“数学建模”课程中汲取、学习数学建模知识，理解数学建模的循环迭代过程；后来，切身体验了数学建模的过程，并在撰写博士学位论文与讲授“初等数学建模”课程时，更多地将数学建模视作一种课程目标，思考指向数学建模素养的课程设计与教学变革等问题。数学建模不仅是一种过程，还是一种艺术。于我而言，进行数学建模素养的课程转化研究更多地表达了我对数学建模的偏爱与兴趣：唯愿数学建模活动能够提升学生的关键能力和涵养学生的必备品格。

本书的出版，得益于浙江师范大学张维忠教授的精心指导与支持，以及中国科学技术大学出版社的认可和辛勤工作。此外，在写作过程中，本书参考和引用了很多学者的观点与思想。借此机会，这里一并表示感谢。

最后，还要特别感谢苏州科技大学“十四五”重点学科数学优质资源建设项目的资助，使本书得以顺利出版。

“始生之物，其形必丑。”虽然在写作过程中，我花费了大量时间与精力，但难免还有很多不足之处，敬请各位专家和读者批评指正。博士学位论文得以出版，更是一种新的开始。今后，我愿继续带着对数学教育研究与实践的兴趣与热爱，久久为功，行稳致远。